诉权概念史

巢志雄 著

厦门大学出版社
XIAMEN UNIVERSITY PRESS
国家一级出版社
全国百佳图书出版单位

图书在版编目(CIP)数据

诉权概念史/巢志雄著.—厦门:厦门大学出版社,2021.1
ISBN 978-7-5615-5949-9

Ⅰ.①诉… Ⅱ.①巢… Ⅲ.①诉讼法－法制史－世界 Ⅳ.①D915.02

中国版本图书馆 CIP 数据核字(2020)第 112529 号

出 版 人	郑文礼
责任编辑	李　宁

出版发行	厦门大学出版社
社　　址	厦门市软件园二期望海路 39 号
邮政编码	361008
总　　机	0592-2181111　0592-2181406(传真)
营销中心	0592-2184458　0592-2181365
网　　址	http://www.xmupress.com
邮　　箱	xmup@xmupress.com
印　　刷	厦门集大印刷厂

开本	720 mm×1 000 mm　1/16
印张	14.5
字数	270 千字
版次	2021 年 1 月第 1 版
印次	2021 年 1 月第 1 次印刷
定价	68.00 元

本书如有印装质量问题请直接寄承印厂调换

厦门大学出版社
微信二维码

厦门大学出版社
微博二维码

国家社科基金后期资助项目
出版说明

后期资助项目是国家社科基金设立的一类重要项目，旨在鼓励广大社科研究者潜心治学，支持基础研究多出优秀成果。它是经过严格评审，从接近完成的科研成果中遴选立项的。为扩大后期资助项目的影响，更好地推动学术发展，促进成果转化，全国哲学社会科学工作办公室按照"统一设计、统一标识、统一版式、形成系列"的总体要求，组织出版国家社科基金后期资助项目成果。

全国哲学社会科学工作办公室

前　言

　　在部门法学中从事一项法律史研究，一般意味着作者要对部门法学中的某个概念、某个原则或者某个规范进行学术上的"反思"，而且这种反思具有超越"法教义学"的意义。除法律史学科外，法学研究者一般不倾向于使用纯粹的历史研究方法来分析具体的法律问题。法教义学（或称法解释学）是法学在方法论上区别于其他社会科学的主要标志。运用历史方法来研究某个法律问题，通常意味着在该特定的法律问题上，法教义学已经在当下流行的学术话语中失去了解释力量。

　　"诉权"就是这样的法律问题。"诉权"是现代民事诉讼理论体系的基石，但是在当前的时空场景下，在不断的争论中被边缘化。直至出现两种异常极端的观点：有些学者认为"诉权"概念已然不重要，没有"诉权"的民事诉讼程序照样可运转；有些学者认为"诉权"极端重要，是"人权"，应当升格为宪法保护。这两种观点看似完全相悖，实则共同导致了民事诉讼法学科的共同后果，即"诉权"概念在民事诉讼理论研究中和民事诉讼法教科书中的迅速式微。与其他程序法问题相比，我国民事诉讼法学对"诉权"的研究成果显得相当贫瘠，而且莫衷一是。以"法教义学"为代表的所谓规范法学，在当下"诉权"理论的厘清上，基本上处于一种失能的状态。回到"诉权"概念的制度原型，梳理"诉权"作为一个近代法学概念的提出与发展过程，是一项不得不做的工作。这也是本书的宗旨。

　　历史研究方法在欧洲有着悠久的学术传统，对人文与社会科学有着不可小觑的学术力量，甚至影响了中世纪以来的政治格局。文艺复兴、宗教改革、近代民族国家的兴起、现代政治观念、现代法律体系等，与历史研究有着千丝万缕的关联。在某种意义上，历史研究成果推动了上述变革。但丁的《神曲》源于对古希腊和古罗马文学和宗教作品的汇编，发现了与时下基督教教义截然相反的另一重文化意境；马丁·路德和加尔文等人的新教伦理源于对《圣经》原典的自主性诠释；民族国家的形成与历史研究中的"想象共同体"密切相关。至于现代政治和法律制度的建立，更是与格劳秀斯和斯宾诺莎的自然法、法国优雅学派和德国历史法学派的罗马法有着直接的思想渊源。现代民事诉讼理论体系的建立，也是这一时期罗马法研究的第二梯队产物。

黑格尔在《历史哲学》绪论中把历史研究分为三类："原初的历史"（Ursprüngliche Geschichte）、"反省的历史"（Reflektierte Geschichte）和"哲学的历史"（Philosophische Geschichte）。"反省的历史"，尤其是子分类的"批评的历史"，对人文与社会科学研究有着独特的魅力，涌现了一系列极具影响力的成果。"概念史"（Begriffsgeschichte）也是黑格尔在《历史哲学》中最早提出，描述一种基于普遍观念撰述历史的研究方式。随后，在法国以"话语分析"和"概念的社会史"、英美学界以"观念史"为代表，蔚然成风。德国学者Johannes Kuehn的《土地与统治》、Werner Conze的《暴民与无产阶级》、科泽勒克（Reinhart Koselleck）的《过去的未来》和《历史是生活的老师：一个古老术语在近代的解体》；法国学者福柯的《古典时代疯狂史》《规训与惩罚》《词与物》；英国学者昆廷·斯金纳的《政治价值的系谱》、霍布斯·鲍姆的《传统的发明》、林·亨特的《人权的发明》等作品都是"概念史"或"观念史"研究风潮的代表。这些"概念史"研究成果都是对当时流行观念的反省和批判。

"概念史"研究的风潮也深刻地影响了自近代以来的大陆法系法学研究。以萨维尼为代表的近代德国法学家出版了《中世纪罗马法史》、《当代罗马法体系》、《罗马法史》（古斯塔夫·雨果）、《法律古文献》（雅各布·格林兄弟）、《罗马法的精神》（耶林）等一系列经典著述。温莎伊德（Windscheid）、科勒（Keller）、穆瑟（Muther）则侧重罗马法民事诉讼程序的研究。19世纪法国法学家波蒂埃（Pothier）、杜马（Domat）、德莫隆贝（Demolombe）、儒斯（Jousse）、皮古（Pigeau）、贝利亚（Berriat Saint-Prix）、戈海（Carré）、博松（Boncenne）、博瓦塔（Boitard）、格拉松（Glasson）、德芒特（Demante）等人在他们的著作中，通篇都是围绕罗马法和法国法史展开。格拉松撰写了第一部关于法国民事诉讼法史的专著《法国民事诉讼程序的起源》，系统梳理了罗马法、教会法对现代法国民事诉讼程序的深刻影响。法国19世纪的法学博士论文都被要求分为现代法和罗马法两个独立部分，不从事罗马法研究就不能获得法学博士学位。

在我国民事诉讼法学研究中，没有哪个概念和理论如同"诉权"这般曾引起广泛争论，但是又始终未能形成公认的结论，反而在沉寂一段时间后黯然退出理论研究舞台。"诉权"成为民事诉讼法学中的"哥德巴赫猜想"。学界普遍认为"诉权"对民诉法曾经很重要，发挥过理论体系的建构功能，但越来越多的学者开始主张"诉权"对当下的民诉法丧失了重要性，是时候

"退场"了。这多少有点儿过河拆桥的意味。不禁让人思考，同样发挥着理论体系建构功能的"请求权"概念，为何没有哪位民法学家提出无须再关注请求权理论呢？

"诉权"与"请求权"共同来源于罗马法"诉"的制度，是对"诉"的分解，形成了民诉法上的"诉权"概念和民法上的"请求权"概念。如果说脱离请求权理论的民法体系是难以想象的，那么脱离了诉权概念的民诉法体系又如何能够自洽？如果对大陆法系民事诉讼理论进行横向比较观察，我们发现提出"诉权否定论"的观点来源于德国和日本的部分学者，而法国、意大利等其他传统大陆法系国家仍然把诉权概念放在民事诉讼理论体系的核心位置，并发展为日益完善的诉权理论体系。诉权理论体系涵盖了权利性质、构成要件、行使要件、法律效果、权利处分、权利滥用、与实体法的关系等诸多方面。在大陆法系内部出现这种比较法上的显著差异又应当作何种解释？

至于英美法系，英国民事诉讼程序一直被认为是地方司法习惯的产物，缺乏对法律概念的提炼和法律体系的建构，这一特征也深刻影响了美国民事诉讼程序。罗马法系（大陆法系）与英美法系民事诉讼法的强烈反差，可以在两本最重要的学术作品的对比中得以呈现。一本是罗马法学家盖尤斯的《法学阶梯》，盖尤斯将这本罗马法学教科书分为四章，前三章以体系化的结构来论述罗马实体法，第四章论述"诉"。在"诉"一章，盖尤斯仍然使用体系化的方法，提炼了"诉"的一般原则，他完全没有耗费任何笔墨论述此诉与彼诉的差别。盖尤斯没有必要这么做，因为每一种"诉"的基本程序构造是相同的。盖尤斯对《法学阶梯》的体例安排足以说明，罗马法提供了实体法和程序法相分离的法学理论基础，经过近现代法学家的努力，也确实建立了互相独立的、自成体系的民法理论和民事诉讼法学理论。与此形成鲜明对比的是12世纪著名英国法学家格兰维尔（Granville）撰写的《论英格兰王国的法律与习惯》。格兰维尔的著作纯粹是一本"诉讼指南"，它聚焦于诉讼程序的实践。而且，格兰维尔关注的对象仅仅是皇家法院的诉讼程序，他完全不提及地方法院的诉讼程序。英国的民事诉讼程序体现为个别化、地方化特征，各法院之间使用的民事诉讼程序差异极大。如同英国法律史学家贝克教授（J.H. Baker）所言，"格兰维尔关注的领域仅限于令状、王座法院的诉讼指南和被奉为圭臬的救济种类"。至18世纪晚期，英国法学家布莱克斯通编纂《英国法释义》时，仍然无法将英国实体法从程序法中独立出来，无法形成高度概念化和体系化的现代民法理论和民事诉讼法理论。因此，英美法系民事诉讼程序的理论化过程，与大陆法系相差甚远。英美法系从未提出高度概念化、体系化的民事诉讼法学理论，更无大陆法系意义上的"诉权"理论和"诉权"制度。尽管也有部分学者认为英国法与罗马法之间存在一些相似性，但是某些法律规范的相似性不能掩盖两大法律体系在"基因"上的差异。

大陆法系民事诉讼理论体系全然建立于"诉权"概念之上，"诉权"概念是近现代民事诉讼理论最先提炼的法律概念，随后以此为原点建构起诉讼标的、诉讼请求、主观与管辖、既判力、当事人等一系列概念群，从而建构起现代民事诉讼理论体系的大厦。因此，"诉权"绝非可有可无之物，它只是在当下各式各样的应用型、对策型民事诉讼研究风潮中被暂时遗忘了。回到罗马法，回到罗马法的"诉"，回到近代"诉权"概念的起源，既是本书的初衷，也是落脚点。如果理论研究已然颓败到无法回答我国民事司法实务中提出的"当事人是否有权处分自己的诉权""诉权放弃协议之法律效力""能否对诉权的行使方式进行约定"等重要问题，那么重建我国民事诉讼的诉权理论体系是刻不容缓的。

目录

上篇　诉权的罗马法起源

第一章　罗马司法的组织形式与诉讼程序 / 3
　　一、重新理解罗马法的"司法权"概念 / 3
　　二、裁判官的"司法权"变迁 / 5
　　三、裁判官告示 / 7
　　四、法官的司法权 / 9
　　五、对法官的选择 / 16

第二章　法定诉讼程序的诉权观 / 18
　　一、概述 / 19
　　二、誓金法律诉讼 / 20
　　三、要求审判员或仲裁人之诉 / 25
　　四、请求给付之诉 / 27
　　五、拘禁之诉 / 29
　　六、扣押之诉 / 30
　　七、诉的早期演变与当事人诉权 / 31

第三章　程式诉讼程序的诉权观 / 35
　　一、程式诉讼程序的早期发展 / 35

二、程式的要素与构成 / 42
　　三、市民法之诉的程式构造 / 51
　　四、裁判官法之诉的程式构造 / 54
　　五、"二元诉权观"：市民法之诉与裁判官法之诉的诉权原理 / 64
　　六、"一体化"的罗马诉权观 / 79

第四章　非常审判与诉权观的剧变 / 81
　　一、罗马古典法学的衰落 / 81
　　二、诉讼程序的根本性变革 / 82
　　三、优士丁尼将两种"诉"糅合 / 85
　　四、裁判官法的衰亡 / 90

第五章　再论诉与诉权的关系 / 92
　　一、"诉"是诉讼程序 / 92
　　二、"诉"是程序法上的诉权 / 94
　　三、"诉"是实体法上的主观权 / 97
　　四、无谓之争：程序法与实体法的关系问题 / 101

中篇　诉权概念的近代解析

第一章　学派之争：法德两国的罗马法研究差异 / 107
　　一、中世纪以来的罗马法学方法嬗变 / 107
　　二、罗马法民事诉讼程序在欧陆地区的继受 / 110
　　三、德国历史法学派与罗马法"诉"的研究 / 114
　　四、法国沿革法理学派与罗马法"诉"的研究 / 116
　　五、一个基于比较法的初步结论 / 119

第二章 德国诉权理论的演进 / 122

一、温莎伊德的误解:"实体法一元论" / 122

二、理论体系的建构:"诉讼法一元论" / 124

第三章 法国诉权理论的近代发展 / 129

一、近代早期的法国诉权理论 / 130

二、法国诉权理论的转型 / 134

下篇 独树一帜的法国诉权理论

第一章 诉权在法国民事诉讼理论体系中的地位 / 149

一、诉权的概念 / 149

二、诉权与权利的分离 / 150

三、诉权与权利的必要联系 / 152

第二章 诉权的要件 / 155

一、诉的利益 / 156

二、诉的资格 / 162

第三章 诉权的消极要件 / 168

一、诉权的安排 / 168

二、诉权的转移 / 170

三、诉权的消灭 / 172

第四章 诉权的法效果 / 180

一、"诉不受理"制度 / 180

二、诉权滥用之禁止 / 182

结　论 / 185

附录一　主观权与诉权　亨利·莫图尔斯基（Henri Motulsky）/ 187

附录二　诉（Actions）　艾涅斯特·梅茨格（Ernest Metzger）/ 200

上篇

诉权的罗马法起源

第一章　罗马司法的组织形式与诉讼程序

一、重新理解罗马法的"司法权"概念

在罗马法上，司法权（jurisdictio）的概念是指对民事司法的管理权，它被认为是国家首席行政官的专属权力。

司法权这个术语最早可追溯至早期的罗马王政时代以及随后的罗马共和国时代。[①]在罗马法里，现代人所熟知的行政权与司法权的分离从未存在过。[②]直至公元前367年，由于罗马平民的权力斗争，罗马开始由包括平民在内的两名执政官（consul）共同治理，并设置第三名下级同僚，三者共同行使"治权"（imperium）。该第三名下级同僚的正式官衔是"城市裁判官"（praetor urbanus），由他分管罗马司法辖区的司法权以及若干其他市政工作。城市裁判官不仅分管罗马司法辖区的司法权，原先由执政官履行的城市内部事务的管理职责，后来也由城市裁判官接管了。罗马人并没有特意专门为司法管理事务而任命城市裁判官，这种职位设置和职权分配纯粹出于行政上的考量。除了罗马城内的公共事务，这三名罗马的主要领导人还要分管罗马外的某些行省。

虽然罗马市民把司法权单独授予这名城市裁判官，但这种权力配置的原初目的并不是让裁判官从政治事务中抽身，也不是为了将司法权从执政官掌握的治权中分离。城市裁判官的司法权仍然是治权的一部分。从职务级别来看，"城市裁判官"与"执政官"是上下级关系，并不是现代人所理解的"分权制衡"模式。"治权"作为国家政治权力的载体，始终保持着权力的统一性。

在罗马建城初期，掌管司法权的执政官不负责诉讼案件的全过程。用民事诉讼的专业术语来说，他只负责"立案"工作，即确定案件的审理范围（现代民事诉讼理论体系中的"诉讼标的"）和后续审理阶段适用何种诉讼程序（"正当程序"），然后将案件交由普通民事法官（judices）审理。案件在执政官手里不会进行实质审理，更不会作出实体裁判。准确来说，执政

[①] Bethmann-Hollweg, Der roemische Civilprocess, Bonn (éd.1864–1866), §16 et suivant.

[②] D. Serrigny, Droit public et administratif romain, n°130, p.121.

官的职能是就具体个案设定一个审判权（judicium）。① 根据案件的性质确定诉讼程序，再根据不同诉讼程序的审判组织形式，将案件交由常设审判团或者特定法庭，或者一名或多名专门为某个特殊案件指派的法官来审理。罗马法学家将这一程序阶段称为"法律审"（in jure）。审判团、法庭或指定法官在完成所有由执政官确定的诉讼程序后，才能作出实体判决（sententia）。这一程序阶段被称为"事实审"（in judicio）。

自罗马王政时代至公元3世纪罗马帝国君主专制时期，罗马法诉讼程序都由"法律审"和"事实审"两个阶段构成。用现代民事诉讼理论的话语来看，这是现代民事诉讼程序所谓"阶段化构造"的罗马法渊源。正是这一程序上的划分，构成了罗马民事诉讼程序据以区别于诉讼法史上其他民事诉讼程序样本的基本特征，罗马人称之为"私法审判制度"（ordo iudiciorum privatorum）。②

随着时代变迁，罗马法上出现了与"私法审判制度"不同的程序规则。这种程序规则是作为与"私法审判制度"平行的特别程序，完全改变了"法律审"与"事实审"的两阶段程序构造。在这种诉讼程序下，裁判官不但就个案设定审判权，而且负责案件的审理工作，直至作出实体判决。这一例外程序规则被罗马人称为"非常审判程序"（cognition extraordinaria 或 extra ordinem agere）。"非常审判程序"在罗马帝国初期不断扩展其适用范围，到公元3世纪，"非常审判程序"已经完全取代了原有的民事诉讼程序。罗马人观念中的"法律"（指"法律审"）和"审判"（指"事实审"）的传统区分已经消失了。"非常审判程序"取代了"私法审判制度"，成为罗马法民事诉讼的普通程序。

"非常审判程序"之变革，其意义不仅是民事诉讼程序制度的变革，更在于罗马人的"司法权"观念发生了变迁。其实，"非常审判程序"在罗马帝国之前的共和国时代就已经存在并时常使用，但是在当时的司法制度下，该术语表达的含义是完全不同的，它比罗马帝国君主专制时代的"非常审判程序"概念的含义更广。

实际上，罗马普通民事法院的日常司法工作并不总是为了就诉争的实体权利作出最终判决。古典时代的罗马民事司法介入并解决私人纠纷有

---

① 关于"法律"（ius）概念与"审判"（judicium）概念的起源与最初含义，以及两者之间的区别，参见 G. F. Puchta, Cursus der Institutionen, §150; F. Walter, Geschichte des Roemischen, Rechts. Bonn, 1er édition, 1860, p.692; Bethmann-Hollweg, Der roemische Civilprocess, Bonn (éd.1864–1866), p.3; H. Dernburg, Kritische Zeitschrift fur die Geschichtliche Rechtswissenschaft. B. I. p.459.

② A. F. Rudorff, Geschichte des roemischen Rechts, Leipzig, 1857–1859, §1.

着多元化的制度目的：有些情况它是为了作出一项临时判决；有些情况它是作为一种权利保护手段的强制措施，要求被告及时履行义务，例如授权占有（mission in possessionem）、恢复原状（restitution in integrum）等。鉴于临时判决或强制措施的"非诉性质"（即无须对案件进行实体审理），处理这些事务的权力完全由裁判官掌握。古典时代的裁判官有权直接作出临时判决，或者采取强制措施，而不需要经过"审判"过程，这是古典时代的"非常审判程序"。这一时期的"非常审判程序"是作为罗马法民事诉讼程序的补充性制度而存在，专门解决"非诉案件"的审理。

古典时代的"非常审判程序"与罗马帝国时代的"非常审判程序"有着相当大的区别。如果把上述"非常审判程序"视为罗马帝国时代"非常审判程序"的一种情形，那将导致对罗马法民事诉讼程序发展史的严重误解。因为到了罗马帝国时代，裁判官的司法权内涵与古典时代裁判官"就个案设立一个审判权"的司法权内涵相差极大。当罗马帝国时代的"非常审判程序"取代原有的程序规则而成为民事诉讼的普通程序时，裁判官的权力也随之急剧扩张，他不再自限于为案件设立审判权，而是独揽司法权。① 这直接导致罗马民事法官被架空，"法官"职务变得徒有虚名。

二、裁判官的"司法权"变迁

从司法制度的层面来观察，罗马古典时代的民事司法管理权最初是由城市裁判官（praetor urbanus）掌管，后来在城市裁判官之外设置了主管涉外审判工作的外事裁判官（praetor peregrinus）。至此，罗马司法权基本上掌握在城市裁判官和外事裁判官手中。除了这两位裁判官，负责管理市场、治安的营造司（edilita）和负责人口统计、税务征收的监察官（censeur）也掌管着某些专属其职权范围的特别司法权。

在除罗马以外的其他意大利城市，通常由两人执政官委员会（duumviri）、四人执政官委员会（quatuorviri）、市政官（aedilita）、独裁官（dictator）、执政官（praetor）或被冠以其他名称的首席执政官掌管司法权。② 再后来，这

---

① K. A. Schmidt, Kritische Bemerkungen, p.46; A. F. Rudorff, Geschichte des roemischen Rechts, Leipzig, 1857–1859, §1.

② F. Walter, Geschichte des Roemischen, Rechts. Bonn, 1re édition, 1860, §262 et 221; G. F. Puchta, Cursus der Institutionen, §65. 四人执政官委员会由两名执法长官（jure dicundo）和两名市政官（aediles）组成。司法权由这两名分管司法工作的执法长官行使。除了执政官委员会外，自治市还存在城市委员会，其功能类似于罗马的元老院。参见 A. W. Zumpt, Commentationes epigraphicoe, Berolini, 1850–1854, p.164; A. Kirchhof, Das Stadtrecht von Bantia, Berlin, 1853, p.80, p.85; T. Mommsen, Corpus Inscriptionum Latinarum, Berlin, 1863, p.433.

些意大利自治市的司法权交给执法长官（praefecti juri dicundo）行使。① 这些执法长官最初是在罗马裁判官中选拔，并向自治市派驻的代表，但是后来也可以由自治市的市民自行选举。

各行省的地方总督（gouverneur）掌握包括司法权在内的治权。总督身边有若干大臣，他们被任命分管各自领域的司法工作，这类似于罗马的营造司。此外，总督身边还有一些助理，他们在司法和行政管理事务中作为总督顾问。随着行省的组织管理模式越来越罗马化，而且行省内也出现了越来越多的自治市，这些自治市的司法权也跟罗马一样，改为由城市裁判官行使。这些城市裁判官是从罗马的城市裁判官中选任的。②

到了罗马君主制时代，罗马市设置了许多特别法官，专门处理委托遗嘱之诉、监护之诉、税务之诉等特别类型案件③；除罗马外的意大利地区设置了执政官、法官和督察④；在罗马帝国疆域内，罗马皇帝或他的代表（行政长官、检察官等）掌管着司法权。所有上述在君主时代掌握司法权的官员们，在各自的职权范围内行使着司法权。

原则上来说，负责管理民事司法工作的裁判官，在其职权范围内享有不受限制的"司法权"，而"司法权"实际上是"治权"的一部分，是"治权"在司法领域的直接体现。无论是在罗马还是在意大利地区的自治市，裁判官行使的"司法权"性质都是一致的。

但是到了罗马共和国末期以及后来的罗马君主时代，随着旨在保护私人权利的民事诉讼活动逐渐取得独立的地位，罗马人将那种裁判官在诉讼程序中的"司法权"（ius dicere）与来源于"治权"的，并作为民事司法管理权力的"司法权"（jurisdictio）区分开。罗马和意大利自治市的裁判官享有的"司法权"（jurisdictio）开始受到限制。"司法权"的含义被限缩，形成了狭义的"司法权"（ius dicere）概念。狭义的"司法权"只包含以下内容："授予诉权、阐明法律和作出判决"（do, dico, addico）。这些权力内容与民事诉讼程序具有极为紧密的关联性，是裁判官从事司法活动必需的、最低限度的权力。

从这个时候开始，罗马裁判官掌握的权力已经与"司法权"的原始含义

---

① F. Walter, Geschichte des Roemischen, Rechts. Bonn, 1re édition, 1860, §213; G. F. Puchta, Cursus der Institutionen, §62 et 65 ; A. Kirchhof, Das Stadtrecht von Bantia, Berlin, 1853, p.24.

② F. Walter, Geschichte des Roemischen, Rechts. Bonn, 1re édition, 1860, §244; G. F. Puchta, Cursus der Institutionen, §69; T. Mommsen, Corpus inscriptionum latinarum, Berlin, 1863, p.54.

③ F. Walter, Geschichte des Roemischen, Rechts. Bonn, 1re édition, 1860, §282.

④ A. W. Zumpt, Commentationes epigraphicoe, Berolini, 1850−1854, p.40; A. F. Rudorff, Geschichte des roemischen Rechts, Leipzig, 1857−1859, §4.

相差甚远，裁判官的权力被重新命名为"混合治权"（mixtum imperium），以区别于指称民事司法管理权的"纯粹治权"（merum imperium）。裁判官的"混合治权"仅限于作为普通民事诉讼程序的"程式诉讼程序"，并不涉及"非常诉讼程序"和"法定诉讼程序"。

最后，除了"司法权"（jurisdictio）和"混合治权"外，罗马裁判官（尤其是罗马最高裁判官）在处理某些特殊案件时，还具有一些特别权力。这种特别权力既不来源于治权，也不来源于司法权，它是由某个法律、元老院的法令或帝国宪法专门授予的权力。例如指定监护人、授权未成年人出售不动产、批准关于抚养费的协议等。这种特殊权力是裁判官享有的第三种权力，它与"司法权"和"混合治权"相区别，但是共同构成了"裁判官权力—义务"（l'officium du ius dicentis）的全部内容。①

在罗马，司法审判是在民众会场（comitium）或者市政广场（forum）进行的。罗马法院就设立于会场或广场旁边，法官则坐在他的象牙椅（la sella curulis）上进行审判。②这种审判场景在意大利其他地区和罗马行省都差不多。到了奥古斯都时代（公元前27年至公元14年），罗马人曾经尝试改善法院审判环境，罗马法院被设置在长方形的大会堂（basilique）里，随后在内部修建与现代司法建筑比较接近的"法庭和大法庭"（auditoria et tabularia）。大法官（préteur）端坐在法庭中间，周围是他的合议庭成员。这种庄重的司法仪式并不总是强制性的，法官只有在审理案情较为复杂并适用普通程序进行审理（causae cognitio）的案件时，才执行这种庄重的司法仪式。罗马民事司法制度不但根据案件情况的差异制定繁复不同的诉讼程序，而且允许法官根据诉讼程序类型来决定司法仪式。

三、裁判官告示

长久以来，学术研究忽视了裁判官告示对罗马法发展的意义，也忽视了民事诉讼程序对民法与民事权利体系发展所产生的重要影响。在现代大陆法系国家，私法的修订一般是由议会直接进行的；但是在罗马，私法的修订却是借助民事诉讼程序而间接实现的。执行民事诉讼程序的裁判官就如同法学家，是罗马法最重要的诠释者，也是罗马法得以发展的最直接推动力。这一判断反映了罗马法律发达史的基本规律，自公元前367年裁判官职务设立，罗马法才真正进入了快速发展的黄金时代。至公元130年左右，哈德良皇帝委任法学家萨尔维·尤里安（Salvio Giuliano）全面整

---

① A. W. Zumpt, Commentationes epigraphicoe, Berolini, 1850-1854, p.4, p.33.
② Bethmann-Hollweg, Der roemische Civilprocess, Bonn (éd.1864-1866), p.215.

理告示,并确定它的最终文本。到了君主专制时期(公元284年开始),裁判官告示被罗马皇帝彻底废弃。罗马法的主要制度和基本理论都建立于公元前后的6个世纪,这绝非时间性的偶然叠合,而是法律制度发展的内在机理。

罗马法的结构是相当复杂的,有些奇怪的制度可能让人很难理解。但是,这并不意味着那些古老陈旧的法律制度毫无用处。研究罗马法,尤其是研究罗马人如何面对民事法律制度发展的复杂过程,是一项十分有意义的工作。罗马法理论与现代法律理论存在相当大的差异和对立,例如被广泛宣传的"无可避免的法典化"运动,实际上,成文法和法典对于罗马法的重要性和必要性并没有我们想象的那么强烈。通过民事诉讼程序,裁判官总是能够根据社会需要而创设新的权利,罗马法的发展并不存在制度上的障碍。裁判官的权力甚至可能超越了立法者。罗马市民法中的某些规定,在裁判官看来是毫无意义的废纸。裁判官有权拒绝给市民法中的权利提供司法保护,其方式就是通过诉讼程序,拒绝承认当事人享有该项诉权。

裁判官的告示(édit)是罗马法发展的基本形式,因此,"裁判官告示"又被称为罗马的"年度法典"(le code de l'année)。这是否意味着法律的稳定性有所欠缺?答案是否定的,因为"裁判官告示"是以复述往年的裁判官告示内容为主,并辅以增加新的"诉"的类型,或者"废弃"已经不合时宜的"诉"的程式。[①] 罗马裁判官通过持续性的诉讼程序改革,实现了罗马私法的渐进式发展,这种发展丝毫没有动摇既有的法学理论。"废弃"过时的"诉"的程式,是裁判官通过授予被告"抗辩权"(exceptiones)来实现的。被告可以提出抗辩,认为原告之"诉"所依据的客观情势已经发生了变更,因此原告之"诉"欠缺"市民法"(ius civile)规定的合法性要件。"诉"的废弃也是通过诉讼程序来实现的,一方面它没有正面否定"市民法",另一方面又顺利地满足了法律变革的需要。

对于现代人来说,民事立法的日常修订工作已经变成"最难办的事情"之一。人们对启动法典修订慎之又慎,必须经过反复论证,最后拖延到非改不可之时。法典化的最大问题在于:一旦法典制定出台,要想对之进行实质性修改是非常困难的。法典的实质性修改往往意味着这部法典需要推翻原有结构,并建立新的体系。罗马法的结构虽然复杂,但是能很好地避免制度改革带来的高昂成本。在优士丁尼之前的罗马时代,法律发展始终是逐步推进的、符合实际需要的渐进式改革。罗马法的发展在稀声无形

---

① Cicéron, ad Atticum, Ⅵ. 1.

中慢慢前行,直到多年后,人们惊讶地发现罗马法已经向前迈进了许多。

四、法官的司法权

罗马古典时代的"法官"与"裁判官"是两个不同的概念,承担着不同的司法职能。

罗马司法权的原始形态并不独立于行政权而存在。与所有的古代国家一样,在罗马王政时代,司法权掌握在罗马王的手中。① 到了罗马共和国时期,执政官接管了所有的国王权力,包括司法权。当执政官忙于对外战争,无暇顾及司法管理事务时,罗马人设立了"裁判官"这个职位掌管司法权。此外,营造司也有部分司法权,他们主要负责市场经营、城市治安等事务。营造司的司法权不具有独立性、排他性,当营造司无法履行职责时,裁判官可以直接代替他行使司法权。②

当事人向裁判官提起诉讼后,裁判官并不负责审理这个案件的全过程。裁判官的工作仅限于确定诉争的权利为何,以及涉及的法律条文。至于案件的"事实审"部分,全都交由民事法官去审理。③ 尽管没有直接的文献能证明这种司法职能的划分在罗马王政时代就确实存在,但是如果没有专司"事实审"的"法官",很难想象仅有的几个"城市裁判官"能够应付王政时代罗马的所有诉讼案件。

原告的诉讼请求内容对事实审"法官"的选定具有一定的影响。有些案件是由独任审判员进行审理,另一些案件则可能由"判还官"来审理。在公元前2世纪以前,这些法官职位都被元老院和贵族阶层垄断。对于贵族阶层来说,法官职位是十分现实的权力,也是相当重要的经济来源。后来经过盖尤斯·格拉古(Gaius Gracchus)的政治改革(公元前123年),平民可以获得法官资格,并且每年都由市政官发布《法官名录》,白纸黑字列明所有获得法官资格的公民姓名。④

但是,如果案件交由判还官审理,则当事人不需要从《法官名录》中选择合适的判还官。合议庭经常是由多名判还官组成。裁判官可以向当事

---

① Denys d'Halicarnasse, Antiquités romaines, Ⅱ, 14.
② Cicéron, de Legibus, Ⅲ, 8.
③ "法官"(judicies)的最初含义是指负责案件"事实审"部分的法官。参见 Varro, de Lingua Latina, v. 7.
④ 关于《法官名录》的法官数量,根据一份元老院决议,列入《法官名录》的法官有300人;而根据西塞罗对另一时期的记载,入选法官达到850人;到了奥古斯都称帝的年代,《法官名录》的人数达到4000人之多。参见 Cicéron, ad Familiares, Ⅷ. 8; Cicéron, ad Atticum, Ⅷ. 16; Pliny Maior, Naturalis Historia, XXXIII. 7.

人推荐判还官的人选，当事人有权拒绝。判还官也许产生于罗马早期，是为了审理轻微案件而产生的一种法官类型。为了节约司法资源，这类案件由判还官快速裁决。①

在罗马以外的意大利地区，各个自治市的领地和司法权都掌握在城市裁判官手里。民事司法的组织方式跟罗马大致相同，裁判官进行"法律审"，他决定当事人的权利属性和案件涉及的法律问题，并且赋予"法官"（包括审判员、仲裁员或判还官）对该案的审判权，从而进入案件的"事实审"程序。

从事审判工作的罗马法官在各个时代有不同的组织形式。"法官"（judices）一词可能是指常设法庭，也可能是指某个民事法官。当审理具体案件时，裁判官（praetor）会根据原告的请求，指派一名或多名具有法官资格的人担任该案的主审法官。同时，裁判官还会在指令文件（décret）中授予法官必要的权力。

常设法庭是指"十人争议裁判团"（decemviri litibus judicandis）和"百人审判团"（centumviri）。② 民事法官（judices privati）是指审判员（judices）、仲裁员（arbitri）和判还官（recuperatores）。对于具体个案来说，当法官是审判员或仲裁员时，法官是独任制的；而当法官是判还官时，必须由多名判还官组成合议庭审理。③

法官职位划分为三种不同的类型，这种古老的"司法人员分类管理制度"源于罗马王政时代，从未中断过。在罗马共和国和罗马帝国时代，罗马人基本上延续了这种做法。罗马早期的审判职务（munus judicandi）由十人法官团和仲裁员分担，彼此的审判权界限清晰。后来，百人审判团部分行使了早期由十人法官团享有的审判权力。再后来，百人审判团的绝大部分审判权被划给独立的审判员行使。至于判还官，判还官负责审理涉及外国人（异邦人）的诉讼案件，其职责就是使各方"各得其所"（reciperatio），即作出使各方当事人都大致能接受的、合理的裁判结果。实际上，判还官的审判权与"十人法官团""百人审判团""民事法官"差不多，只是其审理的案件类型比较特殊，裁判依据比较特殊。

---

① Denys d'Halicarnasse, Antiquités romaines, Ⅱ, 14, 29; Gellius, XX. 1.

② G. F. Puchta, Cursus der Institutionen, §41 et 49. 在 Servius Tullius 执政以前（公元前 6 世纪），法官职位据传说是授予祭司兼任的，当时还没有专门的法官职业。参见 Jhering, Geist des raemischen Rechts auf den Verschiedenen stufen Seiner Entwicklung, 1852, §13 et 18; K. A. Schmidt, De Originibus lehis actionum, 1857, not. 75.

③ 古罗马早期，如果案件由仲裁员审理，也必须由多名仲裁员组成合议庭。但是这一做法在罗马共和国时代已经废除了。

（一）十人法官团

据史学家的推测，十人法官团是公元前6世纪由罗马王政时代第六位国王塞尔维乌斯·图利乌斯（Servius Tullius）设置的，其是专门处理民事案件的法官组织。根据公元前449年《瓦勒里和奥拉兹法》（Leges Valeriae Horatiae）的内容、考古发现的碑文以及其他文献记载，十人法官团在罗马法史上确实存在，并且后来被称为"十人争议裁判团"（Xviri stlitibus judicandis）。① 根据西塞罗的说法，早期的"十人法官团"只对有关自由权和市民权的案件拥有管辖权。② 到公元1世纪奥古斯都时期，"十人争议裁判团"已经变成了"百人审判团"的领导者，负责指导"百人审判团"的审判工作。

十人法官团的徽章是一支长矛，其主要宗旨在于保护罗马市民的财产权。罗马人对财产的保护十分重视，西塞罗曾经对这些财产权做过非常详细的列举。③ 毫无疑问，从公元前6世纪的图利乌斯时代到公元1世纪的奥古斯都时代，在这600多年的历史里，"十人争议裁判团"对所有民事案件都具有管辖权，它依据当时作为普通民事诉讼程序的誓金法律诉讼程序审理案件，并作出判决。随着其他法院机构和独立法官群体的出现，"十人争议裁判团"的职权才被不断压缩，最终被限制在与等级身份有关的民事案件的管辖权。

（二）百人审判团

另一个常设法庭是百人审判团。百人审判团最初是由35个部落各派出3名代表组成的105人的审判组织④，后来规模不断扩大，成员的数量超过了180人。百人审判团最初是作为"军事法庭"（hastae judicium）建立的，但后来受理案件的种类和数量越来越多。罗马帝国时期，百人审判团被拆分为多个法庭，每个法庭有自己的审判庭。但是当某个事件引发多个诉讼，并且这些诉讼同时进入审理程序时，百人审判团的各法庭会联合办案。否则，当事人将同时应对多个诉讼，并获得多份互相独立的部分判决。例如，在无理损害合法继承人之诉中，如果被剥夺继承权的合法继承人起诉多个遗嘱继承人，那么该原告在面对裁判官进行"法律审"（in jure）时，就必须分别起诉多个被告。每个诉讼都是独立的誓金诉讼，每次诉讼都

---

① Denys d'Halicarnasse, Antiquités romaines, IV, 25.
② Cicéron, Pro Caecina, 88; Cicéron, Pro domo sua, 29.
③ Cicéron, de Oratore, I, 38.
④ Festus, Centumviralia Judicia, II, 1, 25. 罗马最初由3个部落（Tities, Ramnes, Luceres）组成。随着罗马的不断扩张，罗马部落的数量不断增加，在公元前241年已经达到了35个。

必须进行"赌誓"(sacramenta)。这些诉讼随后将分别进入百人审判团的各个法庭,各自进行一套完整的诉讼程序。① 为了避免这种情况发生,百人审判团有时候会联合办案,将这类特殊案件合并审理。这一方面是为了方便当事人到庭参加诉讼,另一方面也是为了便于查清案件事实,防止矛盾判决。

这类特殊案件全部都涉及遗产继承,剥夺继承权之诉(exheredatio)是最常见的类型,当然也有一些关于遗产继承权的其他案件。根据西塞罗的观点,百人审判团的案件管辖权在罗马共和国时期迅速扩大,除了与身份有关的诉讼案件,一切所有权之诉均由百人审判团审理,甚至一切与动产有关的案件也都由百人审判团审理。②

百人审判团是在公元前2世纪《爱布兹法》(lex AEbuzia)颁布以后,其司法地位才逐渐上升,并最终赢得上述司法权。当时绝大多数案件的当事人可以自由选择"百人审判团"或"独立法官"作为案件"事实审"的法官。③ 但是随着罗马进入帝国时代,百人审判团的地位却日渐式微,逐步从法官的组织形式中淡出,最终消失在公众视野里。这是因为罗马皇帝开始致力于建设新型的民事法院和刑事法院,将它们作为固定的、排他性的司法机关而统一国家司法。"百人审判团"显然满足不了罗马皇帝对国家司法统一化、标准化的政治期待。至于这种新型的法院何时彻底取代了百人审判团,"所有权之诉"又是何时完全纳入这些新型法院的管辖权范围的,这些问题目前还不得而知。④

无论如何,百人审判团在罗马司法史上发挥了重要作用。毋庸置疑,"所有权之诉"长期以来一直是由百人审判团审理的,百人审判团把罗马人的财产权视为宪法性权利加以保护。罗马人的财产不但决定了他的纳税义务,而且决定了这个人的社会政治地位。财产权的极端重要性以及审理财产权案件的百人审判团在司法中的重要地位,这两个因素也导致"对物

---

① Pliny Maior, Naturalis Historia, Ⅵ, 33, Ⅳ. 24.

② Cicéron, de Oratore, 38; Bethmann-Hollweg, Der roemische Civilprocess, p.11; L. Janssen, Monographien uber verschiedene Theile der Rechtswissenschaft, Heidelberg, 1858, p.107. Janssen 在书中提出不同观点,他认为与动产有关的案件不属于百人审判团的管辖权范围。

③ C. G. Zumpt 认为百人审判团与独立法官受理案件的区别在于:如果裁判官认为某个案件没有相应的法律可以直接使用,即存在法律漏洞,那么这种案件就必须交给百人审判团审理。如果某个案件的法律适用十分明确,那么这个案件就可以交给独立法官审理。不过,P. E. Huschke 就此问题提出了相反观点。参见 P. E. Huschke, Studien des raemischen Rechts, 1830, p.152.

④ Gaius, Ⅳ, 95.

之诉"在司法中的发展比"对人之诉"更早、更成熟。①

由于史料不详,百人审判团作为常设法庭的成立时间仍然存在很多争论。部分罗马法学者认为百人审判团也是由罗马王图利乌斯建立的,大约在公元前6世纪。②部分学者认为它起源于《十二表法》颁布时期③,大约在公元前5世纪。也有人认为是在《爱布兹法》颁布时期④,大约在公元前2世纪。甚至还有人认为百人审判团成立于公元6世纪末或7世纪初。⑤学术界的判断莫衷一是,根据最接近史料的判断,百人审判团大致是在罗马部落数量达到35个的时候,也就是《爱布兹法》颁布前后就成立了。⑥另外,百人审判团被废弃的具体时间也并不清晰,它最后一次在著作中出现记载是公元4世纪末。⑦根据学者猜测,大约直到西罗马帝国的衰亡(公元476年),百人审判团才最终消失。⑧

(三)仲裁员与审判员

对于罗马法官来说,"审判"这个词语至少包含两种不同的含义,并且法官据此拥有多种类型的权力。

第一种情况是双方当事人的权利义务关系清晰、原告提出诉讼请求时,他可能找出了明确的法律依据,也可能没能列出这些法律依据。由于古罗马法律文本复杂多变,原告有时只能援引、解释、评论比较接近的法律规则,甚至只能找出法律的存在线索供法官进一步查询,同时他举出一系列案件事实供法官判断真相。此时,原告诉讼请求的合法性还不能确定。在这一类型的案件中,法律规则是确实存在的,并不存在法律空白。法官的职责就是检索法律、发现法律并揭示法律,最后保护诉求合理的一方当事人的权利。

---

① Aulus Gellius, XX, 10; Cicéron, de Oratore, 1, 10, 24.

② F. Walter, Geschichte des Roemischen, Rechts. Bonn, 1re édition, 1860, p.692; S. W. Zimmern, Geschichte des Raemischen Privatrechts bis Justinian. Heidelberg, 1826, §14; Dr. Krug, Ueber die Legis actiones und das Centumviralgericht des Raemer, Leipzig, 1855, p.34.

③ C. G. Zumpt, Ueber Ursprung, Form und Bedeutung des Centumviralgerichts in Rom. Berlin, 1837, p.135; A. F. Rudorff, Gromatische Institutionen, Berlin, 1848, p.426.

④ Augustin, de legib. Augustin, de legib, leg. AEbutia.

⑤ P. E. Huschke, Die Verfassung des Koenigs Servius Tullius, Heidelberg, 1838, p.605. Huschke根据Plautus在著述(Men. IV. 2. 18)中的只言片语作出推测:民事司法的权力最初是由罗马民众行使的,后来借助百人审判团的建立,这种公众司法权被收回,改由经过挑选的法官群体行使。

⑥ Bethmann-Hollweg, Der roemische Civilprocess, Bonn (éd.1864-1866), p.360; G. F. Puchta, Cursus der Institutionen, §153.

⑦ St. Jérôme. Ep. Ed Dom, 50.

⑧ F. Walter, Geschichte des Roemischen, Rechts. Bonn, 1re édition, 1860, p.694.

第二种情况是双方当事人的权利义务关系十分模糊，法律本身也没有对诉争关系作出规定，因此无法用法律的手段厘清错综复杂的利害关系。此时，双方当事人需要找一个公正的中间人进行裁断。这名中间人应当具备正直诚实的品格，他根据理性和内心确信作出公平的裁判。罗马人也称之为法官。

于是，罗马法官群体内部出现了分工：第一种类型的案件由百人审判团（decemviri）或独任审判员（unus judex）审理，而第二种案件由仲裁员（arbitri）负责审理。民事诉讼也由此分为"审判"（judicia）和"仲裁"（arbitria）两种类型。仲裁案件可以由一个仲裁员独立审理，也可以由多个仲裁员共同审理。列入"审判"程序的案件，如果选择独任审判员审理的话，则审判员的数量原则上是一个。

虽然"审判员"（judex）、"审判"（judicium）与"仲裁员"（arbiter）、"仲裁"（arbitrium）这两对概念之间存在一定的对立关系，但是在早期罗马法里，"审判"概念的含义往往包含了"仲裁"，经常出现用"审判"概念代替"仲裁"概念的情况。

"仲裁"从"审判"制度中独立出来，这是罗马法发展到一定阶段的产物。"严格法审判"（judicia stricti juris）、"严格法诉权"和"诚信审判"（judicia bonae fidei）、"诚信诉权"，作为"审判"制度与"仲裁"制度的对应诉讼结构，也随之各自独立发展起来。① 需要注意的是，"裁判之诉"（actio arbitraria）与"仲裁"（arbitrium）概念虽然文字表达接近，其实没有任何关联。"所有的裁判之诉都不是仲裁，所有的仲裁也都不是裁判之诉。"②

在罗马古典时代末期，裁判官还设置了据称为"下级审判员"（judex pedaneus）的职位，它也是法官职位的一种。③ "下级审判员"也被称为"特别法官"。④

（四）判还官

一个国家的公民能否在另一个国家提起诉讼，这是罗马时代国际条约最常见的事项之一。这些国际条约规定了提起涉外诉讼的方式、诉讼程序、有管辖权的司法机关等内容。这套国际民事司法体系就是古老的"判

---

① Gaius, Ⅳ, 62, 114; D. Justiniani, Institutionum, §4. 6.
② F. C. v. Savigny, Vermischte Schriften, §220, 222. 但也有学者提出相反观点，参见 G. F. Puchta, Cursus der Institutionen, §154, 165.
③ Paul, V. 28. 1; Bethmann-Hollweg, Der roemische Civilprocess, Bonn (éd.1864-1866), p.137.
④ D. de officio Praetorum (I. 14); D. de officio Praesidis (I. 18).

还"(recuperatio)制度。① 判还制度处于文明和未开化的中间状态。在那些尚未开化的国家，在当事人不得不求助于国家权力介入私人纠纷时，这些国家的司法机关会根据客观情况，判定该纠纷将被受理或不被受理。但是在文明国家，公民向法院起诉是一项自由权利，司法机关有义务受理诉讼并帮助当事人在本国或者在外国实现正义。如同处理城邦之间的争议一样，人们通常挑选几位"判还官"组成仲裁庭，这些仲裁员之所以被称为判还官，是因为他们的任务就是让当事人"各得其所"(recuperatio)。

判还制度是在宽容谨慎和友好协商的原则下逐渐获得发展的，因为人们必须适当尊重双方当事人的本国法，而两个国家的法律规定往往会存在差异。正因为如此，审理判还案件的法官(有时也被称为"仲裁员")不可能是独任法官，尤其不可能是原告本国的法官。判还案件必须由"联合法庭"(un tribunal mixte)审理，每一方当事人都有本国法官作为代表参与案件的审理过程，这是此类案件的本质特征。当有需要的话，联合法庭还可以增加第三方法官(或称为"仲裁员")。②

尽管现有文献缺乏对判还制度的详细记载，但是判还官作为法官的一个特殊群体确实存在。判还官最初专门负责审理涉外案件，并适用一种特别诉讼程序。随着时间的推移，判还官或多或少地有权审理涉及罗马行省的案件，最后他们可以审理罗马人之间的民事案件。也就是说，判还官同时具备了涉外和国内民事司法权(juridictio inter cives)。但是，为了将争议提交判还官仲裁，并使这种仲裁具有强制性特点，当事人必须先去找裁判官，以便仲裁结果能得到裁判官的承认与赋予强制执行力。一般来说，裁判官对仲裁的信任正是这一切的基础，从这种信任中产生了一种新的民事诉讼程序。

显而易见的是，"判还官"适用的这种新民事诉讼程序具有快速、简易的特点。③ 我们可以合理推断：新民事诉讼程序具有的便捷特点与判还官的广受欢迎存在某种程度的因果关系。但究竟是何种因素起了决定性作用，使得某些诉讼或某些诉讼类型从"独任审判员"(unus judex)和"仲裁员"(arbitrer)完全转移到"判还官"手里，这仍然是一个待解的谜题。这方面的历史文献并不充分，想要得到一个十分明确的答案似乎也不太可

---

① Denys d'Halicarnasse, Antiquités romaines, Ⅵ, 95.
② P. E. Huschke, Studien des raemischen Rechts, 1830, p.886.
③ Cicéron, Tusculanae Disputationes, 10; Gaius, Ⅳ. 185; K. A. Schmidt, Das Interdictenverfahren der Raemer, Leipzig, 1853, p.277.

能。"判还官"管辖的案件类型中,"对人之诉"明显多于"对物之诉"。① 判还官的司法裁量权是十分宽松的。人们对判还官产生了足够的信赖,并且没有觉得存在任何不妥之处。

判还官的权力来源也是一个颇具争议的问题。部分学者推测:判还官的权力来源于"治权",而不是像审判员和仲裁员的权力来源于"司法权"。② 但是这一结论的依据并不充分,引起很多质疑。唯一可以查证的是,判还官在审理普通民事诉讼案件时,合议庭通常由 3 名或者 5 名判还官组成。③ 这与判还官审理异邦人案件有所不同。此外,判还官的管辖权还延伸到"非诉案件"(la juridiction gracieuse),这也从一定程度上可以印证判还官的权力应当来源于"治权"。④

五、对法官的选择

当事人对自己案件的法官的选择权,这是一项古老的诉讼权利。法官的选择应当符合当事人的意愿,并尽可能使双方当事人就法官的人选达成一致意见。⑤ 但是,法官的资格和任命权(institutio)始终掌握在裁判官手里。

假如双方当事人已经就"审判员"或"仲裁员"的人选达成了一致意见,只要被选择的法官具备法官资格,那么裁判官应当同意并认可当事人的意愿。假如当事人无法达成一致意见,那么原告就有权就法官人选提出建议(judicium ferre adversario),被告应当就此说明反对意见。⑥

双方当事人自由选择法官的权利也有一些限制。原告提出的法官人选必须有能力担任法官职责,而且通常来说,他只能在《法官名录》中进行选择。对于被告来说,他有权拒绝接受原告的意见,同时无须说明具体理由。但是,被告应当以宣誓的方式向众人表明他的反对意见,即"我不信任

---

① Cicéron, Tusculanae Disputationes, 41; C. Sell, Die Recuperatio der Raemer, Braunschweig, 1837, p.431.
② A. F. Rudorff, Geschichte des roemischen Rechts, Leipzig, 1857-1859, Ⅱ. §8; T. Mommsen, Die Stadrechte der lateinischen Gemeinden Salpensa und Malaca, Leipzig, 1855-1856, p.320 et 322.
③ Gaius, Ⅳ. 105, 109, 111; T. Mommsen, Die Stadrechte der lateinischen Gemeinden Salpensa und Malaca, Leipzig, 1855-1856, p.351.
④ Gaius, I. 20, 38; Ulpiano, I. 13.
⑤ Cicéron, Pro Cluentio, 43; Valerius Maximus, Ⅱ, 8. 2.
⑥ Cicéron, Pro Roscio Comodeo, 14, 42, 45.

原告提出的法官人选，他对实现正义毫无助益"。① 这可以看作现代民事诉讼法上"回避"制度的渊源。

到了罗马共和国时代，被告行使这种不受限制的否决权已经变成毫无益处的诉讼伎俩（le chicane）。在罗马，被告行使否决权似乎变成了一个惯例，而不论法官人选的品质。这与现代民事司法实践中，当事人滥用申请回避权的现象如出一辙。判还官的选择程序跟"审判员"和"仲裁员"相同，统称为"法官选择"（sumere judicem）程序。② 在罗马的行省，行省总督会从省议会挑选一部分议员，直接授予他们法官资格，并编成《法官名录》供当事人选择。当事人最终挑选的法官数量，往往取决于裁判官的决定。③

到了罗马帝国君主专制时代，所有这些当事人的自由选择权全部被取消了。当事人最后只剩下申请法官回避的权利，而且当事人提出回避请求必须有明确的法定理由。④ 这已经与现代民事诉讼程序中的回避制度极为接近。

---

① Cicéron, de Oratore, Ⅱ, 70, 285. 双方当事人进行磋商时，是否需要遵守某种法定方式？磋商是否必须在裁判官的主持下进行？被告宣誓是否需要遵守一定的仪式？这些问题都引起学者的争论，无法得到确定的答案。参见 S. W. Zimmern, Geschichte des Raemischen Privatrechts bis Justinian. Heidelberg, 1826, §10.

② Cicéron, Pro Quinctio, 9; Cicéron, Pro Roscio Comodeo, 4, 14.

③ Cicéron, In Verrem, Ⅲ, 11, 13, 59.

④ D. de judiciis, V. 1.

第二章 法定诉讼程序的诉权观

罗马法诉讼程序的发展经历了三个不同的阶段。

第一个阶段是"法定诉讼"（legis actiones）占据主流的时代。这种诉讼程序是由罗马贵族创造的，其最主要的特征是作为诉讼构成的"誓金"行为。法定诉讼一直存在于罗马王政时代（公元前753年至公元前509年）和共和国时代（公元前509年至公元前27年），直到罗马共和国末期，它才被彻底废弃。

第二个阶段是"程式诉讼"（processo per formulas）时期。程式诉讼取代法定诉讼成为民事司法程序的主流，对于这个改革过程，学术上有两种不同看法。现代罗马法学者倾向于认为新的程式诉讼取代旧的法定诉讼，这一改革是彻底的。另一种看法更符合罗马法的原貌，也符合西塞罗著作中的记载，即程式诉讼一直作为法定诉讼的组成部分而存在，这一改革使程式诉讼得以摆脱法定诉讼的束缚而独立出来。程式诉讼体系的建立是罗马法的杰作之一，代表了罗马法发展的辉煌时期。自从盖尤斯的《法学阶梯》被重新发现以来，程式诉讼再次引起研究者的兴趣，研究者还陆续发现了更多有趣的文献。如果缺乏对罗马法诉讼程序和司法制度的认知，就难以发现罗马法的真谛所在。程序法律观是研究罗马法必经之路。在这种研究范式中，程式诉讼居于核心位置，被誉为"开启罗马法的钥匙"。[①]如果把罗马法仅仅理解成近现代民法（"实体法"）的起源，而把诉讼程序看作罗马法的附属品，那是对罗马法和法学理论的严重误解。

法定诉讼与程式诉讼有一个共同的特征，即诉讼程序被拆分为"法律审"（in jure）和"事实审"（in judicio）[②]两个部分。这一特征足以让罗马法诉讼程序与任何现代民事诉讼程序划分界线。罗马裁判官负责"法律审"，包括受理案件（等同于现代民诉法的"起诉条件"概念）和确定法律争议点（等同于现代民诉法的"诉讼标的"概念）；罗马法官（包括审判员、仲裁员和判还官）负责"事实审"（接近现代民诉法的"审理"概念），主要审

---

① Edouard Laboulaye, Réflexions préliminaries du *Histoire de la procédure civile chez les romains* par Ferdinand Walter, Paris, 1841.

② "in judicio"直译应为"裁判审"，但鉴于其与"法律审"（in jure）构成了罗马法民事诉讼程序的两个不同阶段，结合现代民事诉讼理论的通用话语以及该程序阶段的审理特征，译为"事实审"更易理解。

理案件的事实部分，适用法律并作出判决。司法判决的执行工作仍然交回给裁判官负责。因此，任何案件在罗马民事诉讼程序下都必须经过"法律审"和"事实审"两部分。

原则上，裁判官负责法律问题，法官负责事实问题。但是这种区分并不绝对，有些案件的事实与法律问题难以完全分开，在这种情况下，法官也会就法律问题作出判断。罗马法之所以将诉讼程序做这样的划分，目的是区分法律本身与法律的适用。这也是现代陪审制的理论基础：决定公民的生命、自由和财产的权力只能交给公民行使，而不能托付给作为执政官同侪的裁判官。罗马人比现代人更加担心公权力被滥用的危险，裁判官不得直接插手公民的民事权利，只有经过当事人自由选择的审判员或仲裁员才有权对民事权利进行裁判。

第三个阶段是"非常诉讼"（extra ordinem agere）时期。虽然程式诉讼程序直到罗马皇帝戴克里先（Diocletiano）统治初期（公元244—312）依然存在，但是在普通诉讼程序之外，一种新的非常诉讼程序已经孕育了很长时间。这种非常诉讼程序由一位裁判官全权审理，无须法官的协助，自然也就不需要遵循普通诉讼程序的程式，也不需要依循"法律审"和"事实审"的两阶段程序构造。戴克里先皇帝随后出台法律，将"非常审判"正式确认为罗马法的普通诉讼程序。直到罗马帝国衰亡的最后时刻，"非常审判程序"作为普通诉讼程序的地位都毫无动摇。也正是这个"非常审判程序"，经过中世纪欧陆教会法和封建法的编纂和修改后，成为近代欧陆民事诉讼程序的通行样本，并经过19世纪以来欧陆国家的民事诉讼法典化运动后，一直流传使用至今。"非常审判程序"深刻影响了大陆法系民事诉讼程序，现代欧陆地区几乎所有的法院（包括主权国家和国际组织的司法机构）使用的民事诉讼程序都可追溯至罗马法的"非常审判程序"，并且随着19世纪以来全球法律移植浪潮，影响了包括中国在内的大部分亚洲地区。

一、概述

早期的罗马法诉讼程序有一个最具典型性，最能与其他诉讼程序相区别的特点，这个特点与"法律审"密切相关，必须从"法律审"中去发掘。"法律审"主要由以下内容组成：当事人在裁判官面前陈述一系列庄重的言辞和格式化的用语，这些言辞和用语都有严格的法律规定，有时候当事人还必须伴以仪式性的动作；裁判官在发言、命令或裁判时，也必须毫无差错地使用法定术语。

完成所有这些严格的仪式，尤其是当事人完成这些仪式化的诉讼行为，这种诉讼程序被称为"法定诉讼"。显然，"法定诉讼"并不是指"由法律直接规定的诉讼形式（例如后来在裁判官告示中直接规定的诉讼程式）"，而是指这些诉讼形式必须极尽可能地与罗马法对权利内容、权利范围、权利形成与权利效果的规定相一致。① 根据公元2世纪罗马法学家彭波尼（Pomponius）的记载，公元前312年的罗马执政官Appius Claudius 和他的秘书 Cn. Flavius 对法定诉讼程序的发展起到了重要作用。在此之前，法律解释权由罗马大祭司群体垄断，诉讼程式的详细信息也不为公众所知。Appius Claudius 对当时的诉讼程式颇为不满，他领导十人立法委员会对诉讼程式进行了变革和编纂，并增加了新的诉讼程式。随后，Appius Claudius 授意他的秘书 Cn. Flavius 编写《诉讼编》（liber actionum），将所有的法定诉讼程序予以公布和传播。公元前198年，罗马执政官 Sextius Aelius 对法定诉讼程序进行了补充和完善。当事人被严格要求遵守法定诉讼所规定的一切仪式化的、格式化的言行，任何一点程序上的小差错都将导致整个案件败诉。② 罗马人将这种因程序差错导致败诉的情况称为"诉讼失权"（causa cadere），与因为实体权利上的缺失而"败诉"的情况相区别。

法定诉讼共有五种类型：誓金法律诉讼（legis actio sacramento），要求审判员或仲裁人之诉（per iudicis arbitrive postulationem），请求给付之诉（per condictionem），拘禁之诉（per manus iniectionem），扣押之诉（per pignoris capionem）。③ 法定诉讼作为罗马民事诉讼的"普通程序"，其适用范围是否限于罗马市民之间？即是否只有罗马市民才能适用法定诉讼程序，还是通用于涉外案件？罗马法学家很早就提出了这个问题，但是目前还找不到任何强有力的证据来回答。④

二、誓金法律诉讼

誓金（sacramentum）是指一笔金钱，每一方当事人在裁判官面前宣誓，如果自己在诉讼过程中的陈述被认为是虚假的或不合法的，那么他将输掉

---

① Gaius, Ⅳ. 21; A. F. Rudorff, Geschichte des roemischen Rechts, Leipzig, 1857–1859, XIV, 292. 为了规范当事人的起诉，现代民事诉讼法立法在某些必要情况下，仍然会借用实体法对权利的陈述方式。参见 J. Bekker, Die processualische Consumtion im classichen raemischen Recht. Berlin, 1853, p.31.

② Gaius, Ⅳ. 11. 30; Jhering, Geist des raemischen Rechts auf den Verschiedenen stufen Seiner Entwicklung, Ⅱ, p.108, p.649.

③ Gaius, Ⅳ. 12; M. Voigt, Die Lehre vom Jus naturale et bonum, aequum und jusgentium der Roemer, Leipzig, 1856, §27.

④ S. W. Zimmern, Geschichte des Raemischen Privatrechts bis Justinian. Heidelberg, §33.

这笔誓金，并把誓金上交国库。原则上，誓金必须放置在一个神圣的地方（in sacro），例如一个神殿或其他宗教场所。这也是誓金这个词的来源和最初含义。后来，当事人就将一笔钱寄存在裁判官那里，作为保证金的性质，以保证当事人在诉讼结束后能够支付誓金。

双方当事人通过庄重的形式来立下司法赌注，原告主张权利，而被告则承认或否认这些权利。双方当事人通过一段对话来完成赌誓程序。对话的内容根据"对人之诉"和"对物之诉"而有所不同。赌誓程序完成之后，双方当事人都交出一笔钱给裁判官作为支付誓金的保证金。最后，在裁判官结束法律审之前，双方当事人应当就负责案件事实审的"十人争议裁判团"或"百人审判团"的开庭日期达成一致。《皮那利法》（lex Pinaria）颁布之后，双方当事人也可以要求裁判官指定一名"私人法官"（judex privatus）负责本案的事实审。如果当事人选择私人法官审理本案，那么双方当事人必须在第30天时再次到庭，此时，裁判官会指定一名法官担任审判员，并确定当事人向该审判员出庭的日期。

誓金的数额是500阿斯或者50阿斯，根据诉讼标的额决定。如果诉讼标的额为1000阿斯或以上，誓金的数额是500阿斯；如果争议标的额为1000阿斯以下，则誓金数额是50阿斯。但是《十二表法》规定，对于自由权之诉，誓金一律为50阿斯。这是为了照顾弱者行使自由权，不给主张自由权者增加过重的经济负担，避免弱势群体因经济原因而无法主张权利。①

誓金法律诉讼是典型的法定诉讼，其诉讼过程分为法律审和事实审两部分。事实审也具有法定诉讼的基本特征，即仪式化、形式化。当事人来到审判员面前，在案件审理之前，他们必须向审判员简要地介绍案情，这被称为"案情陈述"（caussae collectio 或 caussae conjectio）。当事人向审判员进行"案情陈述"，主要是为了说明提起诉讼的原因，以及案件在法律审阶段的基本情况，使审判员对案件有基本的了解。

"案情陈述"程序之后，当事人才可以进行法庭辩论。法庭辩论主要是由双方当事人围绕诉争权利是否具有事实和法律依据进行举证和质证。诉争权利就是现代民事诉讼理论中的"诉讼标的"，是案件审理的对象。实际上，当事人之间的赌誓是建立在该诉争权利之上的。审判员的职责虽然从表面上看是就诉争权利作出裁决，但本质上是判断哪一方当事人在赌誓中说谎，并让他赔付赌金。从这个角度来看，誓金法律诉讼的"诉讼标的"还不能简单地看作是诉争权利。

---

① Gaius, Ⅳ. 14; Varro, de Lingua Latina, v. 180.

很多案件的结果并不能以胜败或输赢来区分。例如，原告主张100阿斯的债权，被告完全予以否认，而审判员最终查明原告享有50阿斯的债权。在这种情况下，我们就能清楚地看到：在誓金法律诉讼里，就诉争权利作出裁判并不是审判员的主要职责，他的职责是判断哪一方当事人需要赔付赌金。审判员对诉争权利进行裁判是为了对赔付赌金进行裁判，它只是审判员履行职责的手段，而不是目的。赌誓的输赢和赌金的赔付不可能采用折中办法，当事人必定有一方全胜，而另一方则全败。尽管原告被证明享有50阿斯的债权，但是他不应该主张100阿斯的债权，审判员判令原告的诉讼请求不合法，因此原告必须赔付赌金。在这种情况下，誓金的分配才是案件审理的对象，即"诉讼标的"。

誓金法律诉讼确实显得僵硬和教条。即使原告被证明享有99阿斯的债权，但是原告的诉讼请求是100阿斯，则原告仍然会败诉。这类案件被认为不宜用"是"或"不是"作出裁判，部分案件的法律关系甚至可能存在模糊之处。这类案件在日后的罗马法中可以采用仲裁程序审理，但在法定诉讼占绝对主流的时代，"仲裁"（arbitrium）概念[1]和仲裁程序还没有从"审判"（judicium）概念中完全独立出来。当时的罗马民事法官也没有自由裁量权，他无法根据人们的社会生活实践而对法律进行任何形式的调整。我们只能猜测，在法定诉讼程序时代，罗马法还有着其他类型的诉讼程序可供当事人选择。罗马人在建立诉讼程序的基本规则的同时，应该不会忘记存在许多不同类型的诉讼案件，这些诉讼案件不宜采用誓金法律诉讼来审理。这一判断在盖尤斯的《法学阶梯》中可以找到依据，盖尤斯在论述誓金法律诉讼时说："誓金法律诉讼是普通的诉讼形式。当法律没有规定必须以其他形式进行诉讼时，人们采用誓金法律诉讼。"[2] 由此看来，当时的罗马法应该是规定了其他诉讼程序来专门审理特殊类型的案件，但由于史料的缺失而难以证实。

1. 誓金法律诉讼的普通程序

以上所述只是誓金法律诉讼的基本属性和概括特征。如果深入研究誓金法律诉讼，就会发现这种诉讼程序存在两种不同的形式，这两种形式的誓金法律诉讼互相之间存在较大差别。这两种形式分别用来审理债权案件和物权案件，被称为"对人之诉的誓金法律诉讼"（sacramento in personam）和"对物之诉的誓金法律诉讼"（sacramento in rem agere）。这可以看作是现代法国、意大利等欧陆国家民事诉讼法上"对人之诉"和"对

---

[1] Cicéron, Pro Quinctio, 4.
[2] Gaius, Ⅳ.13.

物之诉"制度的起源。

在这两种誓金法律诉讼程序里,原告提起诉讼的方式是不同的,被告的抗辩方式也不同。在"对人之诉的誓金法律诉讼"中,原告向裁判官提出诉讼请求的方式是:"我声明,根据你的承诺,你欠债于我(Aio te mihi dare oportere)。你是否承认?"① 被告抗辩时必须声明:"我没有欠债于你。"而在对物之诉的誓金法律诉讼中,原告提起诉讼的方式为:"我声明,这个物或人根据罗马法名正言顺地归我所有。"② 此时,被告也用与原告完全同样的话语来否认原告的诉讼请求,表示他"拒绝返还"(contravindicatio)的意思。这与"对人之诉的誓金法律诉讼"的被告抗辩声明内容是有明显区别的。

两种誓金法律诉讼在赌誓程序上也有不同。在对人之诉中,原告声称"只要我的主张是非法的,我就愿意向你赔付500阿斯的赌金";被告也用完全相同的话语进行赌誓。③ 在对物之诉中,原告声称"由于你的主张是非法的,我要求与你赌500(或50)阿斯",被告回应称"同意与你打赌"。④

"对物之诉的誓金法律诉讼"还可细分为若干诉讼程式,每种诉讼程式规定了不同的起诉方式。这些不同的诉讼程式之间存在一些细微的差别,它们适用于不同类型的审判对象(现代民诉法上的"诉讼标的物"概念),例如一群羊、一块土地、一间房屋等。如果原告起诉被告,要求返还一群羊,他只需牵着其中一只来到法庭,或者带一些羊毛即可。但如果原告的诉讼请求是返还一只奴隶或者一只动物,那么原告就必须将标的物带来法庭。根据"诉讼标的物"的不同,诉讼法设置了不同的诉讼程序,这在现代欧陆民事诉讼法中仍然能找到历史的痕迹。

在这些对物之诉中,原告都必须用庄重的言语或仪式化的动作来起诉。现有史料和研究文献记载,"对物之诉"的起诉程序分为五个步骤:

---

① F. C. v. Savigny, Vermischte Schriften, p.557; G. F. Puchta, Cursus der Institutionen, §162. 萨维尼和普赫塔都认为,原告在对人之诉的誓金法律诉讼中提起诉讼请求的方式与请求给付之诉基本相同,都使用"我主张你欠债于我"的程式。但是其他学者有不同意见,他们认为原告在两种诉讼程序中提起诉讼的方式并不相同。参见 Bethmann-Hollweg, Versuche uber einzelne Theile der Theorie des Civilprocesses, Berlin, 1827, p.374; H. Dernburg, Kritische Zeitschrift fur die Geschichtliche Rechtswissenschaft. I, p.466; R. Stintzing, Ueter das Verhaeltniss der Legis actio sacramento zu dem Verfahren durch Sponsio praejudicialis, Heidelberg, 1853; J. Bekker, Die processualische Consumtion im classichen raemischen Recht. Berlin, 1853.

② Gaius, Ⅳ. 16.

③ Gaius, Ⅳ. 14; A. W. Heffter, Institutionen des raemischen Civilprocesses, Bonn, 1825, p.364. 对人之诉的誓金法律诉讼程序缺少直接的史料记载,只能根据其他相关文献推测。

④ Gaius, Ⅳ. 16.

第一，双方依次表明自己对物的占有权。原告手持小木棍，抓住诉争标的物，声明"依照罗马法的规定，该物归我所有。因此，我把木棍放在该物体上"。与此同时，原告就把小木棍放在该物之上。被告也做同样的动作，说同样的话。小木棍代表罗马时代的战斗工具"长矛"，意指预备战斗和展示力量。① 实际上，双方当事人只是借此来论证自己的权利而已。

第二，裁判官命令当事人停止仪式性的决斗，并要求双方当事人都放开诉争标的物。

第三，双方当事人分别向对方提出质问，澄清主张返还该物或拒绝返还该物的理由。② 然后，双方按照常规的做法完成赌誓程序，双方互致赌约。

第四，裁判官决定由某一方当事人临时占有标的物，并要求该临时占有人向对方当事人提供保证人，即为诉讼标的物和孳息提供担保。裁判官还要求双方当事人各自为誓金另外提供保证人，因为誓金将上缴国库。

第五，假如案件的诉讼标的物是不动产，起诉程序变得相对复杂。双方当事人首先来到裁判官面前，互相主张去不动产所在地进行赌誓程序，裁判官也会随他们前往。然后，双方当事人再次返回不动产处，在证人在场见证的情况下，当事人取下不动产的一小块（可能是一个土块，也可能是一片瓦）。当事人取样时，裁判官并不在场。取样结束后，双方当事人回到裁判官那里，用小木棍指着取下的诉争不动产的一部分来完成质问程序。后来，罗马人简化了这个程序，当事人首次向裁判官起诉时，就带着不动产的某个部分，但是他将物品放置在离法庭几步远的地方，来模拟不动产在场。当事人和裁判官仍然要来回走动，以便完成见证、赌誓、质问等过程。这是不动产之诉的诉讼程序的固定形式，当事人（特别是原告）必须按照这种法定形式来完成起诉程序。

2. 誓金法律诉讼的特别程序

对人之诉和对物之诉构成了誓金法律诉讼的普通程序，但是誓金法律诉讼还存在着诸多特别程序，用来处理许多特殊案件。所有的案件都使用普通程序来审理，这在罗马人看来是不可想象的。对罗马法的研究，除了关注法律的一般规范，还应重视特别规范的存在。在从事罗马法研究时，往往容易忽视罗马法的这个重要特征。对于程序法而言，特别程序对于罗马法民事诉讼程序的实施，是极为重要和必不可少的。特别程序的存在不

---

① Gaius, Ⅳ. 16, 17.
② 根据盖尤斯的描述，这个质问过程使用固定言辞，即"我请你说明你以什么理由提出返还该物的诉讼请求"；另一方回答："我在放置木棒时已经予以说明。" Gaius, Ⅳ. 16.

但是作为普通程序的制度补充,而且能体现罗马法的程序原理。

对物之诉的誓金法律诉讼肯定存在着与普通程序不同的其他形式。虽然没有直接的文献详细记载这种对物之诉的誓金法律诉讼的特别程序,但是"确认役权之诉"(actio confessoria)和"否认役权之诉"(actio negatoria)的审理程序确实与普通程序不尽相同。这两种涉及用役物权纠纷的诉讼具有对人之诉和对物之诉的双重属性,罗马法称之为双重诉讼(actio duplex)。这与后来程式诉讼中的遗产继承之诉(actio hereditas)十分相似。在双重诉讼中,原告和被告的角色并不绝对固定,且原告提起诉讼的方式还要根据他是否已经占有诉讼标的物而决定。

三、要求审判员或仲裁人之诉

"要求审判员或仲裁人之诉"是法律诉讼的第二种类型,但是关于这种诉讼程序的细节,在盖尤斯的著作中完全遗失了。在公元1世纪罗马帝国初期的文学家和评论家Valerius Probus的著作中,人们发现罗马共和国时期的"要求审判员或仲裁人之诉"的极少片段。[①] 到目前为止,我们无法还原这种诉讼程序的完整构架,对这种诉讼程序的描述主要是基于只言片语之史料的推断,是对罗马诉讼法史的一种猜测。

然而,我们完全确信"要求审判员或仲裁人之诉"有着与誓金法律诉讼同样悠久的历史,这两种法定诉讼程序确实是在同一历史时期建立的。"要求审判员或仲裁人之诉"是独立的诉讼程序,但是准确来说,它是作为誓金法律诉讼程序之外的不可缺少的制度补充。"要求审判员或仲裁人之诉"似乎是为这样一些纠纷而设立:在这些纠纷中,权利义务关系不是那么确定,因而很难用"全是"或"全非"进行裁判。双方当事人的法庭辩论应该不是围绕诉争权利或诉争标的物来展开,他们也不在实定法中寻找、论证自己的权利基础,因为双方当事人之间的权利义务关系并不确定,或者找不到任何法律上的明确依据。在这种情况下,双方很难就如何处理纠纷达成一致意见,他们只能求助于一位"睿智而公平的第三人"来裁判。该第三人应当根据自己的看法而非法律的规定,就如何处理当事人之间的纠纷作出裁决。

"要求审判员或仲裁人之诉"满足了罗马人在某些案件中的司法需求,由于誓金法律诉讼过于严格,他们原本难以通过司法途径解决纠纷。在"要求审判员或仲裁人之诉"的案件里,实定法的意义仅在于授权当事人寻

---

① Valerius Probus, De notis, 223.

找"睿智而公平的第三人"担任案件的审判员或仲裁人,并由该第三人完全依据自己的看法作出判决。审判员或仲裁人不会详细探究案情涉及的法律规定,他完全根据个人的观点作出判决。"要求审判员或仲裁人之诉"具有定分止争的功能,但更准确地说,它的目的是在当事人之间通过诉讼创设新的权利,形成新的受司法保护的法律秩序。①

西塞罗曾经在著作中嘲讽其他法学家的无知,因为这些法学家纠缠于审判员(judex)和仲裁人(arbiter)概念,他们试图在早期罗马法中说明两个概念的区别。②但是实际上,在"要求审判员或仲裁人之诉"中,审判员和仲裁人这两个概念是可以互换使用的。在早期罗马法里,审判员和仲裁人并不存在类似于现代司法制度中的职业区别。

审理誓金法律诉讼的审判员从法官群体里指派,而"要求审判员或裁判人之诉"的"睿智而公平的第三人",虽然他被冠以"审判员"或"仲裁人"的头衔,但是他并不是从罗马民事法官群体中挑选的。虽然罗马民事法官不属于国家公职人员,日常也不行使公权力,但他们仍然是由经过官方遴选的精英阶层人士组成。在"要求审判员或裁判人之诉"中,普通市民也可以被认为是"睿智而公平的第三人",由双方当事人挑选,对案件作出裁决。换言之,罗马法的司法权逐渐打破了被精英群体垄断的局面,任何罗马市民都可以担任"私人法官"(judex privatus),只要他有能力履行裁判职责。

在罗马法早期,"私人法官"只能使用于要求审判员或仲裁人之诉。③后来随着"私人法官"的不断发展,在誓金法律诉讼中也开始允许"私人法官"担任案件的审判员。与此同时,"仲裁"概念从"审判"概念中逐渐独立出来。"审判"程序和"审判员"用来审理严格法之诉,例如誓金法律诉讼和请求给付之诉;"仲裁"程序和"仲裁人"用来审理较为柔性的诚信诉讼,这类案件的判决完全依据法官的个人偏好。在西塞罗的时代,审判和仲裁的制度区分仍然不是十分严格,术语上的混用也十分普遍。但是在西塞罗之后,为了使仲裁人更好地履行司法职责,罗马法学家着手建立一套比较完善的仲裁理论。自此以后,"仲裁"和"仲裁人"概念才彻底从"审判"和"审判员"概念中独立出来,"审判"不再具有"仲裁"的含义,"审判员"也不能用来指称"仲裁人"。这是现代民事司法体系下"审判"制度与"仲裁"制度、法官与仲裁员互相独立的罗马法起源。

概而言之,在罗马法发展的早期阶段,所有的严格法之诉都由罗马民

---

① F. C. v. Savigny, Vermischte Schriften, p.80.
② Cicéron, Pro Murena. 12.
③ Cicéron, de Legibus, I, 21.

事法官审理;所有的诚信之诉均由"私人法官"审理;所有的"私人法官"实际上都是仲裁人。由于"仲裁人"应当根据一定的规则来审理案件,因此所有的仲裁人实际上也可以被称为"审判员"。到了罗马法发展的中期阶段,严格法之诉已经可以由"私人法官"审理,这些"私人法官"在审理严格法之诉时有充分的自由裁量权。此时,"仲裁"概念从"审判"概念中完全独立出来,意指一种具有弹性的、不完全拘泥法条的、法官有充分自由裁量权的审判模式。很明显,一方面,罗马法对"审判"与"仲裁"的区分方式与现代民事司法体系是完全不同的,但另一方面,现代仲裁制度确实也在一定程度上更多地保留了法律适用方面的弹性和自由裁量权。

毋庸置疑,"要求审判员或仲裁人之诉"也具有古典时期罗马法诉讼程序的仪式化、形式化的普遍特征。根据长期的司法实践,这种法定诉讼形成了一些不同于誓金法律诉讼的仪式行为。根据西塞罗的记载,在遗产分割之诉(actio familiae erciscundae)中,当事人必须陈述一段专门的仪式性言辞。在誓金法律诉讼程序里,并没有这样的仪式要求。[①] 仪式行为内化为民事诉讼法律行为,这是罗马法早期民事诉讼程序的基本特点。

四、请求给付之诉

请求给付之诉是法定诉讼的第三种类型。根据盖尤斯的著述,他对请求给付之诉(condictio)的论述可以提炼出以下几个要点:

1. 请求给付之诉的名称来源于通告令(denunciatio),由债权人向债务人发出"通知"(la sommation),要求债务人于收到通知后的第30天到裁判官处进行法律审。[②]

2. 请求给付之诉是由公元前4世纪的《西利法》(lex Silia)和公元前3世纪的《卡尔布尼亚法》(lex Calpurnia)规定的。《西利法》规定的是特定数额的债务(de certa pecunia),《卡尔布尼亚法》规定的是任何确定的物(de omni certa re)。[③]

3. 罗马法上为何设立"请求给付之诉"? 这是一个让人费解的、引起较多争论的问题。债权人主张债权完全可以通过誓金法律诉讼程序或者要求审判员或仲裁人之诉程序,从罗马法的法律制度上看,似乎并不存在创设"请求给付之诉"的迫切需要。[④]

---

① Cicéron, de Oratore, I, 56.
② Gaius, Ⅳ. 18.
③ Gaius, Ⅳ. 19.
④ Gaius, Ⅳ. 20.

虽然罗马法单独设立了"请求给付之诉"的诉讼程序，但是"请求给付特定债务之诉"（actio certre pecuniae）和"请求给付确定物之诉"（actio de certa re）仍然是可适用"誓金法律诉讼"和"要求审判员或仲裁人之诉"的诉的类型。[①] 盖尤斯并没有论述"请求给付之诉"是一种排他性的诉讼程序，专门用来审理上述这两种诉讼。从权利的法律性质来分析，这两种诉讼都源于合同之债，完全属于誓金法律诉讼程序的适用范围。单独设立请求给付之诉的理由，可能是这种诉讼程序更为简便，可以更快速地解决债务纠纷。可以肯定的是，提起"请求给付特定债务之诉"和"请求给付确定物之诉"的原告有选择适用何种诉讼程序的权利。赋予当事人较多的程序选择权，这是罗马法民事诉讼程序的另一个特点。

相比誓金法律诉讼程序，请求给付之诉的优势主要在于简化了由裁判官主持的法律审程序。简化"法律审"程序几乎意味着简化了"法定诉讼"程序本身。誓金法律诉讼和要求审判员或仲裁人之诉的基本特征体现在法律审的一系列仪式行动中；请求给付之诉的基本特征主要体现在原告向被告发出"通知"上，即要求被告在接获通知的第 30 天向裁判官出庭，进行案件的法律审程序。请求给付之诉的法律审简化为双方当事人对负责案件事实审的独任法官的挑选和委任程序。

程序的便捷化、去仪式化始终是罗马法民事诉讼程序在各历史时期沿革发展的基本价值取向。誓金法律诉讼程序有很多仪式性的话语，这些话语行为本身构成诉讼程序的重要部分。而在请求给付之诉中，这些仪式话语完全被简化，它们的内容限于选择事实审的法官，以及确定进行事实审的日期。请求给付之诉的程序被极大地简化，当事人不必再遵守那些严格的、固定的仪式行为。诉讼程序的严格性大为降低，当事人即便违反某些形式要求，也不会产生严重的不利结果。[②] 另外，请求给付之诉的审理期限更短，为当事人节约很多时间，而且当事人只需要向裁判官出庭一次，而不像誓金法律诉讼程序通常要向裁判官出庭两次。

请求给付之诉的法律审，其目的是给后续的事实审提供审判意见，特别是确定和固定诉讼标的、原告诉讼请求、被告的答辩意见。在盖尤斯的著作中，他没有直接提到请求给付之诉必须包含赌誓程序。这也许是请求

---

① P. E. Huschke, Ueber das Recht des Nexum, Leipzig, 1846, p.126.
② 古罗马法律文献并没有明确提到这样的观点，这只是近现代罗马法学家的推断。参见 G. F. Puchta, Cursus der Institutionen, §162; P. E. Huschke, Ueber das Recht des Nexum, Leipzig, 1846, p.142, p.145; G. W. Wetzell, Der raemieche Vindicationsprocess, Leipzig, 1845, p.70; M. Voigt, Die lehre vom Jus naturale et bonum, aequum und jus gentium der Raemer, Leipzig, 1856, p.239.

给付之诉确实不需要赌誓程序,也有可能是盖尤斯文稿片段的遗失。程式诉讼以"借贷特定数额钱款之诉"取代了法定诉讼的"请求给付之诉"。在盖尤斯论述"借贷特定数额钱款之诉"的内容中,我们发现这种诉讼却要求当事人进行赌誓。① 这就产生了一些学术争论,罗马人不太可能在后期的程式诉讼在早期的法定诉讼中增加古老的赌誓程序,这不符合罗马法发展的一般规律。盖尤斯对请求给付之诉的论述让人们产生一些怀疑,可能是文稿片段的遗失,也可能是其论述本来就不够严密和完整。

根据《西利法》的规定,当时关于"请求给付特定债务之诉"(actio certre pecuniae)的立法曾规定了赌誓程序,而且对赌誓程序的规定较早期的誓金法律诉讼更加精细,需根据个案的情况进行赌誓。誓金的数额取决于案件的重要性,重要性一般由诉讼标的额来决定。根据诉讼标的额设定某个比例作为誓金,其数额并不固定。然而,誓金法律诉讼的誓金数额则是固定的,以案件标的额 100 阿斯为上下基准,誓金数额或为 50 阿斯或为 500 阿斯。在誓金的计算上,请求给付之诉比誓金法律诉讼更为灵活。

但是在《卡尔布尼亚法》里,该法律在规定"请求给付确定物之诉"(actio de certa re)时,赌誓程序又未见踪迹。因此,有的学者认为:赌誓应当不是法定诉讼的必要程序。② 这种观点在学术上引起很多争论。赌誓程序在誓金法律诉讼中,是作为法律审和事实审之间的承接环节而存在的,如果"请求给付之诉"没有赌誓程序,那么从法律审转向事实审是借助什么程序来完成的呢?在程式诉讼中,完成这一程序衔接仅仅是由裁判官宣布案件进入事实审的指令。请求给付之诉作为罗马法早期的诉讼程序,它的程序衔接方式也许有可能与后来的程式诉讼是相同的。也就是说,程式诉讼可能是借鉴了请求给付之诉的做法。甚至也可以进一步推测,程式诉讼与请求给付之诉之间确实存在着某种内在的关联,请求给付之诉可能是程式诉讼的制度原点。

五、拘禁之诉

法定诉讼的第四种类型是拘禁之诉(manus injectio),实质上是已决案件的执行程序,但是仍然保有"诉"之名,作为独立的诉讼程序。拘禁之诉是为了执行某项确定的权利,这项权利必须得到被告当庭承认,或者有生

---

① Gaius, Ⅳ.171; Cicéron, Pro Quinctio, 4, 5.
② J. Bekker, Die processualische consumtion im classichen raemischen recht. Berlin, 1853, p.443.

效判决书作为依据。①

债权人抓住债务人，立即将其带至裁判官处，并提起拘禁之诉。债务人不得反抗，不得从债权人手中挣脱。提起拘禁之诉的债权人首先在法庭上陈述一段固定的言辞，然后陈述拘禁债务人的原因和法律依据，以及未偿还债务的具体金额。这里的法律依据指生效判决、当事人的承认或其他类似法律行为。比如，提起诉讼的原告说："由于你被判决向我支付1000阿斯，而你还没有支付，所以我为了获得该笔钱款而拘禁你。"

如果债务人拒绝支付款项，提起拘禁之诉的债权人可以将其带回家，囚禁起来。不过，债务人有权提供一名担保人（vindex）来避免被原告囚禁的危险。这名担保人先向债权人支付该笔款项使债务人获得释放，然后担保人以自己的名义提起新的诉讼，主张这项债权不合法。根据公元前3世纪的《瓦里法》（lex Vallis），"那些因已决案或者因其代偿已决债务而提起诉讼的担保人，必须先执行已决案，然后再进行新的诉讼"②。如果债权人在新的诉讼中仍然胜诉，那么该担保人将被处以债权数额的双倍罚金。这与后来程式诉讼中的已决案之诉（actio judicati）的双倍罚金规则（duplum）十分相似。在已决案件的执行问题上，程式诉讼基本沿用了法定诉讼时期的某些做法。③

六、扣押之诉

扣押之诉（per pignoris capionem）是法定诉讼的最后一种类型。提起扣押之诉是一项古老的赋予债权人的特权，它可以为了实现债权而直接扣押属于债务人的与债权有关的物品。而且，扣押程序不需要在法庭中进行，不存在严格意义上的诉讼程序，也没有被告和裁判官在场。因此，把扣押之诉列入法定诉讼的类型是否恰当，甚至扣押之诉能不能看作是诉讼程序，这引起了许多争论。④

扣押之诉需要遵循严格的仪式，债权人必须陈述一段固定的言辞。这是法定诉讼的最重要特征，也正是基于这个考虑，罗马人才把扣押之诉作为法定诉讼的一种类型。但是，无裁判官主持、无被告在场、扣押可在凶日

---

① Gaius, Ⅳ. 21.
② Gaius, Ⅳ. 25.
③ O. Gallenkamp, De executione apud Romanos et legis actionum et formularum aetate, quum de universali ejus natura, tum praecipue de quaestione, utrum rem ipsam, quam petat, actor executions potuerit adipisci necne, Berolini, 1855, XVI, 10.
④ Gaius, Ⅳ. 29; Jhering, Geist des raemischen Rechts auf den Verschiedenen stufen Seiner Entwicklung, 1852, I, p.147; Ⅱ, p.656.

(fasto die)进行①等规定，又使得扣押之诉与其他法定诉讼存在根本差别。扣押之诉不具备诉讼程序的基本结构，实质上是一种受法律保护的私力救济手段。在罗马法上，私力救济不是公力救济的对立面；以民事司法为代表的、对民事权利进行保护的公力救济，其本身就允许私力救济的存在，并且固化为一种民事诉讼特别程序。这给我们提出一个关于现代民事司法制度的反思：民事司法是否真有必要在制度上彻底排斥私力救济，为何不能在一定范围内和一定程度上允许私力救济手段，并将其内化于现代民事诉讼程序中？②

罗马法对这种私力救济的适用范围作出严格限定。扣押之诉可以根据习惯而提起，也可以根据法律规定而提起。盖尤斯在《法学阶梯》提到三种依习惯而提起的扣押之诉：（1）军人可以扣押实物作为偿还被拖欠的军饷（aes militare）；（2）如果债权人被拖欠的钱款是准备购买马匹（aes equestre），则债权人可以扣押债务人的财物以抵充债权；（3）如果债权人被拖欠的钱款是准备购买马饲料（aes hordearium），则债权人可以扣押债务人的财物以抵充债权。③

在《十二表法》和《公共税收法》（lex praediatoria）中，有一些关于扣押之诉的规定：（1）对购买献祭品不支付价款的人可以实行扣押之诉；（2）出租者出租其驮兽是为了筹集祭祀活动的资金，可以对拒绝支付租金的人实行扣押之诉；（3）负责罗马公共税收的包税人可以根据《公共税收法》对拒绝纳税之人实行扣押之诉。④

随着罗马法诉讼程序的发展，扣押之诉随着法定诉讼的废除而消失，它的程序功能被程式诉讼的拟制之诉（actio fictitia）替代。⑤

七、诉的早期演变与当事人诉权

法定诉讼的五种诉讼类型中，只有前三种类型更符合严格意义上的诉讼程序特征，这些诉讼程序的功能是对诉争权利作出裁判。后两种类型更类似于判决的执行程序和受法律保护的私力救济手段。

---

① Gaius, Ⅳ.29. 罗马法规定，凶日不得进行法定诉讼。
② 在这一问题上，现代大陆法系与英美法系存在较为明显的价值观差异。徐昕教授归纳为前者"过于严苛"，后者"自由放任"。参见徐昕：《论私力救济》，中国政法大学出版社2005年版，第392页。概言之，英美法与早期罗马法的气质更为接近，而大陆法禁绝私力救济的"法律原则"应是源于罗马帝国晚期的罗马法，它体现了中央高度集权的政法观。
③ Gaius, Ⅳ.27.
④ Gaius, Ⅳ.28.
⑤ Gaius, Ⅳ.32.

在法定诉讼的早期阶段，案件基本上都是通过"誓金法律诉讼"和"要求审判员或仲裁人之诉"来解决的。"誓金法律诉讼"用来审理法律关系明确的案件，而且负责案件事实审的法官只能从罗马民事法官群体中挑选。《皮那利法》颁布之后，当事人也可以请求裁判官任命"私人法官"来进行本案的事实审。适用誓金法律诉讼程序的案件类型包括对人之诉和对物之诉，诉争权利能在法律中找到明确的依据。要求审判员或仲裁人之诉主要用来审理权利义务关系不明确的案件，适用该程序的案件类型仅限于对人之诉。这种诉讼程序给审理案件的法官（指审判员或仲裁人）留下很大的自由裁量空间，法官主要依据个人的偏好作出判决。

自从《西利法》颁布之后，法定诉讼才出现新的程序类型，即请求给付之诉。请求给付之诉专门用来审理"请求给付特定债务之诉"（actio certre pecuniae），这种诉讼程序弱化了法定诉讼的仪式化和形式化特征，负责案件事实审的是独任法官，并且审理程序更为简易。《卡尔布尼亚法》的颁布扩大了"请求给付之诉"的适用范围，使这种更为简易的诉讼程序迅速得到推广。当事人自行磋商选择自己案件的法官，并确定该法官即将履行的职责。请求给付之诉与日后出现的程式诉讼十分相近，请求给付之诉可能是程式诉讼模式的制度原型。

"请求给付特定债务之诉"和"请求给付确定物之诉"作为请求给付之诉的两种类型，它们与誓金法律诉讼出现了制度竞争。在请求给付之诉出现之前，这些案件完全是适用誓金法律诉讼程序来审理的。请求给付之诉的简易性、去形式化特征使其赢得当事人的青睐，获得了制度的生命力。誓金法律诉讼日渐式微，几乎所有的合同纠纷都不再适用誓金法律诉讼，转而适用请求给付之诉。

在法定诉讼时代，正如前文所述，当事人享有的许多权利都可以顺畅地获得司法保护和司法救济。这些受司法保护的权利涵盖法律规定的公民财产权的所有领域。但是，所有这些可诉的权利，从整体上来看仍然与市民生活、社会发展脱节。许多没有列入成文法的权利义务关系和权利类型值得国家保护，也迫切需要司法救济。在法定诉讼模式下，法律之外的权利内容（利益）几乎没有合适的救济渠道，无法得到法律的充分保护。当事人无法向裁判官提起诉讼，因为根据当时的罗马法，他们找不到行使诉权的法律依据。当事人诉权受限制的情形主要表现在以下三个方面：

1. 神法（ius divinum）和公法（ius publicum）领域。神法和公法在罗马法早期基本上属于自然法，并没有完善的立法保护。宗教圣地、公共场所需要得到保护，防止任何形式的攻击和毁坏。市政交通、公共水资源等牵涉到每个罗马人的利益，也需要得到妥善保护，防止任何形式的侵犯和剥夺。但是在法定诉讼模式下，罗马人享有的这些自然权利无法得到司法救济，因为"没有权利就没有诉权"。①

2. 非财产权性质的人身关系。例如，公民个人的自由权、家父对子女的监护权、雇主对雇员的管理权等。在法定诉讼时代，罗马法没有关于自由权、监护权、管理权的规定，更没有规定相关的"诉"，因此当事人无法提起诉讼。

3. 涉及财产的某些法律关系。罗马法规定了这些涉及财产的法律关系，但是没有赋予诉权。立法者认为不必通过司法途径解决这些纠纷，他们希望通过其他途径使当事人及时地取得、维持或恢复占有某项财产。

上述这些"权利"和"法律关系"在法定诉讼模式下，找不到司法救济的途径，因为法律没有赋予当事人相应的诉权。但是我们有理由相信，罗马法为这些权利和法律关系提供了另外的救济方式。尽管引起一些争论，但是有些学者提出在法定诉讼程序之外，当时的罗马法可能允许裁判官对这类纠纷直接发出命令或者令状。②

严格来说，这不是法定诉讼认可的诉讼，因为当事人没有诉权；但是，这种解决纠纷的方式与罗马法后期的非常审判程序存在一些相似之处，我们也可以将它纳入广义的诉讼范畴。裁判官在处理这些纠纷时，直接作出裁断，不再交由审判员或仲裁人审理，诉讼程序上也就没有法律审和事实审之分。这与非常审判程序相似，我们姑且把它看作非常审判程序的制度原点，称之为令状程序（interdictum）。③

在罗马法早期，当事人权利救济的途径呈现出"法定诉讼"与"令状程序"二元并立的局面。这两种程序有着互不干涉的适用范围：法定诉讼程序用来救济被法律赋予诉权的权利，而令状程序用来救济没有诉权保护的权利。因此，从罗马司法制度的整体立场来看，现代法律观念下的"实体权利"与"程序诉权"的关系在当时并不是"没有权利就没有诉权"那么简单。只要有权利，无论是自然权利还是法律权利，罗马法都提供相应的救济。只不过根据权利性质的不同，司法救济的形式也不同。即便是在诉讼程序

---

① 法谚中使用的"权利"一词是指法律权利，即法律明确规定的权利。法国学者也把这里的权利理解为"主观权"，即赋予当事人的、受法律承认和保护的特权。参见 Garsonnet et Cézar-Bru, Traité de procédure civile, I, n°353, p.525.

② B. W. Leist, Die Bonorum Possessio, ihre geschichtliche Entwicklung und heutige geltung, Gaettingen, 1844, I, p.325; B. W. Leist, Versuch einer Geschichte d. raemischen Rechtssyst, Rostock, 1850, p.21.

③ K. A. Schmidt, Das Interdictenverfahren der Raemer, Leipzig, 1853, p.302, p.318.

极为严苛、十分形式化的早期罗马法，当事人行使诉权也不绝对以法定权利的存在为前提，只是当事人行使诉权的方式有所不同而已。由此可见，在赋予当事人诉权的事项上，法定诉讼时期的罗马法民事诉讼程序在制度上仍保留着一定的开放性特征。

第三章　程式诉讼程序的诉权观

一、程式诉讼程序的早期发展

1. 概述

法定诉讼过于拘泥于细节，当事人犯有任何细小的错误都将导致败诉。这种诉讼程序逐渐引起人们的厌恶。[①] 法定诉讼作为普通诉讼程序的地位持续了大约6个世纪后，于公元前2世纪颁布的《爱布兹法》剥夺了它作为普通程序的地位。需要注意的是，《爱布兹法》并没有废除法定诉讼，而是限制了它的适用范围，它作为普通程序的地位被程式诉讼（formulae）取代。

《爱布兹法》在何种程度上保留了法定诉讼？根据目前的史料还无法明确给出答案，许多法律史的细节都失传了。现代研究者只能在西塞罗等人的著作中找到一些论述，并据此推测《爱布兹法》可能规定由百人法官团（centumviri）和十人争议裁判团（decemviri stlitibus iudicandis）审理的案件可以继续适用法定诉讼程序。[②]

公元17年颁布的两部《尤里亚法》（lex Juliae）进一步限制了法定诉讼的适用范围。但是关于《尤里亚法》的详细内容，现代人还是无从得知。根据盖尤斯的记载，在《尤里亚法》颁布之后，只有两种情况才允许适用法定诉讼：针对潜在损害（damni infecti）的诉讼和向百人法官团提起的诉讼。在向百人法官团提起诉讼时，当事人应当按照法律规定适用誓金法律诉讼程序。至于针对潜在损害的诉讼，当事人有权选择法定诉讼程序或程式诉讼程序。当事人通常选择程式诉讼的要式口约诉讼程序来解决纠纷，因为这种程序比较方便和有效。

法定诉讼被程式诉讼取代，主要表现为以下几个方面：

在法定诉讼时代，当事人在法律审阶段必须按照要求实施仪式化的言行，当事人的这些言行对事实审会产生重要影响。负责法律审的裁判官确实也会根据当事人在法庭的言行而发表一些案件意见，但是这些意见并非对负责事实审的法官发出的审判指令。负责事实审的法官有时也会参考

[①] Gaius, Ⅳ. 30.
[②] Cicéron, Pro Caecina, 33; Aulus Gellius, XX, 10.

当事人在法律审阶段的言行和裁判官的意见，但是这种参考不是强制性的。负责事实审的法官根据自己的独立判断对案件作出法律判决，裁判官不会对案件的最终结果产生影响。相反在程式诉讼程序里，裁判官一定会在法律审结束时给负责事实审的法官签发一份公文、命令或称之为"程式书"（formula）的法律文书。裁判官在"程式书"中向法官详细说明个案的审判指导意见。

通常来说，裁判官在"程式书"中会列明法官应当查明哪些具体的案件事实，根据这些事实的调查结果，裁判官预先设定了当事人要承担的法律责任或不承担法律责任。法官的判决必须遵循裁判官在"程式书"里的思路和意见。"程式书"有一项经常使用的著名公式："如果当事人被查明……则应当承担责任；如果当事人被查明没有……则不应当承担责任。"①

在程式诉讼程序里，负责法律审的裁判官的核心工作就是制作"程式书"，明确法官在事实审中必须查明的案情，并预先根据可能的情况作出判决结果指示意见。在程式诉讼的法律审里，原告提出诉讼请求，被告提出答辩意见。在裁判官面前进行的法庭陈述和辩论是十分简短的，没有任何言语上的形式要求，当事人也不再需要顾及严格的仪式。当事人在法律审阶段可以自由地发表意见。裁判官会对当事人的言行进行归纳总结，并记入"程式书"。裁判官的"程式书"是直接交给原告的，由原告转交给被选定的事实审法官。事实审法官可能是审判员，或者仲裁人，也可能是判还官。②

裁判官的"程式书"对于案件判决的影响是非常大的，它是对法官在事实审阶段行使司法权的指导，也是最终判决必须援引的依据。这种程序架构使裁判官在罗马司法制度里占据了很高的地位。实际上，他行使着罗马司法管理权。裁判官的司法管理权，在某些案件里会表现为不受成文法约束的自由裁量权，裁判官有权力引导诉讼甚至创造新的诉权，从而在罗马成文法与社会生活实践之间取得平衡。③

在程式诉讼时代，裁判官的工作并不是为每一个案件撰写全新的、互不相同的判决指引，即"程式书"。确切地说，裁判官的职责是为所有类型的权利建立各自对应的"诉"的程式，绝大多数的诉讼程式都是通用的、常

---

① Max Kaser, Karl Hackl, Das römische Zivilprozessrecht, C.H.Beck, 1996. p.363. "Si PARET... condemna, Si NON PARET, absolve."

② J. Bekker, Die processualische Consumtion im classichen raemischen Recht. Berlin, 1853, p.35.

③ Cicéron, In Verrem, Ⅱ, 12, 31. 西塞罗在演讲中曾经对裁判官的权力提出质疑，因为这种不受限制的司法权在司法实践中可能会出现权力被滥用的危险。

规性的。裁判官每年发布《裁判官告示》,告示的内容主要是新建或修订诉讼程式。长年累月下来,裁判官通过他们的告示而建立起程式诉讼的完整体系,这套体系涵盖了所有的诉的种类和诉权,包括法定诉权和新型权利的诉权。在程式诉讼时代,这些新型权利首先是以诉和诉权的形式存在,然后才逐渐被立法者认可,并在法律文本中得到体现。[①] 通过诉讼生成权利,这是诉权与权利之关系在程式诉讼时代的重要特征。从这里也可以看出罗马法上的民事权利体系是如何逐步形成的。

裁判官创造诉权的权力对于罗马法的发展是非常重要的。当社会生活中出现法律没有规定的新情况时,如果裁判官认为有必要给予法律保护,他就会在首次处理这种案件时赋予当事人诉权,使该当事人能够提起诉讼。随后,裁判官会在发布的告示里向社会公告这项新的诉权和诉讼程式,其他当事人在产生相同纠纷时,就可以直接据此提起诉讼。通过裁判官创造诉权,并将这些新诉权持续不断地纳入程式诉讼体系,使之常规化、一般化,罗马法实现了与时俱进。

裁判官创造的诉权和诉讼程式在程式诉讼体系中发挥着越来越重要的作风,甚至后来占据了程式诉讼体系的核心位置。在程式诉讼时代,司法管理权集中表现为由裁判官创设诉权的权力。这也推动了罗马法学理论的重大更新和发展。这是一段漫长的历史过程,但它对于罗马法的成长至关重要。

2. 法定诉讼的部分保留

法定诉讼在审理诉讼案件时显得十分烦琐,严格来说,这里的诉讼案件是指当事人围绕诉争权利而进行的诉讼。还有一部分案件属于"自愿司法管辖"(juriadictio voluntaria)案件,即当事人在这些案件里实际上没有权利争议,当事人进行诉讼是为了使他们的民事行为能够在法庭上进行,以便民事行为受到法律保护。自愿司法管辖之诉主要表现为"拟诉弃权"(in jure cessio),这种诉讼实际上是为了完成物权的转移。转让人和受让人向裁判官提起诉讼,物的受让人主张标的物是他的,转让人以沉默来表示放弃权利。这是一种虚拟的诉讼,在法律审阶段就结束。[②]

"拟诉弃权之诉"主要用于要式买卖(mancipatio)、要式免除债务(acceptilatio)、接受继承(hereditatis aditio)、监护人选择(tutoris datio)等民事行为。这是一种可以选择的诉讼,当事人完全可以私下完成法律行为,并不必须借助裁判官的司法权。但是,用益权转让只能通过"拟诉弃权

---

① Cicéron, Pro Quinctio, 8, 24.
② Gaius, II, 24.

之诉"来完成,用益物所有权人通过诉讼向他人转让用益物权,使该人取得用益权而自己仅保留名义所有权(nuda propriatas)。①

在家长权监护下的子女和在主人支配权下的奴隶不得提起拟诉弃权之诉,要求别人返还侵占物。子女和奴隶不可能自由拥有任何物,所以不能以自己的名义提起涉及该物的诉讼。除特殊情况外,法定诉讼程序一般禁止以他人的名义提起诉讼。②

3. 程式诉讼的早期形式

早在法定诉讼,尤其是在请求返还之诉中,就已经出现了程式诉讼的某些制度特征。我们完全可以认为,程式诉讼的早期形式从请求返还之诉中借鉴了许多内容。"请求给付特定债务之诉"(actio certre pecuniae)几乎没有任何改变,直到程式诉讼成为《爱布兹法》规定的普通诉讼程序。

《爱布兹法》颁布后,"请求给付特定债务之诉"开始被改造,逐渐去除了各种仪式化和形式化的要求。与此同时,诉讼程式不再建立于债权债务关系上,而是建立在被告在法律审阶段作出的誓约上。法定诉讼时代,法官根据裁判官预先设定的方式对诉争债务进行判决,通常不直接论述权利内容。程式诉讼改变了这种判决方式,要求法官直接论证当事人的权利是否合法。

"请求给付确定物之诉"(actio de certa re)的发展轨迹与"请求给付特定债务之诉"基本一致。在法定诉讼时代,根据《卡尔布尼亚法》的规定,当事人不需要在法律审阶段结束时作出誓约来启动事实审。到了程式诉讼时代,当事人的誓约成为"请求给付确定物之诉"进入事实审阶段的前提条件。至于法官的判决方式,《卡尔布尼亚法》已经规定法官判决必须建立在论证当事人权利合法性的基础上,这与后来的程式诉讼是一致的。"请求给付确定物之诉"已经具备较多的程式诉讼因素,程式诉讼在一定程度上是以这种诉讼程序为模板建立起来的。例如程式诉讼的"请求给付小麦之诉"(condictio triticaria)与上述请求给付特定物之诉的诉讼程序十分相似。③

在程式诉讼发展的早期阶段,"要求审判员或仲裁人之诉"就已经被"不特定的对人之诉"(formula incerta in personam)程序取代。根据西塞罗的记载,当"不特定的对人之诉"的诉争权利处于不确定的模糊状态,无法用"是"或"不是"来审判时,程式中明确写明"根据诚信原则"(ex fide

---

① Gaius, II, 30.
② Gaius, II, 96; IV, 82.
③ F. C. v. Savigny, Vermischte Schriften, p.576, p.626.

bona）来审判。① 在程式诉讼发展的后期，甚至有些严格法之诉也可以"根据诚信原则"来审判。这是程式诉讼的制度创新之一。

誓金法律诉讼向程式诉讼转变的过程较为复杂，根据不同的案件类型，需要区分以下几种情况：

第一，适用誓金法律诉讼程序的合同之债案件。由于这些案件本来就可以选择适用请求给付之诉，因此程式诉讼并没有为这类誓金法律诉讼案件建立专门的诉讼程序。

第二，其他类型的对人之诉案件，特别是侵权之诉。审理这类案件的誓金法律诉讼程序是如何向程式诉讼转变的？这是一个很难回答的问题，因为相关的文献记载已经失传。

第三，对物之诉的誓金法律诉讼向程式诉讼转型后发生了明显变化。人们提起"纯誓约的预备诉讼"（sponsio mere praejudicialis）来处理诉争物权的纠纷。首先双方当事人作出这样的"誓约"，原告问："如果诉讼涉及的东西根据罗马法是我的，你答应给付25阿斯吗？"被告回答："我答应。"② 然后原告提出裁判官确定的诉讼程式，据此主张那笔承诺的款项。如果证明该物是原告的，则原告将最终赢得诉讼，获得誓约金。诉讼的直接目的变为赢得誓约金，证明诉争权利的归属变成诉讼的间接效果。因此，判决的主文把誓约金作为主要内容，而把真正的诉讼争议作为判决的附属内容。③ 法定诉讼的其他涉及物权的"诉"，例如确认役权之诉（actio confessoria）和否认役权之诉（actio negatoria），也适用这种"纯誓约的预备诉讼"程序。

程式诉讼的早期发展情况大多不为人们所知，法定诉讼向程式诉讼转型过程的细节大多已经失传。例如，盖尤斯提到为税务官设立的程式，这种诉讼程式明显与法定诉讼时代审理税务案件的拘禁之诉有某种关系，但是我们已经无法获知其具体内容。

关于誓金法律诉讼向程式诉讼的早期转变问题，我们只能得出这样的保守结论：一方面，罗马法在程式诉讼早期就已经编纂了许多类型的诉讼程式，而这些诉讼程式与法定诉讼的几种类型存在某些内在关联；另一方面，对于这些早期的诉讼程式，我们已经无法获知具体的细节。

4. 誓约

在早期程式诉讼里，大多数案件的当事人仍必须在裁判官面前进行誓

---

① Cicéron, Pro Quinctio, 4, 11.
② Gaius, Ⅳ, 93.
③ Jordan, De praedibus litis et vindiciarum, Berolini, 1860, p.55.

约程序后，才能进入案件事实审阶段。这是延续了誓金法律诉讼的程序要求。这些案件涉及的民事关系涵盖了罗马市民法的重要领域。"誓约"（sponsio）概念有两个层面的含义：可能是指"纯粹的预备诉讼"（mere praejudicialis），也可能是指败诉后遭受的惩罚（paenalis）。前者是指当事人订立"誓约"；后者是指让败诉方遭受处罚，给付"誓约金"（summa sponsionis）。①

誓约从本质上来说是一种"单方面契约"（le contrat unilatéral）：合同一方（原告）发出要约并成为债权人，另一方（被告）作出承诺并成为债务人。② 假如被告败诉，他必须向原告支付这笔誓约金；假如原告败诉，出于公平起见，原告也必须承担相应的惩罚。原告若败诉，他将向被告给付相当于该被告在败诉时应支付的三分之一到一半的罚金，罗马法上称之为"罚金复约"（restipulatio）。"罚金复约"是誓约金的另一种形式，两者并没有性质上的差别。

假如罗马人是在订立誓约的意义上使用了"誓约"概念，那么这里的"誓约"不具有"罚金复约"的含义，因为"誓约金"作为"罚金复约"的前提条件尚不具有任何强制性。如果被告败诉，原告也不需要向被告支付罚金。在订立誓约的意义上使用"誓约"概念，这种用法与社会生活实践中频繁使用的"誓约"概念是完全一致的。罗马人不仅在司法领域使用"誓约"概念，他们也在所有公法和私法领域使用这个术语。③ 罗马人在经济交往中频繁使用"誓约"术语，多数情况下只是表达一种道德意义，而不带有任何司法色彩。④ 对于"债"的起源来说，"誓约"是债的最典型形式。

5. 誓约的优势与不足

罗马人在日常生活中形成的民事关系，通过"誓约"而进入民事司法的调整范围。罗马法民事诉讼程序从法定诉讼转型为程式诉讼时，裁判官把"誓约"作为民事权利接受司法保护的媒介机制。没有"誓约"，民事权利就无法获得司法保护。用现代民事诉讼理论来看，"誓约"是罗马法民事诉讼程序中最为重要的一种"诉讼法律行为"，"誓约"的法律效果是在各方当事人与裁判官、法官之间建立民事诉讼法律关系。

---

① Gaius, Ⅳ, 94; F. L. Keller, Semestrium ad Ciceronem lib. I, Zurich, p.6.

② F. L. Keller, Semestrium ad Ciceronem lib. Ⅱ, Zurich, p.403. 程式诉讼的"誓约"应当有多样形式，盖尤斯描述的情形应该只是其中的一种。

③ Cicéron, In Verrem, Ⅲ, 57, 132; Cicéron, de Officiis, Ⅲ, 19.

④ "誓约"是"诚信之人"作出的允诺。Jhering, Geist des raemischen Rechts auf den Verschiedenen stufen Seiner Entwicklung, Ⅱ, p.85; K. A. Schmidt, Das Interdictenverfahren der Raemer, Leipzig, 1853, p.315.

誓约在民事诉讼中的适用范围是非常广泛的。除了上述使用"誓约"获得司法保护的情形，如果某些民事权利还没有配套建立起专门的诉讼程式，那么当事人也可以沿用"誓约"的方式来提起诉讼。

需要注意的是，誓约并不是在法定诉讼被废弃后才产生的新事物。在罗马私法史上，誓约是一种古老的民事交往方式。早在法定诉讼时代，誓约也已经在抗辩和令状程序中出现。不过，誓约作为一种常规性的、启动民事诉讼的方式，则是在程式诉讼时代才开始的。①

盖尤斯在《法学阶梯》中多次论述当事人在诉讼中进行"誓约"的整个过程。② 双方当事人首先达成口头誓约，随后双方还要进行"誓约程式"。但是在法定诉讼时代，誓约之后可能直接进入事实审法官的选任程序，而没有进行一种固定的"誓约程式"。《爱布兹法》颁布之后，法定诉讼程序的"誓约"程序可能在一段时期得以延续，当事人达成口头誓约后就可以进入事实审阶段。

总之，在程式诉讼的早期阶段，由于诉讼程式的数量太少，不能满足司法实践的需要，"誓约"作为一种补充性的程序制度使许多民事案件得以进入司法程序。即便后来诉讼程式获得了极大的发展，程式种类也变得丰富起来，"誓约"作为一种制度补充仍然在民事诉讼程序中留有一席之地。然而，誓约在诉讼程序中的广泛使用也导致一些问题：

第一，诉争权利的归属完全可以通过司法判决得到确认，但是权利如何获得真正保护，判决如何执行又成为新的问题。在"请求给付特定债务之诉"中，法官会根据"誓约判罚程式"（sponsione condemnatus）直接判决败诉方承担具体数额的钱款。因此，如果败诉方不给付这笔钱款，判决可以直接进入执行程序。但是在所有的"对物之诉"里，判决并不会写明赔偿的金额。例如，原告主张自己是某物的所有权人，他通过誓约程序赢得了诉讼。法官判决原告是该物的所有权人，有权要求被告或被告的担保人返还原物和孳息，并且败诉方必须根据誓约给付一笔赔偿金。根据誓约的约定，赔偿金的数额取决于诉讼标的物的价值大小。所以，胜诉的当事人还必须另外提出"诉讼标的估价程序"，对诉讼标的物的价值进行估量。这种估价具有两方面的作用：一方面，通过对诉讼标的物的估价为审判员的判罚金额提供依据；另一方面，在某些情况下可以通过此程序要求被告向原告给付诉讼标的物的价款，从而免除返还原物的义务。

---

① R. Stintzing, Ueter das Verhaeltniss der Legis actio sacramento zu dem Verfahren durch Sponsio praejudicialis, Heidelberg, 1853, p.43, p.73.

② Gaius, Ⅳ, 93, 165.

在法定诉讼时代，对物之诉的判决执行必须履行上述程序。但是到了程式诉讼时代，这样的程序开始引起人们的不满，且经常导致让人无法忍受的诉讼拖延。① 甚至在某些对人之诉中，判决执行也要经过这样的烦琐过程。

第二，从法学理论到司法实践，罗马私法把"权利"分为多种类型。但是这些权利之间并不总是存在清晰可辨的界限。权利的内涵往往是多元要素的综合体，权利之间往往会产生冲突和竞合的情况。例如原告要求被告返还某物，因为他是该物的所有权人。被告则提出抗辩，原告欠他某项债务，因此他有权占有该物作为对该债权的担保。在这种诉讼里，誓约程序就无法使用。因为誓约的内容只能建立在一项明确的法律关系上，且要求一方当事人肯定该事实，而另一方当事人则直接予以否认。② 当裁判官遇到这种权利冲突案件时，他必须将每项权利逐一拆解后另案审理，本诉则中止审理。当事人必须提起其他诉讼，在逐一解决了案件涉及的其他争议后，他们才能回到本诉。这些纠纷本来可以在一个案件中集中审理，但是由于誓约的形式化、固定化，导致这类诉讼案件被人为地复杂化。

实际上，"誓约"仍然带有法定诉讼时期"誓金"程序的一些特征。尽管早期程式诉讼用"誓约"程序取代了法定诉讼程序的大部分程序形式，但是这一变革没有从根本上改变诉讼程序过于烦琐、当事人起诉较为不便的问题。许多新的诉讼程式在这样的时代背景下逐渐被建立起来。这些新的程式直接介入诉争权利的审判，而不需要借助"誓约"充当媒介。另外，誓约程序存在的第二个问题直接催生了新的"抗辩"（exceptio）程序，这种抗辩程序摆脱了所有形式上的束缚，直接介入发生冲突的诉争权利，使案件在一个诉讼程式下就能得到彻底解决。

二、程式的要素与构成

（一）程式的要素

诉讼程式一般由以下四个要素组成：请求原因（demonstratio）、原告请求（intentio）、分配裁判（adjudicatio）和判决程式（condemnatio）。但并不

---

① J. T. Schirmer, Ueber die praetorischen Judicialstipulationen mit besonderer Berucksichtigung der Stipulatio Judicatum solvi, Greifswald, 1853, p.67. 也有学者认为当事人在进行誓约程序时，可以同时提出诉讼标的估价程序。参见 G. W. Wetzell, Der raemische Vindicationsprocess, Leipzig, 1845, p.91.

② 这并不代表誓约诉讼程序中不允许被告提出抗辩，如同法定诉讼那样。但是，被告可以提出的抗辩内容的确是极为有限的。K. A. Schmidt, Das Interdictenverfahren der Raemer, Leipzig, 1853, p.103, p.244.

是每个诉讼程式都必须包含上述四个要素,许多程式的内容其实只包含一个或两个要素即可。

1. 请求原因

请求原因是程式的要素之一,表现为简要地列举争议所涉及的事实,包括诉讼标的、诉讼当事人、具体的法律行为或其他事实行为等。例如:"被诉的事实是原告卖给被告一个奴隶";或者"被诉的事实是原告把某物寄存在被告那里"。① 在某些程式中,我们能看到对请求原因的表述。

2. 原告请求

盖尤斯对"原告请求"的定义十分宽泛,他认为原告请求就是"原告向司法机关提出的要求获得司法保护的请求"。② 细而言之,这种请求或者涉及权利,即要求司法机关维护特定的法律关系或法律状态;或者涉及事实,即要求司法机关保护法律没有规定的某种事实状态。例如,"(如果查明)被告应当向原告给付1万阿斯"或"(如果查明)根据罗马法,诉争之物的所有权属于原告"或"(如果查明)被告违反裁判官告示的规定,不正当地占有原告的财物,尽管原告对该财产不享有市民法上的所有权,被告亦应当予以返还"。③

原告请求是程式最主要的构成要素,所有的程式都必须包含"原告请求"。在"原告请求"中,裁判官为事实审法官列出需要查明的案件事实,为法官审理案件提供方向性指导。④

"原告请求"的概念从法定诉讼时代就存在,其初含义是原告根据市民法的规定,向司法机关提出对法定权利的保护请求。到了法定诉讼时代的后期,随着"要求审判员或仲裁人之诉"的建立,"原告请求"的概念才被拓宽,把"事实诉讼"也包括在内。因此,程式诉讼时代的"原告请求"概念是从法定诉讼起源,并且基本沿用了"要求审判员或仲裁人之诉"的做法。"原告请求"的概念与现代民诉法中的"诉讼请求"概念在定义表达上是非常接近的,"诉讼请求"与罗马法的"原告请求"应当是存在法律史上的渊源关系。但是,现代民诉法理论的"诉讼请求"在外延上却排除了"事实诉讼"的内容,即回复到法定诉讼早期的"原告请求"外延,它以"法定权利"为唯一保护对象。

---

① Gaius, Ⅳ, 40.
② "EA PARS QUA ACTOR DESIDERIUM SUUM CONCLUDIT."
③ Dernburg, Kritische Zeitschrift fur die Geschichtliche Rechtswissenschaft. I, p.473.
④ F. L. Keller, Uber Litis Contestation und Urtheil, Zurich, 1827, p.248; F. C. v. Savigny, Vermischte Schriften, p.79.

3. 分配裁判

在"分配裁判"中，裁判官发出特别指令，授权法官或者把某物的所有权或用益物权全部判给某个诉讼当事人，或者把某物拆分，在几个诉讼当事人之间分配所有权或用益物权。"分配裁判"主要用于这几种案件：共同继承人分割遗产、合伙人分割共同财产或者邻居之间调整地界等纠纷。例如："法官把应当判给原告或被告的东西判给他。"① 实际上，"分配裁判"可以看作特别的"判决程式"。

4. 判决程式

判决程式就是授权法官宣布判罚或者开释，并且总是留给法官这种选择性。如果法官选择对被告（也有可能是原告）判处赔偿或罚金，赔偿金或罚金的数额是具体的，这一数额通常由法官行使自由裁量权来决定，但也可能是裁判官在判决程式中已经确定下来的。因此，裁判官在"判决程式"中可能明确指明了判罚的具体数额，也可能没有予以明确说明。至于不确定金额的判罚程式，裁判官可以用多种方式尽量限制法官的自由裁量空间。②

根据原告在"原告请求"中是否提出数额明确的判罚要求，裁判官在"判决程式"的表述也有几种不同的方式：

（1）如果当事人明确了要求判罚的金额，则"判决程式"的数额就是确定的。例如："（法官）判决被告向原告给付 1 万阿斯。如果事实不成立，则予以开释。"

（2）如果当事人没有明确要求判罚的金额，裁判官可能对金额有一个笼统的限定。例如："（法官）判决被告向原告给付不超过 1 万阿斯。如果事实不成立，则予以开释。"

（3）如果当事人没有明确要求判罚的金额，裁判官也可能对金额不做任何规定。例如："（法官）判决被告向原告给付，价值多少就判多少。如果事实不成立，则予以开释。"

上述第二种方式的"判决程式"里，裁判官是通过"估定限额"（taxatio）程序对金额进行笼统的限定。一般来说，裁判官是根据对诉讼标的物的估价或者被告的给付能力预先为判罚确定一个最高限额。例如，在"侵权之诉"（actio injuriarum）中，裁判官首先根据损害的程度或者公平原则对数额确定一个上限，法官在自由裁量权的限度内再确定具体金额。

"估定限额"可能是具体数额，也可能是某个比例。例如，债权人起诉

---

① "Quantum adjudicari oportet, judex Titio adjudicato."
② Gaius, Ⅳ, 40.

破产人要求返还债务,裁判官可以根据破产人的债务总额与剩余资产的比例,给债权人确定清偿比例的上限。

(二)程式的构成

程式是由上述四种要素或其中某几项要素构成的。根据不同的诉讼类型,裁判官会制定不同的诉讼程式。

1. 对于"特定的权利诉讼"(actio in ius certae)来说,无论是"对人之诉"还是"对物之诉",诉讼程式无一例外地由"原告请求"和"判决程式"构成。任何属于法定诉讼时代的"誓金法律诉讼"和"请求给付之诉"的"诉",都是"权利诉讼"。因此,这些"诉"到了程式诉讼时代,都适用由"原告请求"和"判决程式"两部分构成的诉讼程式。例如,确认所有权之诉(包括遗产继承之诉和针对特定物的确认所有权之诉)、布布里奇之诉(actio publiciana)、确认役权之诉、否认役权之诉等。

2. 对于"不特定的权利诉讼"(actio in ius incertae)来说,这类诉讼所使用的程式一般由"请求原因"、"原告请求"和"判决程式"构成。"不特定的权利诉讼"也称为"不特定的市民法之诉",或称"依诉求前书之诉"(actio praescriptis verbis),是指为解决产生于无名契约(conventiones sine nomine)的纠纷而进行的诉讼。由于无名契约不能根据契约本身所建立的法律关系确定名称,因而缔约人在提起有关诉讼时必须对所涉及的契约关系作简要的陈述,这种陈述被称为"诉求前书"(praesrciptio);该诉讼的称谓由此而来。①

此外,"请求返还不确定物之诉""侵权之诉"等"诚信诉讼"② 也都采用与"依诉求前书之诉"类似的程式构造。但是共同继承人分割遗产之诉(actio familiae herciscudae)、合伙人分割共同财产之诉(actio finium regundorum)和邻居之间调整地界之诉(actio communi dividundo),这三种诉讼的程式则是由四个要素完整构成的。

3. "事实诉讼"的程式与"特定的权利诉讼"一样,是由"原告请求"和"判决程式"两个要素构成。罗马法在程式诉讼时代还建立了"预备诉讼"

---

① 黄风编著:《罗马法词典》,法律出版社2002年版,第15页。
② 一般认为,"诚信诉讼"是由法定诉讼时代的"要求审判员或仲裁人之诉"演变而来。"诚信诉讼"通常以市民法上的诚实信用原则和公平原则作为审判依据。有时也把"诚信诉讼"列入"不特定的权利诉讼"。

（actio praejudicialis）①，"预备诉讼"的程式仅由"原告请求"单个要素构成。

根据上述分析，我们可以发现："原告请求"是所有诉讼程式的必备要素；"判决程式"是除"预备诉讼"程式之外的其他所有诉讼程式的必备要素；"请求原因"只出现在"不特定的权利诉讼"和"诚信诉讼"的程式中，而且这些诉讼基本都表现为"对人之诉"；"分配裁判"基本上只出现在"共同继承人分割遗产之诉"、"合伙人分割共同财产之诉"和"邻居之间调整地界之诉"的诉讼程式。

另外，裁判官撰写"程式"使用的措辞和法言法语，有以下几个特点：

1. 所有的程式都以任命法官、仲裁人或判还官开头，例如"[某人]是审判员"。盖尤斯在《法学阶梯》中列举的程式已经能证明这一点，但是为何盖尤斯没有把"任命法官"作为程式的要素之一？也许在盖尤斯看来，任命法官是无关紧要之事，它对于程式的内容没有任何影响。

2. 在"仲裁诉讼"（actio arbitraria）的程式中，往往出现"除非……"（nisi）的用语，这些短语实际上是"仲裁诉讼"程式的消极构成要素。

3. 根据古老的法律文书习惯，罗马法往往用 Aulus Agerius 和 Numerius Negidius 两个假名来指代原告和被告。裁判官在司法实践中，为具体案件起草的程式也不例外。某些罗马法学家曾经建议裁判官应当在个案程式中，用双方当事人的真名来替换假名。②但是，这种做法可能会增加裁判官的工作量。

4. 在公元6世纪优士丁尼主持编订的《国法大全》里，仍然延续了以 Aulus Agerius 和 Numerius Negidius 两个假名来指代原告和被告的习惯，但使用频率较程式诉讼时代已经大为减少。

"程式"是程式诉讼模式的中心。不仅对"程式诉讼"本身，"程式"对罗马法民事诉讼程序史都是极为重要的关键环节。这其中蕴含着民事诉讼理论的一些基本问题，尤其是当事人依据什么提起诉讼，即现代民诉法理论中的诉权问题。我们会发现，不同诉讼的"程式"表达与现代德国民法上的"请求权基础"理论具有相当程度上的共通性。罗马人起诉（行使诉权）应当选择恰当的"程式"类型，否则将导致败诉后果。近现代德国民法学家将"程式"中的"请求原因"描述为"请求权基础"，而法国法称之为"诉因"

---

① "预备诉讼"是为主诉讼做准备的诉讼，主要用来审查主诉讼所要求的条件、身份或者情形是否具备。例如：某人是否具有自由人的身份，诉讼涉及的财物数量等。在经过预备诉讼对特定的情况进行核实后，即可提起主诉讼。参见黄风编著：《罗马法词典》，法律出版社2002年版，第15页。

② 英国法也有两个惯用的假名：John Doe 和 Richard Roe，用来指代双方当事人。参见 Ruttimann, Der englische Civilprocess, Leipzig, 1851, p.43.

（la cause）。诉权的行使，天然地与"请求权基础"或"诉因"有着不可分割的关系。任何试图从程序法的"诉权"概念完全剥离实体法的"请求权基础"或"诉因"的做法，都是不符合民事诉讼法发展规律的。

（三）作为附带程式的"诉求前书"

除了上述四个要素，某些诉讼程式还前置了作为附带程式的"诉求前书"。"诉求前书"最初是指程式诉讼中的一项附带程式，它被置于原告请求之前，对本案诉讼请求的范围加以限定，同时对当事人保留就未纳入诉讼请求范围的事项另行提起诉讼的诉权。这特别适用于涉及连续给付或者数个不同性质给付的案件。"诉求前书"可以分为为原告利益的（pro actor）前书和为被告利益的（pro reo）前书。[①]

"诉求前书"与"原告请求""判决程式"等程式要素并没有本质的不同，它也是由裁判官撰写，并置于程式的开头。根据不同的案件情况，裁判官在撰写"诉求前书"时有充分的自由裁量权，以尽量满足当事人的想法，充分保障当事人的诉权。在程式诉讼时代，"诉求前书"有三种不同的性质，发挥着三种不同的功能。

1. 限定"请求原因"

无论是"法定诉讼"模式还是"程式诉讼"模式，罗马法民事诉讼程序一直存在"一事不再理"（Bis de eadem re ne sit actio）原则，即当事人对同一诉讼标的仅有一次诉权。只要当事人就该诉讼标的提起过诉讼，该诉权即告消灭。当事人可以根据同一个案件事实提出多项诉讼请求，但是，当事人往往无法或者不愿意在第一次提起诉讼时就提出全部诉讼请求。为了更好地保障当事人行使诉权，罗马法诉讼程序允许当事人通过"诉求前书"来限定"请求原因"，使那些暂时没有列入"诉求前书"的，但基于同一案件事实而存在的其他诉讼请求可以由当事人在本案审理结束之后，再次起诉。

对于"特定之诉"（actio certae）（包括"请求给付特定债务之诉"和"请求给付确定物之诉"）来说，当事人可以毫无障碍地使用"诉求前书"来限定自己的诉讼请求范围。例如，原告和被告就一笔债务达成分期还款协议，假如被告某一期没有按时给付，则原告可以提起"请求给付特定债务之诉"，要求被告仅就该笔债务进行偿还，而不涉及那些尚未到期的债务。原告在提起这样的"请求给付特定债务之诉"时，就应当附加这样的"诉求前书"："本诉针对的是那些已经到期的债务。"如果原告没有附加这样的"诉

[①] 黄风编著：《罗马法词典》，法律出版社2002年版，第205页。

求前书",则整个债,包括尚未到期的债,都将纳入本诉的审理范围。当事人可以根据自己的意图,就如何行使诉权进行自由选择。

"不特定之诉"的情况显得有些复杂,因为"不特定之诉"的诉讼标的本来就不明确,也不固定。当事人提起"不特定之诉"时,只是在"诉讼请求"中笼统地向司法机关提出权利要求,至于权利的名称、内容、范围等,当事人常常无法给出非常明确的描述,有时甚至无法从市民法里找到直接的法律依据。① 例如,在"请求返还不特定物之诉"中,假如不特定物的一小部分已经可以确定,原告如果在此时提起"请求返还不特定物之诉",那么他可以获得不特定物的这一小部分。然而,根据"一事不再理"原则,原告的诉权用尽,即便日后该不特定物的其他部分得以明确,他也无法再次提起诉讼。② 在这种情况下,"一事不再理"原则对原告是十分不利的,原告在行使诉权时往往陷入两难境地。为了避免因"一事不再理"而导致的不公平,罗马法诉讼程序允许在"不特定之诉"中使用"诉求前书",即原告向裁判官做简单的声明,将本案的诉讼标的限制在原告方提出的明确的权利内容和具体的利益请求。据此,裁判官将在程式的开头向法官指出:"本诉讼针对的是那些原告提出的明确请求,而不涉及全部纠纷。"③

在盖尤斯的著作中,他认为还有一些"诉求前书"是为被告利益而提出的。盖尤斯认为为被告利益的"诉求前书"是被告"抗辩"的一种形式。④ 例如,在"遗产继承之诉"中,被告提出应当以其他形式的审判对遗产中的某个物或某些物单独审理,并以此作为本案"遗产继承之诉"的预备审。但是,我们在西塞罗的著作里,又发现一些罗马法学家的反对意见。他们认为盖尤斯的观点混淆了"诉求前书"和"抗辩"的本质区别。⑤

2. 代替"请求原因"

罗马法允许在以下几种诉讼中,以"诉求前书"来代替程式中的"请求

---

① F. L. Keller, Uber Litis Contestation und Urtheil, Zurich, 1827, p.252. 部分学者提出不同观点,他们认为当事人在"不特定诉讼"中,也必须"明确而完整地"说明发生争议的法律关系、本案的诉因以及在市民法上的直接依据。但是这些学者并没有对该观点做进一步论证,也缺乏史料上的论据。参见 H. Dernburg, Uber das Verhaeltniss der Hereditatis Petitio zu den erbschaftlichen Singularklagen, Heidelberg, 1852, p.26.

② "对某事一旦提起诉讼,随后在法律上不能就同一事再提起诉讼。"参见 Gaius, IV, 108. 部分学者认为罗马法诉讼程序上的"一事不再理"原则并不绝对,假如当事人在起诉时对法律存在"误解",则允许原告在本案审理结束后再次就同一事实提起诉讼。参见 J. Bekker, Die processualische Consumtion im classichen raemischen Recht. Berlin, 1853, p.65 et 72.

③ Gaius, IV, 131.

④ Gaius, IV, 133.

⑤ Cicéron, de Oratore, I, 37.

原因":

（1）由享有支配权、夫权或监护权的人根据从属于自己的奴隶或人所从事的事实行为或法律行为而向他人提起的"特定之诉"。在这种诉讼中，由于事实行为或法律行为的当事人是从属于原告的奴隶、子女或其他人，而并不是原告本人。因此，原告有必要在"诉求前书"里澄清本诉讼的诉讼标的和诉讼对象，并就诉讼主体与行为主体不一致作出说明。

据近代罗马法学家的推测，这种"诉求前书"大致是："本诉讼针对的是原告的奴隶从事的缔约行为，权利义务由原告承担。如果事实成立，被告须向原告给付。"[①]

如前所述，"特定之诉"的程式构成要素是没有"请求原因"的，因此在上述案件中，"诉求前书"可视为对"请求原因"的替代。相反，"不特定之诉"的程式通常含有"请求原因"，而且"请求原因"中必须明确无误地说明案情，包括事实行为或法律行为的真实主体。所以，上述案件的原告在使用"诉求前书"来替代"请求原因"时，他必须澄清为何诉讼主体与行为主体不一致的问题。

（2）担保权人向担保人提起担保之诉，要求担保人就不特定债务提供的担保承担担保责任。在这种诉讼中，原告仅起诉担保人而不起诉债务人。"诉求前书"应当明确指出：本诉讼针对的是担保关系，要求作为不特定债务担保人的被告承担担保责任，而不涉及债务人的债的返还责任。"诉求前书"对案件"诉讼标的"的划定起着关键作用，是当事人依意思自治决定诉权行使范围的体现。

这种"诉求前书"可能是："本诉讼针对的是：债务人就不特定物与原告缔结了要式口约，被告为此充当担保人，现该债权已到期未获清偿。"或者是："被告就某不特定债务向原告提供担保，现该债权已到期未获清偿。"[②]

（3）因无名契约而引发的诉讼。当事人因无名契约而引发纠纷，他们并不会因为没有直接法律依据而被剥夺诉权。这类案件通常可以借助诚实信用原则或公平原则作为当事人行使诉权的法律依据。也就是说，无名契约的法律依据被假设为"诚实信用"原则。罗马法将这类诉讼统一命名为"依诉求前书之诉"（actio praescriptis verbis），并为"依诉求前书之诉"制定统一的诉讼程式。

[①] P. E. Huschke, Studien des raemischen Rechts, Breslau, 1830, XIII, p.326. "ea res agatur, quod stichus, avli servvs, de numerio hs. x. m. dari stipulatus est; si paret numerium avlo."

[②] Gaius, IV, 137.

"依诉求前书之诉"程式和"事实诉讼"程式的"诉求前书"通常是:"本诉讼针对的是原告与被告订立的契约。根据诚实信用原则,原告为被告提供劳役(或其他),而被告应当支付报酬。"①"诉求前书"后,紧跟着诉讼程式的其他内容。

无名契约有着庞大的种类和数量,无名契约的内容也互不相同。由于无名契约不能依据契约本身所建立的法律关系确定名称,因而缔约人在提起有关诉讼时必须对所涉及的契约关系作简要的陈述。"诉求前书"对无名契约案件是相当重要的,它用来确定案件的诉讼标的、诉争的权利内容,所以这类诉讼才被称为"依诉求前书之诉"。实际上,在"事实诉讼"的程式中也常常能发现"诉求前书",其功能与"依诉求前书之诉"基本一致。"诉求前书"实际上是对双方当事人签订的无名合同的权利义务内容的抽象提炼,其功能在于替代"请求原因",指示行使诉权的请求权基础或诉因。

3. 作为被告"抗辩"

虽然"诉求前书"在原则上是由原告提出,并以原告利益为出发点,但是也存在部分"诉求前书"是为被告利益而设的情况。这种"诉求前书"发挥着与被告的"抗辩"、关于"诉讼时效消灭"的主张和申请"诉讼延期"等类似的功能。在盖尤斯时代,甚至更早期的西塞罗时代,为被告利益而设的"诉求前书"就已经被放置在诉讼程式的开头。② 近现代罗马法研究者已经很难分清这种"诉求前书"与"抗辩"的区别,因为作为被告"抗辩"的"诉求前书"已经失去了作为"诉求前书"的全部特征。

在罗马法发展史上,被告"抗辩"可能就是从为被告利益的"诉求前书"发展而来,并在长期的进化过程中,逐渐形成了独立的抗辩制度。在很长一段时期里,当罗马人在论述被告提出的异议时,"诉求前书"与"抗辩"是可以互换使用的同义词。③ 由于"诉求前书"是作为诉讼程式的附属部分,因此在那些不使用程式的诉讼里,"诉求前书"也不会出现。例如,"百人审判团"审判(judicia centumviralia)、公诉(judicia publica)、非常审判(judicia extraordinaria)。④

---

① "ea res agatur, quod avlvs nvmerio x. ea lege dedit vt stichum seruum suum manumitteret, quidquid paret ob eam rem nvmerium avlo dare facere oportet ex fide bona, eius nvmerium avlo condemna."

② S. W. Zimmern, Geschichte des Raemischen Privatrechts bis Justinian. Heidelberg, §96.

③ Planck, Die Mehrheit der Rechtstreitigkeiten im Processrecht, Gaettingen, 1844, p.8.

④ A. W. Heffter, Institutionen des raemischen Civilprocesses, Bonn, 1825, p.114; H. Dernburg, Uber das Verhaeltniss der Hereditatis Petitio zu den erbschaftlichen Singularklagen, Heidelberg, 1852, p.31.

"抗辩权"是法律，尤其是裁判官法赋予被告对抗原告诉权的权利。被告可以证明存在某种情形，足以让原告的请求全部或者部分丧失其合法性或有效性。一旦被告在抗辩中提出的某种情形得到证实，原告的诉讼请求或诉讼将被全部或者部分驳回。

在程式诉讼时代，被告行使"抗辩权"的方式与现代民事诉讼程序中的"抗辩"有很大区别，被告只能以"诉求前书"的形式提出"抗辩"。这与程式诉讼中的裁判官和法官的职责分工有关。裁判官负责审查原告是否具有诉权，即诉讼是否成立，并为法官指示本案应当适用的程式；法官的工作就是执行裁判官的指示，查明案件事实，根据既定程式作出判决。很自然地，对抗"诉权"的"抗辩"应当由裁判官审查，并以"诉求前书"的书面形式反映在裁判官撰写的程式中。因此，现代民事诉讼程序中的"抗辩"制度虽然与"诉求前书"有制度上的渊源，但是因为现代诉讼程序不再做裁判官之法律审与法官之事实审的二阶段划分，被告提出"抗辩"也就不再拘泥于书面主义的特征。

作为附带程式的"诉求前书"（包括为原告利益的诉求前书和为被告利益的诉求前书）是一项程式诉讼时代的古老制度。但是对于"诉求前书"的起源，学者们还有一些不同的看法，并提出一些疑问。① 由于缺乏相关文献作为依据，无论是哪种观点，我们都只能以相对正确的立场来对待。另外一些学者质疑"为被告利益的诉求前书"作为程式诉讼的抗辩形式。对于这两者之间的关系，一般认为"抗辩"作为一项独立的制度是在罗马帝国后期才出现的，它吸收了早期的"为被告利益的诉求前书"作为一部分内容。尤其是从优士丁尼皇帝开始，非常审判程序取代了程式诉讼，一切程式实际上都被废弃了。②

三、市民法之诉的程式构造

（一）确认所有权之诉的程式

在西塞罗、盖尤斯和其他罗马法学家的著作中，不止一次提到"确认所有权之诉程式"（formula petitoria）。这种诉讼程式最初用来解决物的所

---

① 有学者认为：在法定诉讼时代，法定诉讼程序里有一种"特别声明"（praedictiones）制度，允许被告在审前发表意见。因此，"特别声明"可看作"为被告利益的诉求前书"的制度原型。但是这种观点缺乏任何文献依据，我们无法判断真实性。参见 B. W. Leist, Versuch einer Geschichte raemischen Rechtsyst. Rostock, 1850, p.24; H. Dernburg, Uber das Verhaeltniss der Hereditatis Petitio zu den erbschaftlichen Singularklagen, Heidelberg, 1852, p.29.

② C.2.57.1. 在公元342年，君士坦兹（Costanzo）和君士坦第（Costante）皇帝在一项谕令中废除了程式。"诉讼程式应当全部废除，因为这些程式上的圈套使人落入陷阱。"

有权纠纷,后来也可以适用于继承权纠纷案件。根据确认所有权之诉的程式,当事人只需完成简单步骤即可提起诉讼,不再需要像"对物之诉的誓金法律诉讼"那么复杂。

根据程式诉讼提起的确认所有权之诉变得简单而直接,原告在诉讼请求中直接表达他的主张,例如:"我把某物寄托在被告那里。这个物是我的。"① 对诉争权利进行审判已经成为法官的基本职责。这与誓金法律诉讼存在明显不同。在誓约程序中,法官把誓约作为审理对象,而把诉争权利看作本诉的预备诉讼。誓金法律诉讼的法官并不直接对诉争权利作出裁判,只针对誓金或誓约作出判决。②

确认所有权之诉的程式还带来了两个新变革:其一是审判程序(judicium)与仲裁程序(arbitrium)的分离。其二是"履行判决义务担保"(satisdatio judicatum solvi)取代了"被告诉讼担保"(satisdatio pro praede litis et vindiciarum)。③ 虽然审判和仲裁在确认所有权之诉中属于同一个程式,但是在法官那里,两者是分开的。裁判官为法官提供的书面程式中要求法官先查明当事人主张的权利是否确实存在。这就是案件的审判程序。假如该权利确实存在,法官应当计算并通知被告应当"向谁还钱以及还多少钱"(in quail et quanto)。如果被告不同意法官的结论,则进行诉讼标的估价程序。估价结束后,被告主动向原告支付这笔款项,诉讼即告终结,法官不作出正式判决。这就是案件的仲裁程序。用现代民事诉讼理论来观察,这里的"审判程序"承担着确认之诉的功能,"仲裁程序"则扮演着给付之诉的角色。"审判程序"是"仲裁程序"的前提和依据,现代民诉法常常提到的"确认之诉原型观",在古老的"确认所有权之诉"中就能发现其理论原型。

在一个诉讼程式中,同时包含"审判"与"仲裁"程序,这构成了"仲裁诉讼"的独有特征。程式诉讼时代,越来越多的"诉"采用了这样的诉讼程式,被告可以因此不被判罚。确认所有权之诉的程式成为创设其他诉讼程式的一个模板,例如"确认役权之诉"的程式(formula confessoria)、"否认役权之诉"的程式(formula negatoria)和"阻却之诉"的程式(formula prohibitoria)。

---

① Gaius, Ⅳ, 92, 40.
② 誓金、誓约和确定所有权之诉的程式是三种不同的诉讼形式。它们在法律审阶段都遵循"主张所有权和提出抗辩"的逻辑,但是其不同之处表现在法律审的结束方式,即没有程式的誓金、有程式的誓约、没有誓约的程式。
③ Gaius, Ⅳ, 88, 89. 从誓金诉讼转变为誓约诉讼,再从誓约诉讼转型为确认所有权之诉的程式诉讼,这是"对物之诉"两次重大变革。

"确认役权之诉"是指为维护役权而提起的诉讼,诉讼目的是要求物的所有权人承认原告享有对该物的役权。在此诉讼中,原告应当证明役权的存在。该确认之诉的程式大致为:"如果查明原告根据法律拥有某物的役权,则判处被告向原告返还该物,或者计算并通知被告返还等价货币。如果原告陈述没有依据,则判被告没有法律责任。"①

"否认役权之诉"是指所有权人针对侵犯其物权的侵权行为提起诉讼,这种行为主要表现为非法使用他人的物。在这种诉讼中,原告应当证明自己对有关物享有所有权,并证明被告造成的侵扰,但不必证明被告不享有役权。该否认之诉的程式大致为:"如果查明被告妨害原告使用其所有物的权利,则判处被告向原告返还该物,或者计算并通知被告返还等价货币。如果原告陈述没有依据,则判被告没有法律责任。"②

"阻却之诉"是指一方当事人行使自己的权利,但行使权利的同时妨害了他人权利的行使,则利益受害人可提起诉讼要求对方限制或停止行使自己的权利。该阻却之诉的程式大致为:"如果查明被告违反了法律的禁止性规定,妨害了原告行使权利,则判处被告恢复原状,或者计算并通知被告向原告给付一定数量的赔偿金。"③

对物之诉的誓金法律诉讼并没有因为确认所有权之诉的建立而被完全废除,个别誓金法律诉讼仍然在司法实践中被保留下来。不过,随着对物之诉的诉讼程式越来越完善,诉讼效率得到极大的提升,誓金法律诉讼的制度空间变得越来越狭窄。程式诉讼朝向简易、灵活的方向迈进,逐步取代了较为烦琐且仪式化的誓金法律诉讼。

几乎可以肯定地说,在程式诉讼规定了确认所有权之诉的同时(即公元前1世纪的西塞罗时代),一定还存在对物之诉的特别程式。这些对物之诉的特别程式先于"布布里奇之诉",并且它们是"布布里奇之诉"的原型。由于这段时期的文献资料贫乏,现代罗马法研究者已经很难还原这些特别程式的细节。反过来,这也说明"布布里奇之诉"是在公元前1世纪之后才出现的,即程式诉讼发展较为完善的罗马帝国前期。任何将"布布里奇之诉"的产生提前到罗马共和国时期的说法,应该都是不符合历史事实的。

---

① "Titivs ivdex esto. si paret, avlo ivs esse evndi agendi in qua de re agitvr, neqve nvmerivs avlo arbitratv tvo restitvet, qvanti ea res erit nvmerium avlo condemna, si non paret absolvito."

② "Titivs ivdex esto. si paret, nvmerio ivs non esse invito avlo vti frvi fvndo corneliano, qvo de agitvr, neqve nvmerivs avlo arbitratv tvo restitvet, qvanti ea res erit nvmerivm avlo condemna."

③ "Titivs ivdex esto. si paret avlo ivs esse prohibendi nvmerivm fvndo corneliano qvo de agitvr vti frvi, neque nvmerivs avlo arbitratv tvo restitvet, qvanti ea res erit nvmerivm avlo."

（二）其他权利诉讼程式

罗马裁判官在建立了上述与所有权、役权和继承权有关的诉讼程式后，相继为罗马市民法中规定的权利设立了许多诉的类型。裁判官在建立这些"诉"的类型与各自的诉讼程式时，仔细考虑了每种权利的不同特点。经过长年累月，罗马民事诉讼形成了较为完整的"诉"的程式体系。根据不同的分类方法，这些"诉"可以分为"对物之诉"与"对人之诉"，"标的特定之诉"与"标的不特定之诉"等类型。受制于文献稀缺，现代人已经很难还原这段历史过程，甚至无法给予总体上的描述。我们只能根据西塞罗和盖尤斯的著作，探讨这段历史的发生过程。

在很长时期内，誓金法律诉讼并没有完全被取代，只不过它的适用范围变得越来越狭窄。理论上来说，当事人仍然可以选择誓金法律诉讼作为某些案件的诉讼程序。誓金法律诉讼至少面临三种程序制度的竞争：新型的诉讼程式、新型的抗辩制度和新型的预备诉讼程式（formulae praejudiciales）。与誓金法律诉讼程序相比，以誓约为核心内容的预备诉讼程式存续了很长一段时间，并没有直接被以诉争权利为核心的新型程式诉讼所取代。

纯誓约的预备诉讼程式之所以没有被新型的、以诉争权利为核心的诉讼程式所取代，是因为纯誓约的预备诉讼有其独特的功能。根据西塞罗的文献记载，誓约是被裁判官法赋予法律效力的约定，目的是确认在本诉审理结束后，败诉方当事人会向胜诉方给付誓约金。[①] 但是，随着程式诉讼的进一步完善，人们也不再使用誓约作为诉讼程序的一部分，代之以更为简便而直接的"预备诉讼程式"。

四、裁判官法之诉的程式构造

裁判官承担着罗马司法的管理职责。为了使罗马市民法规定的所有权利都能得到充分的司法保护，裁判官不但要完善法律审程序，而且要给事实审法官拟定该案应当适用的程式。除了市民法明确规定的权利外，罗马人在社会交往中形成许多新的关系，社会经济的发展也出现许多新的现象，这其中产生的当事人利益有相当一部分有必要得到司法保护。同样是基于司法管理权，罗马裁判官承担起为法律之外的权利类型提供司法保护的职责。"司法权"（juridictio）不但是为法律规定的权利提供司法保护，而且包括为法律之外的权利提供保护。这是罗马司法的基本精神，这一精神在程式诉讼时代得到了充分彰显。

---

① Cicéron, Pro Quinctio, 25.

"司法权"的界定为"诉权"与"权利"的关系提供了非常重要的注解。在罗马程式诉讼时代，当事人行使诉权，提起诉讼，一方面不以有法可循的权利为前提，但另一方面又不完全脱离实体性权利。对于某些权利（或者称事实，或者称利益）是否有必要给予司法保护，这完全交由裁判官来判断。司法权作为国家权力的组成部分，是交给专门负责案件法律审的裁判官来行使的，负责案件事实审的法官只是遵照裁判官列出的程式完成审判工作而已。裁判官认为有必要对某项利益或事实给予司法保护，即便没有任何罗马私法的成文法或习惯法作为直接依据，他也可以设计一套诉讼程式，将它们纳入司法保护，从而使新的利益或事实上升为受司法保护的权利。这就是罗马法的又一个重要特征，即通过建立新的程式、赋予新的"诉权"，来创设新的"权利"。这就是裁判官法诉讼，也称之为"荣誉法诉讼"。

裁判官如何创设新的程式？一般来说有两种方式：第一种是以罗马市民法为依托，通过对法条的扩大解释来实现新的程式的建立。第二种是完全脱离法律规定，全凭裁判官的自由裁量权来设立新程式。通过裁判官的自由裁量权来设立新的程式，分为以下三种情形：

1. 拟制诉讼。借助于已有的诉讼程式，拟制法律或已有程式所要求的身份或条件存在，将这些程式适用于新型案件。裁判官会对这些程式作少量的修改，但这些程式本身并没有非常大的改动。

2. 变更诉讼（formula avec transposition de personnes）。更换诉讼主体，参考已有程式所要求的主体身份起诉，但是以另一种主体身份承受判决结果，例如鲁第里之诉（actio Rutiliana）。根据某个已有的程式，这种程式本来不能被某人用来（或用来针对某人）提起诉讼，但是裁判官出于强化权利保护和增进司法效率的考虑，允许该人援用这项程式提起诉讼或在该程式下成为被告。

3. 事实诉讼。为新的事实或利益关系创设全新的诉讼程式，即"事实诉讼"（actiones in factum conceptae）。

（一）拟制之诉

通常来说，裁判官给法官指示的诉讼程式都是建立在明确的法律关系基础上的，诉争权利也有明确的法律依据。同时，罗马民法规定了权利的要件，法官在审判时可以援引作为依据。每个诉讼程式都是指向某个法律关系，裁判官在程式中向法官明确指示应当查明的案件事实，并与法律规定的权利要件做对比。如果法官审理查明原告主张的案件事实存在，符合权利的每个要件，就判决原告胜诉，要求被告向原告给付一笔赔偿金或者法律规定的其他赔偿方式。原告的权利通过诉讼程式而获得司法保护。

随着社会生活的不断发展，出现了许多新的利益关系。部分利益关系与已有的法律关系存在相似之处，但是又不完全符合市民法上的法律关系的全部特征。新出现的利益关系需要得到司法保护，这种保护应该是普遍性的，至少某些利益关系急需得到保护。裁判官完全有权力扩大已有诉讼程式的适用范围，使这些利益关系获得司法保护。裁判官只需在已有程式中调整一些术语，指示法官如何根据查明的案情作出判决，而无须顾虑诉争权利在法律要件方面或当事人身份方面的缺失。例如：

1. 对"遗产继承之诉"的拟制。罗马市民法规定了"遗产继承之诉"，但只有法律规定的继承人才可以提起这种诉讼，并获得遗产继承权。遗产占有是裁判官在荣誉法（ius honorarium）上创设的一项新制度，它允许市民法未规定的新类型继承人去继承遗产。该制度的最初功能是调整对遗产的占有，后来它成为裁判官依据公平原则纠正市民法的传统继承规则，允许和保障其他人对死者财产实行占有的措施。要求获得遗产的人应当在规定的期限内向裁判官提出申请。通过遗产占有而取得财产的人只是"准继承人"，他可以采用扩用的方式行使死者所拥有的各项诉权。在时效取得的期限经过之前，他不享有市民法上的所有权，只享有诚信拥有权（in bonis habere）。

根据乌尔比安的记载，"遗产占有之诉"的程式（formula bonorum possessor）大致为："如果查明原告根据罗马市民法的精神应当获得对该笔遗产的继承，则判处赋予他赢得财产份额内的继承权。"[①] 或者是："如果查明赋予原告对该笔遗产的继承权是合理的，则赋予他继承权。"[②]

2. 对"财产买受人"的拟制。财产买受人（bonorum emptor）是指在财产拍卖中买下破产债务人的全部财产的人，他接替了债务人的法律地位。一方面成为债务人全部财产的权利人，另一方面接受了债务人的全部债务。在诉讼的判决程式中，财产买受人代替债务人接受清偿债务的判决。因此，财产买受人对债务人财产的概括继承被看作是依据荣誉法进行的生者间的继承（successio tra vivi）。

但是，当破产人死亡后，财产买受人无法通过普通诉讼程式进行起诉，因为这种情况已经不符合"生者之间继承"的原则。为了更好地保护财产

[①] "Si avlvs lvcio titio heres esset, tvm si fvndvm cornelianvm, de qvo agitvr, ex ivre qviritivm eivs esse oporteret." ulpianus, ad edictum, xxviii, 12.

[②] "Si avlvs lvcio titio heres esset, tvm si paret nvmerivm avlo hs. x. m. dare oportere." ulpianus, ad edictum, xxviii, 12.

买受人的权益,裁判官拟制破产人仍然活着,并由此设立了"塞尔维之诉"(actio Serviana)。"塞尔维之诉"主张的是已死亡的破产者的债权,即在此诉讼中,财产买受人是以死者继承人的身份要求破产者的债务人对自己实行清偿。①

3. 对"确认所有权之诉"的拟制,即"诚信占有之诉",也称"布布里奇之诉"。乌尔比安在《论告示》中这样论述"布布里奇之诉":"若请求人请求返还根据正当理由、由非所有权人交付给他的、尚未被他通过占有时效取得的物,裁判官将给予他诉权。"②

"诚信占有之诉"是指不属于某人所有的物品,通过合法的方式而交付另一人,该另一人本来应当通过一段时期的占有而获得该物的所有权,但是他在未取得物的所有权前丧失了占有。因此,他不享有以返还其物为目的的对物诉权,因为根据罗马市民法,只有所有权人才能提起"确认所有权之诉"。但是在这种情况下,如认为不存在任何诉权,未免失之过严。因此,裁判官设立了一种诉讼,允许丧失占有的当事人可以主张确认对该物的所有权并恢复对该物的占有,尽管根据罗马市民法他并未真正因占有时效而取得该物的所有权。

4. 对"非法损害之诉"的拟制。罗马市民法已经明确规定:"对他人财物实行盗窃或损毁是非法损害行为(damnum injuria datum),当事人要承担赔偿责任。"③ 由于罗马市民法只能适用于罗马市民之间的纠纷,当异邦人实施非法侵害行为时,受害人(无论是罗马人还是异邦人)都无法根据"非法损害之诉"提起诉讼。后来,罗马裁判官逐渐意识到这个问题,他们通过拟制异邦人的罗马市民资格,允许受害人提起这项诉讼。

这种拟制体现在如下的诉讼程式里:"如果审理查明被告确实作出非法损害之行为,应当在诉讼中给予作为异邦人的原告以罗马市民资格,以便他可以提起非法损害之诉,使被告承担他应该承担的法律责任。"④

---

① F. L. Keller, Semestrium ad Ciceronem lib. Ⅲ, Zurich, 1842, p.76.
② Ulpianus, Ad edictum, ⅩⅥ.
③ 非法损害表现为侵害他人财物或奴隶的私犯行为。《十二表法》没有规定这方面的笼统罪名,只列举了一些单个的侵害形式及其诉权保障,例如动物损害之诉(actio de pauperie)、放牧损害之诉(actio de pastu pecoris)等。作为一项独立的和抽象的私犯形式,"非法损害之诉"是由《阿奎利亚法》(lex Aquiliana)规定的。根据《阿奎利亚法》,非法损害应当具备以下构成要件:实际发生损害结果;侵害行为是非法的;行为人主观上具有故意或过失;行为与结果之间存在因果关系。
④ "Si paret ope consiliove dionis avlo furtum factum esse paterae avreae, quam ob rem eum, si civis romanus esset, pro fure damnum decidere oporteret." m. voigt, die lehre vom jus naturale et bonum, aequum und jusgentium der roemer, leipzig, 1856, ii, §20.

5. 罗马市民法有一项古老的原则,即罗马市民一旦被"人格减等"(capitis demnutio),他所负有的债务一律消灭。① 后来,这项古老的法律原则与新兴的公平原则发生较大冲突,尤其是当债务人仅仅被"最小人格减等"时,这种不公平现象就更加明显。裁判官在程式中创设一种拟制,即便这些罗马人根据实体法而人格减等,但是在诉讼中把他们与普通罗马市民等同对待。

这种拟制体现在如下的诉讼程式里:"如果查明被告欠债,无论他是否人格减等,都应当承担责任。"②

上述五种"拟制之诉"在盖尤斯的《法学阶梯》中也有专门论述。③ 拟制的诉讼程式与普通的诉讼程式形成了程式诉讼的两个相对独立的体系。罗马裁判官定期在其公示中颁布和编订这些"拟制的诉讼程式",使之更为完善,适用范围更广。"拟制的诉讼程式"通常都能找到间接的法律依据,并且以某项法定权利为诉争标的。例如在"潜在损害保证之诉"(cautio damni infecti)中,当某块土地的所有权人担心相邻的土地或相邻土地上的施工可能对自己造成损害时,可以要求相邻土地的所有权人或者施工人提供担保。④ 原告提起诉讼是为了保护法律明确规定的财产权,只是受制于损害尚未发生,原告无法根据普通的诉讼程式("非法损害之诉")提起诉讼。裁判官认为这种潜在的利益关系有必要得到司法保护,因此拟制了"潜在损害保证之诉"并制定了相应的诉讼程式。我们有理由相信,罗马裁判官在日常司法活动中一定会遇到很多法律或已有的诉讼程式无法解决的案件,他通过行使司法权设置了一系列拟制诉讼程式。事实上,罗马法的成长很大程度上依靠裁判官的"造法"活动,时刻回应社会生活实践的需要,从而保持法律革新的动力。

---

① 人格减等是指自由人对某些法律资格的丧失。这些资格可以表现为自由权、市民资格或者某种家庭地位。罗马人把人格减等等同于"市民法上的死亡",分为"最大人格减等""中等人格减等""最小人格减等"。参见黄风编著:《罗马法词典》,法律出版社2002年版,第44~45页。

② "si lucius titius deminutus non esset, tum si paret eum avlo hs. x. m. dare oportere." Gaius, III, 84; IV, 80.

③ Gaius, IV, 34-38.

④ "潜在损害保证之诉"采用要式口约的形式,保证在发生损害时将给予赔偿。这里所说的损害包括因建筑物造成的损害、因可预防的自然事件造成的损害和因他人的活动而造成的损害。在提供了上述保证后,如果损害事实发生,受害方可以提出要式口约之诉。如果对方拒绝提供上述保证,当事人可以向裁判官申请施工禁令,或者要求裁判官允许占有可能造成损害的土地。如果对方仍然拒绝提供保证,则裁判官可以赋予当事人实行"授权占有"的权利。这意味着,在时效取得所要求的期限届满后,占有人将取得对被占有物的所有权。参见黄风编著:《罗马法词典》,法律出版社2002年版,第48页。

（二）变更之诉

拟制诉讼是当事人之间的利益关系与法定权利有相似之处，但在某些权利要件上不符合法定标准，裁判官行使司法权拟制这些利益关系符合权利要件标准而进行的诉讼。在罗马司法实践中，出现了另外一些特殊案件，当事人诉争权利在内容上完全符合法律的规定。但是根据罗马市民法对这类权利的规定，案件当事人并不是法定的权利主体或义务主体。或者说，罗马市民法没有将这些当事人列为权利主体或义务主体的范围。根据某个已有的程式，这种程式本来不能被某人用来或用来针对某人提起诉讼，但是裁判官出于强化权利保护和增进司法效率的考虑，允许该人援用这项程式提起诉讼或在该程式下接受审判。这就是裁判官诉讼的第二种类型，即"变更诉讼"。

例如"船东之诉"（actio exercitoria）。当主人或雇主任命某一奴隶或者伙计作为"二船东"（magister navis），负责船只的经营活动时，如果该奴隶或伙计与他人建立了合同关系但又不履行由此而产生的义务，有关债权人可以对奴隶的主人或者伙计的雇主提起此诉讼，要求后者作为船东（exercitor navis）承担合同责任。但是事实上，船东并不是合同的当事人。根据罗马市民法的规定，原告无法对船东提起合同之诉。考虑到市民法规范与公平原则之间的冲突，裁判官允许原告根据稍作调整的普通诉讼程式提起诉讼，即"船东之诉"。

"船东之诉"的程式大致是："如果查明被告是船东，则判处他承担责任"①或者"被告作为船东应当对买卖承担责任。根据诚实信用原则，法官应该判处船东履行义务或给付赔偿金"②。

其他变更诉讼也都是如此，基于相似的考虑，把一个与之相仿的程式扩用于其他主体。变更之诉主要集中在商事法和财产法领域，因为经济领域出现较多新问题，产生新的经济交往方式，出现新的利益关系。这些新问题、新情况在罗马市民法中找不到明确规定，发生纠纷后也无法通过普通诉讼程式获得快速解决。裁判官对法官作出指示，要求法官根据"变更诉讼的程式"作出判决。

在变更诉讼的程式中，尽管原告或被告并非市民法上的法律关系的适格当事人，但是法官仍然根据市民法的规定、遵照裁判官指定的程式作出

---

① si paret titium magistrum avlo hs. x. m. dare oportere, iudex numerium exercitorem avlo hs. x. m. condemna, si non paret absolve.

② Quod aulus titio magistro m. medimnos tritici vendidit, qua de re agitur, quidquid ob eam rem titium avlo dare facere oportet ex fide bona eius numerium avlo condemna.

判决。需要注意的是，受让人（cessionnaire）、代表人（répresentant）和辩护人（defensor）与"变更诉讼"的当事人不同，他们本来就是诉讼的适格当事人或其代理人，或者是法律关系和权利的主体。①

破产人在售空所有的财产后，他的债务人身份仍然存续。但是，裁判官不再给予债权人起诉破产人的诉权，而是让债权人起诉财产买受人。②这种诉讼被称为"鲁第里之诉"，它是由裁判官鲁第里创设的。在"鲁第里之诉"中，裁判官将诉讼主体从破产人变更为财产买受人，从而使财产买受人履行义务。此外，财产买受人也可以根据"鲁第里之诉"起诉破产人的债务人，从而使权利得到司法保护。

（三）事实诉讼

"拟制之诉"和"变更之诉"的诉讼标的都是某项法定权利，尽管根据市民法的条文，当事人并非该项权利的合法主体。裁判官基于诚实信用原则和公平原则，根据市民法的基本精神，在司法程序中允许当事人作为该项权利的主体并予以司法保护。然而，当某一新的关系完全不涉及市民法所调整的权利，并且关系人不能借助普通诉讼程式解决就该关系产生的纠纷时，裁判官允许当事人针对创造上述关系的事实提起诉讼。在这种诉讼中，裁判官所维护的不是法律明确承认的权利，而是事实上存在的、新的公平关系。这就是裁判官法诉讼的第三种类型，"事实诉讼"。③

市民法的权利体系总是无法完全满足社会发展的需要，当事人的社会经济交往方式也不可能总是按照市民法的固定模式来进行。当事人出现新的利益关系，新的权利诉求时，掌握司法管理权的裁判官（praetor juri dicundo）有责任给当事人提供必要的司法保护。从这个角度来说，市民法规定的不完备性给裁判官的"造法"行动留下了空间，而裁判官的造法行动正是罗马法与时俱进的动力来源。

裁判官并不直接创设新的权利，他只创设新的程式，以便当事人可以提起诉讼，使诉争利益关系得到司法保护。通过诉讼创设权利，这是罗马法民事诉讼程序最值得为现代民事诉讼研究关注的特征。当某种利益关系可以常规性地得到司法保护时，这种利益关系实际上与法定权利没有什

---

① Gaius, Ⅳ, 86; Ⅲ, 84.
② Gaius, Ⅲ, 77-80.
③ 也有学者认为："从一定意义上讲，所有的裁判官法诉讼在最初时均表现为事实诉讼，随着它们的逐渐发展与成熟，其中一部分上升为权利诉讼（actio in ius）。"因此，可以把"拟制诉讼"和"变更诉讼"都列入"事实诉讼"的范畴。参见 G. Gemelius, Rechtsfiction in ihrer geschichtlichen und dogmatischen Bedeutung, Weimar, 1858, §33.

么区别了。这体现了罗马法的一个重要特征，即通过诉讼程序创设实体权利。

裁判官在"事实诉讼"程式中，详细列明法官需要查明的案件事实，并指示法官判决的方法。"事实诉讼"的诉讼程式完全脱离罗马市民法的约束，法官仅根据裁判官指示的程式来作出判决，不再把市民法的规定作为判决依据。在审理"事实诉讼"时，法官根据程式的内容查明案件事实，根据程式的指示作出相应判决。在"事实诉讼"中，法官的审判依据完全来源于裁判官，因此他只对裁判官负责。从这个意义上来说，法官是根据自由裁量权来审判的，而不是根据法律的明确规定。至于案件审判结果是否公平公正，则完全由裁判官来承担责任。[①]

例如，被解放的奴隶（也称为解放自由人，libertus）[②]没有权利起诉解放他的庇主，除非该解放自由人获得了裁判官特别授予的诉权。假如解放自由人在没有获得诉权的情况下，贸然起诉他的庇主，则庇主可以提起一项"事实诉讼"，要求法官判处解放自由人向庇主给付一笔赔偿金。这一"事实诉讼"的程式大致为："如果查明那个解放自由人在违反裁判官告示的情况下针对庇主提起了诉讼的事实，则判罚该解放自由人向庇主给付1万阿斯的赔偿金。如果事实不成立，则予以开释。"[③]

"暴力抢劫之诉"（actio vi bonorum raptorum）也是"事实诉讼"，其程式内容在解放自由人之诉的程式上做了一些内容修改，大致为："如果查明原告因为被告的暴力行为导致了损失的事实，法官须查明损失的具体金额，并判罚暴力行为人向受害人赔付四倍的损害赔偿金。如果事实不成立，则予以开释。"[④]

"诈欺之诉"也是一种典型的"事实诉讼"，受到诈欺的人可以通过此诉讼要求诈欺者弥补自己所遭受的财产损失，比如返还自己因受到诈欺而给付的钱款。"诈欺之诉"的程式与"暴力抢劫之诉"相似，大致为："如果查

[①] J. Bekker, Die processualische Consumtion im classichen raemischen Recht. Berlin, 1853, p.41; Buchka, Die Lehre vom Einfluss des Processes auf das materielle Rechtsverhaeltniss, Rostock, 1846, p.16.

[②] 解放自由人（libertus）指处于解放自由人地位的人，也称为被解放的奴隶，与解放奴隶的庇主（patronus）相对应。

[③] "Licinivs, sempronivs, titinivs recvperatores svnto. si paret, avlvm patronvm a. nvmerio liberto contra edictvm cornelii praetoris in ivs vocatvm esse, recvperatores nvmerivm libertvm avlo patrono hs. v. m. condemnate, si non paret absolvite."

[④] "Licinivs, sempronivs, titinivs recvperatores svnto. quantae pecuniae dolo malo familiae numerii vi hominibus armatis coactisve damnum datum esse avlo, duntaxat hs. tot millium, tantae pecuniae quadruplum recuperatores numerium avlo condemnate. SI NON PARET ABSOLVITE."

明被告通过不正当手段骗取原告的财产或奴隶的事实,除非这种骗取是为了使原告返还属于对方的财产,否则法官应当判处被告返还财物或等额赔偿。如果事实不成立,则予以开释。"①

"准塞尔维之诉"(actio quasi Serviana)也称为"对物的质押之诉"(actio pigneraticia in rem),当质物被他人非法占有时,质押债权人以及其他对质物享有权利的人可以提起此诉讼,以物的所有权人的名义要求非法占有人返还质物。按照罗马市民法的规定,质权人显然不享有所有权人的身份,质权人对质物的权利显然也属于市民法规定的任何一种权利类型。"准塞尔维之诉"与作为"拟制诉讼"的"塞尔维之诉"不同,它属于"事实诉讼"。其诉讼程式大致为:"如果查明被告不正当地占有属于原告的财物,虽然这个财物不属于原告所有,但是原告根据与他人的交易而获得对该物的占有权利,如果被告非法占有的事实属实,则判决被告向原告返还该物。如果事实不成立,则予以开释。"②

随着罗马社会的不断发展,越来越多的新情况、新问题需要裁判官动用司法权来设立"事实诉讼"。长年累月下来,大量的"事实诉讼"在裁判官告示中出现、汇编和完善。一部分"事实诉讼"由于针对的纠纷类型较为普遍,裁判官在告示中专门规定了诉讼程式,使其成为常规性的诉讼类型。另一部分"事实诉讼"针对的对象属于偶发性的纠纷。对于这类偶发性、多变性的纠纷,裁判官通常会设立通用的程式作为模板,根据不同的具体案情,适当地对程式内容进行调整。③ 此外,部分"事实诉讼"的程式是由裁判官全新设立;部分程式则是借鉴了已有的诉讼程式,在此基础上稍作调整而形成。

一般来说,裁判官纯粹通过行使他的"司法权"来设立各种"事实诉讼",他并不需要借助罗马市民法的力量。然而,裁判官有些时候也会借助市民法中的某些法律原则来作为"事实诉讼"的法律依据。例如,使用借贷

---

① "Si paret, dolo malo numerii factum esse, vt avlus fundum cornelianum titio mancipio daret, nisi arbitratu tuo numerius avl rem restituet, quanti ea res erit numerium avlo condemna, si non paret absolue."

② "si paret, eam rem, qua de agitur, ab eo, cuius in bonis tum fuit, ob pecuniam promissam avlo pignori obligatam, eamque pecuniam neque solutam neque eo nomine satisfactum esse, neque per avlvm stare quominus solvatur satisue fiat, nisi arbitratu tuo numerius avlo restituet, quanti ea res erit, numerium avlo condemna. SI NON PARET ABSOLVITE."

③ Cicéron, In Verrem, 17, 56; F. C. v. Savigny, Vermischte Schriften, p.91. 有一种观点认为:随着罗马市民法的发展和健全,"事实诉讼"越来越多地被"权利诉讼"替代。这一观点缺乏依据,并且与罗马法的历史不符。参见 J. Bekker, Die processualische Consumtion im classichen raemischen Recht. Berlin, 1853, p.41, p.82, p.188.

之诉（actio commodati）、寄托之诉（actio depositi）等。① 这类"事实诉讼"涉及的权利在市民法中已有规定，但是对权利的保护并不完整。因此，裁判官根据诚实信用原则或公平原则，将这类诉讼纳入"事实诉讼"的范畴，从而弥补市民法对权利保护的不足。②

作为一种较为自由的诉讼模式，"事实诉讼"程式独立于罗马市民法，并且与"权利诉讼程式"（formula in jus conceptae）相对。"权利诉讼"是为维护法定权利而提起的诉讼，在此种诉讼的原告请求（intentio）中，原告应当明确列举法律规定的权利。法官（或审判员、仲裁人）不仅要仔细审查案件事实是否存在，还要审查这些事实是否符合权利的法定构成要件。原告在提起"权利诉讼"时，应当采用这样的程式："某物根据罗马法是我的"或者"根据罗马法应当给付"或者"根据罗马法应当赔偿损失"等。③ 至于"拟制诉讼程式"和"变更诉讼程式"，这两种裁判官法诉讼程式与"权利诉讼"多少还存在一些相似性，而不是对立性。在"拟制诉讼"和"变更诉讼"中，原告请求的内容仍然是被市民法明确规定的法定权利，裁判官和法官只是对权利主体或权利的某些法定要件进行调整，使法律更符合社会发展的需要。

对于某些法律关系，特别是使用借贷关系、寄托关系和质押关系，诉讼程序上同时允许存在两种程式：一种是事实诉讼的程式，另一种是权利诉讼的程式。根据不同的案情，由当事人自行选择。④ 到了罗马法的程式诉讼时期，随着罗马市民法和裁判官法对权利体系的不断丰富，与现代民法的"请求权竞合"现象极为接近的权利竞合情形开始大量出现。"请求权竞合，由当事人择一行使"的法律原则即可追溯至罗马法，与现代法律略有差异的是，罗马人是通过选择诉讼程式而非实体权利，来实现"择一行使"的制度效果。

---

① 使用借贷之诉是出借人据以要求借用人返还被借用物的诉讼。此诉讼属于诚信诉讼中的一种，既可表现为权利诉讼，也可表现为事实诉讼。寄托之诉是指当受托人出于恶意而没有履行保管或返还义务时，寄托人可提起此诉讼，要求归还被寄托物并且承担赔偿责任。参见黄风编著：《罗马法词典》，法律出版社2002年版，第7～8页。

② Gaius, IV, 47.

③ Gaius, IV, 45.

④ Gaius, IV, 47, 60. 但是部分学者主张"事实诉讼"在罗马法发展的早期就已经存在，而且"事实诉讼"与"权利诉讼"之间的关系并不十分清晰。参见F. C. v. Savigny, Vermischte Schriften, p.48; Buchka, Die Lehre vom Einfluss des Processes auf das materielle Rechtsverhaeltniss, Rostock, 1846, p.13; C. G. Waechter, Eraerterungen aus dem Roemischen, Deutschen und Wurtemb Provatrecht. Stuttgart, 1845, p.37; G. F. Puchta, Cursus der Institutionen, §165.

五、"二元诉权观":市民法之诉与裁判官法之诉的诉权原理

对于当事人来说,最重要的权利应当是诉权。实体权利必须通过程序诉权而得到司法保障;脱离诉权的实体权利不过是空有其表的虚幻物。

在罗马法里,"诉"是当事人诉权的唯一表现。从整体来看,罗马法是由市民法(ius civile)、万民法(ius gentium)和裁判官法(ius praetorium)三部分组成。市民法是调整罗马市民之间关系的法律规范,主要是通过法律(lex)、元老院决议(senatusconsultum)、平民会决议(plebiscitum)和君主敕令(constitutiones principum)的形式加以确认、创立和流传。裁判官法是由裁判官在司法审判过程中创立的法律规范的综合,也称为荣誉法(ius honorarium)。此外,还有所有民族均使用的"万民法",万民法的适用对象和立法主体与市民法都不相同。

撇开万民法不论,罗马市民享有的"诉"至少有两个来源,即市民法和裁判官法,分别称为"市民法之诉"(actio civilis)和"裁判官法之诉"(actio honoraria)。市民法之诉是由市民法规范加以确定的诉讼。裁判官法之诉是由裁判官通过发布告示创设的诉讼。这两种"诉"表面上仅仅是来源不同,实际上代表两种截然不同的诉权理论。

(一)"市民法之诉"的诉权观

罗马市民依据各种成文法上的权利规范,或者根据市民法认可的其他法律渊源(例如君主敕令、元老院决议和平民会决议等)而提起的诉讼,称为"市民法之诉"。

需要注意的是,"市民法之诉"并不是指由市民法明确规定的诉讼程序,而是指当事人提起"诉"的依据是市民法上明确规定的权利。因此,罗马人也常常把"市民法之诉"称为"权利之诉",在这种诉讼的"原告请求"(intentio)中,原告应当明确列举法律规定的权利。负责案件事实审的法官不但要仔细审查案件事实是否存在,还要审查这些事实是否符合权利的法定要件。原告在提起"权利之诉"时,诉讼程式中必须含有"罗马法"或者"市民法"等字样,例如"某物根据罗马法是我的"或者"根据罗马法应当给付"或者"根据罗马法应当赔偿损失"等。[①]

根据诉争权利的法源不同,市民法之诉的来源由法律、平民会决议、元老院决议和君主敕令组成。

---

① Gaius, Ⅳ, 45.

1.法律与平民会决议

在早期罗马社会,尤其在公元前 3 世纪以前,法律与平民会决议是两个不同的概念,法律与平民会决议的效力存在很大差别。"法律"一般是指由共同体的权力机构根据裁判官的提议,表决通过并经过元老院认可的法律规范。元老院是由罗马贵族组成的权力机构。

平民会决议是由平民会议(concilia plebis)表决通过的法律。平民会议是由平民(plebs)阶层组成的权力机构。罗马社会早期阶层对立严重,罗马贵族始终坚持认为他们不受平民会议的约束。因此,平民会决议最初只对平民具有约束力,随着公元前 287 年《关于平民会决议的霍尔滕西法》(lex Hortensia de plebiscitis)的颁布,平民会决议取得了约束所有罗马市民的法律效力。此后,平民会决议才正式成为"法律"的渊源,并实现了平民会决议与法律实现了充分和绝对的等同。平民会决议与法律相等同是罗马法发展史上的重要事件。因此,盖尤斯(公元 2 世纪)在《法学阶梯》中说:"法律(lex)是由全体人民批准和制定的。人民是指所有的市民,包括平民和贵族。"[①] 帕比尼安在论述"法律"的定义时,他说:"法律是整个共和国民众的共同誓约(communis rei publicae sponsio)。"[②]

平民会决议的数量与规模逐渐占据了"法律"的主要地位,其优势地位尤其表现在罗马私法领域。所谓"私法"(leges privatae)是由私人提出的规定,其作用在于调整和约束由私人处置的物和债的关系。所谓"公法"(leges publicae)是指那些与城邦相关的法律,其作用在于调整公共生活中出现的法律关系。对于将要提起诉讼的当事人来说,私法的重要性是不言而喻的。如果民事诉讼当事人提起的是"市民法之诉",那么他必须在罗马私法中寻找依据,可以是某部"法律"规定的民事权利,也可以是某部"法律"规定的一种"诉"的类型。罗马"法律"中规定的"诉",实际上包含着"权利"(或称"主观权")的内容。

在罗马法的"法律"中,《十二表法》是最负盛名的早期法典。《十二表法》产生于公元前 5 世纪,由贵族和平民共同组成的"十人立法委员会"共同制定。《十二表法》主要是对早期罗马市民法的收录、编纂和修正,使罗马市民法变得确定、准确和明了。《十二表法》中既包含实体权利的内容,也包括一些法定诉讼的"诉"的类型,为罗马市民提起诉讼提供法律依据。《十二表法》第五表第 3 条规定:"凡以遗嘱处分自己的财产,以及对其家属指定监护人的,遗嘱具有法律效力。"这条法律规定了罗马市民法上的

[①] Gaius, I, 3.
[②] [意] 彼得罗·彭梵得:《罗马法教科书》,黄风译,中国政法大学 1992 年版,第 189 页。

"遗嘱继承权"。当事人若因遗嘱继承而发生纠纷,如果诉讼标的是关于遗产的继承,就可以根据这条法律向裁判官提起"遗产继承之诉"。因此,罗马法的"遗产继承之诉"来源于《十二表法》对"遗嘱继承权"的规定。用现代民法理论来说,《十二表法》第五表第 3 条就是当事人提起"遗产继承之诉"的请求权基础。

除了"遗嘱继承"的方式外,罗马法还制定了"法定继承"制度。《十二表法》第五表第 4 条规定:"死者未立遗嘱指定其继承人,又无自家继承人(heredes sui),其遗产由最近的族亲继承。"① 根据盖尤斯的解释,"未立遗嘱"应当扩大解释为"无遗嘱"(intesta),其包括以下三种情况:第一,被继承人生前没有立遗嘱。根据罗马人的习惯,这种情况并不多。第二,被继承人生前虽然立有遗嘱,但由于某种原因,遗嘱无效。其三,遗嘱对遗产继承人的指定附有条件,若条件无法成就,则遗嘱不发生法律效力。在这些情况下,家外继承人(heredes extranei)就可以根据《十二表法》的"法定继承权"规定,提起"遗产继承之诉"要求对遗产进行法定继承。在这种情况下,当事人提起"遗产继承之诉"的请求权基础就是《十二表法》第五表第 4 条。

以上是《十二表法》对继承权的规定,"遗嘱继承权"和"法定继承权"都可以成为当事人提起"遗产继承之诉"的依据。换言之,"遗产继承之诉"来源于市民法对"权利"的明确规定。这样的例子还有很多,罗马制定的"法律"是权利规范和"诉"的混合体。只要能寻找到权利规范,当事人就能据此提起对应的"诉"。在这种法律构造模式下,权利规范就是当事人提起"诉"的请求权基础。

还有一种情况是,"法律"直接规定了"诉"的类型,当事人可以直接援引该种"诉"提起诉讼,而不需要寻求权利规范。例如,"请求给付之诉"(condictio)就是由公元前 4 世纪的《西利法》和公元前 3 世纪的《卡尔布尼亚法》明确规定的。在这种法律构造模式下,"诉"本身就蕴含了权利规范,当事人提起"诉"不需要寻求实体法上的权利规范依据。这在现代法律体系中,仍然能找到相当多的例证,例如破产法、公司法、强制执行法,特别是这些法律部门的司法解释。

在程式诉讼时期,罗马"法律"新设置了许多权利规范,成为当事人提起新类型"诉"的依据。例如,公元前 40 年颁布的《法尔其第法》(lex

---

① "自家继承人"是指被继承人死亡时,从家长权或夫权下解放出来的子女和妻子。他们可以直接继承死者的遗产,无须履行任何继承的手续。因此,"自家继承人"也称为"当然继承人"(heredes necessarii)。参见黄风编著:《罗马法词典》,法律出版社 2002 年版,第 121 页。

Falcidia）对"遗赠权"的规定，"立遗嘱人不得向他人遗赠超过四分之三的遗产"。换言之，这个"法律"是对遗产继承人的"继承权"的保护，即继承人应当得到不少于 1/4 的遗产。如果立遗嘱人向他人遗赠的遗产份额超过了《法尔其第法》的限制，则遗产继承人可以向裁判官提起"遗嘱无效之诉"。

《富菲亚和卡尼尼亚法》（*lex Fufia Caninia*）对立遗嘱人通过遗赠解放奴隶也作出类似的限制，其目的也是保护遗产继承人的"继承权"。如果立遗嘱人拥有 2 名以上，不超过 10 名奴隶，那么他最多可解放总数的 1/2；如果拥有 10 名以上，不超过 30 名奴隶，那么最多可解放总数的 1/3。在立遗嘱人解放奴隶的数量超过《富菲亚和卡尼尼亚法》的规定时，继承人也有权提起"遗嘱无效之诉"。因此，这两种情况下的"遗嘱无效之诉"都源于罗马"法律"的权利规定，即在法定限度内保护继承人的"继承权"。

另一个例子是关于动物致人损害的诉讼，也能看出"法律"的渐次发展过程。《十二表法》第八表第 6 条规定："牲畜致人损害的，由其所有人把该牲畜交给被害人处理，或者赔偿所致的损害。"《十二表法》以权利的方式规定了牲畜侵权损害赔偿责任，当事人可以根据这项权利规范提起"牲畜损害之诉"（actio de pauperie），但是这种"诉"只能适用于"牲畜"造成的损害，而不能适用在其他动物造成的损害。到了共和国时期，《比索拉尼亚法》（*Lex Pesolania*）把"牲畜损害之诉"扩大适用于狗所致的损害，而不再限于农耕的四足兽。当事人就可以依据这项"法律"对狗导致的损害提起"牲畜损害之诉"。

如果是牛、羊等牲畜和狗以外的动物致人损害，那么当事人就不能根据《十二表法》和《比索拉尼亚法》提起诉讼，因为这两部法律并没有在这种情况下赋予当事人相应的诉权。公元前 3 世纪初期，平民会议以决议的形式制定了《阿奎利亚法》（*Lex Aquilia*）。这部法律规定了针对不法损害赔偿的诉权，所有的动物致损行为都能以《阿奎利亚法》作为依据提起诉讼，例如《阿奎利亚法》第一节中规定"马匹或骡子等动物致人损害，如果管理人或所有人存在过错，则要承担赔偿责任"。[1] 这种"诉"就称为"阿奎利亚之诉"，或称为"非法损害之诉"（actio damni iniuriae）[2]。

到了罗马帝国晚期的优士丁尼时代，所有的"诉"都适用非常审判程序。《优士丁尼法典》（*Codex Iustinianus*）实际上是对当时仍然有效的"法律"进行汇编，例如《阿奎利亚法》在法典中仍然占有重要位置。罗马市民

---

[1] Gaius, Ⅲ. 215.
[2] Gaius, Ⅲ. 210.

可以根据《优士丁尼法典》中的"诉"的规定，向司法机关提起诉讼。因此，无论在罗马的哪个时代，"法律"一直是"诉"的重要来源。

2. 元老院决议

元老院决议是罗马法的重要渊源之一，表现为以书面形式向罗马裁判官提供的咨询意见。由于元老院成员所享有的威望和权力，这类咨询意见在事实上具有法律的效力。当事人可以依据元老院决议中规定的"权利"或者"诉"，向裁判官提起诉讼。

前面已经讨论过罗马"法律"中的继承制度，包括"遗嘱继承"和"法定继承"两种。由于"法律"对遗嘱的要求十分严格，并且对继承人和受遗赠人的身份资格有着严格的规定，一部分罗马人或异邦人因为不符合遗产继承人或遗产受赠人的身份要求，而无法通过继承方式得到遗产。根据市民法的规定，异邦人不享有罗马市民法上的财产权，也没有遗嘱权和继承权，因此逐渐出现罗马市民订立这样的遗嘱内容："L. 提兹是继承人。我要求并且请求 L. 提兹：一旦接受了我的遗产，就把它交给 C. 赛尤。"① 这样一来，遗嘱人就可以避开因 C. 赛尤没有继承权而导致遗嘱无效之情形。这种做法被称为"遗产信托"（fideicommissum），即由被继承人将其遗产的全部、一部或特定物，委托受托人在他死后移转给他所指定的受益人。采用这种办法，不仅无遗嘱能力的人可以处分其遗产，特别是无继承能力者也可享受继承的利益。

在"遗产信托"制度发展的早期，罗马"法律"并没有承认这种做法的合法性。遗产继承人（即受托人）实际上是一种中介人，但他在法律上处于继承人的地位，继承遗嘱人的人格，是遗产的所有人，行使催收债权的权利并负担清偿债务的义务。这种不受法律直接保护的行为面临极大的风险：假如受托人或遗产继承人背信弃义拒绝交付遗产，或被宣告破产，则真正的遗产受益人的利益无法得到保障。所以，元老院通过制定决议的方式，承认"遗产信托"并将其纳入罗马市民法，这就是在公元 56 年制定的《特雷贝里元老院决议》（Senatusconsultum Trebellianum）。该决议规定："在根据遗产信托归还遗产的情况下，市民法赋予继承人的诉权或者针对继承人的诉权，同样地赋予根据遗产信托向其归还遗产的人或者可针对其行使。"② 根据这项规定，遗产受托人被赋予了诉权，可以直接起诉遗产受托人，要求受托人交付全部遗产。

《特雷贝里元老院决议》在保护遗产受益人的诉权同时，没有给受

---

① Gaius, Ⅱ.250.
② Gaius, Ⅱ.253.

托人利益留下任何余地。这导致遗产受托人不但不能因为担任受托人而得到任何好处，而且要面临被诉的风险。因而，罗马市民都不太愿意担任遗产受托人。公元 70 年，元老院制定了《贝加苏元老院决议》（Senatusconsultum Pegasianum），其中规定："被要求退还遗产的人可以从中扣除四分之一，就像《法尔其第法》允许对遗赠进行扣除一样。"①

这样一来，"遗产信托之诉"就存在两个市民法上的来源：其一，遗产受益人可根据《特雷贝里元老院决议》提起"遗产信托之诉"，要求继承人交付应属于他的遗产；其二，继承人也可以依据《贝加苏元老院决议》提起"遗产信托之诉"，要求从遗产受益人那里分得 1/4 的遗产，即主张享有 1/4 的遗产继承权。

另一个例子是"法定继承之诉"。最初由公元前 5 世纪的《十二表法》设立的，并以宗亲为基础的法定继承制度已不能适应宗族制度逐渐解体后的罗马社会，裁判官曾经逐渐把它改为以血亲为基础的法定继承制度。但是，裁判官没有权力直接改变市民法，所以他只能想方设法把《十二表法》中的宗亲制法定继承制度变成不被援引的空文，而对那些应获得继承利益的血亲继承人提供司法救济上的便利。于是，裁判官就创造了"遗产占有"（bonorum possessio）制度，赋予脱离了宗亲关系的血亲以占有遗产的权利。因此，"遗产占有之诉"是源于裁判官法的"诉"的类型。后来到了君主专制时代，君权独揽，对于"法定继承"制度的进一步改革，就成为元老院和罗马皇帝的工作。

公元 2 世纪初，哈德良皇帝在位时期，元老院通过了《德尔图里安元老院决议》（Senatusconsultum Tertullianum）。该决议赋予那些具备"子女特权"（ius liberorum）的母亲对子女的遗产享有继承权，其继承顺序在被继承人的直系血亲卑亲属、生父、恩主和同父兄弟之后。如果死者只有同父的姐妹时，则生母有权跟她们平分遗产。享有"子女特权"的母亲，是指身份为自由人的母亲有子女 3 人以上（无论是否婚生），或者身份为解放自由人的母亲有子女 4 人以上（无论是否婚生）。这些母亲就对子女的遗产享有"法定继承权"，这项权利是由"元老院决议"创设的。只要是享有"子女特权"的母亲，在符合法定遗产分配顺序的情况下，就有权向裁判官提起"法定继承之诉"。对于这些母亲来说，她们有权提起的"法定继承之诉"的请求权基础就是来源于《德尔图里安元老院决议》。

公元 178 年，马尔库斯·奥雷利乌斯皇帝在位时期，元老院通过了《奥

---

① Gaius, Ⅱ. 254.

尔菲梯安元老院决议》(Senatusconsultum Orfitianum)，该决议规定：子女有权作为母亲的法定继承人而享有"遗产继承权"，而不仅是裁判官法的"遗产占有权"，且其地位列为第一顺序而先于一切旁系宗亲属。《奥尔菲梯安元老院决议》对"法定继承"制度进行了又一次更新，使其更加符合罗马社会的发展需要。子女正式获得了对母亲财产的"遗产继承权"，并通过元老院决议获得相应的诉权，他们就有权提起"遗产继承之诉"。因此，对于这些子女来说，他们提起的"遗产继承之诉"的请求权基础就是来源于《奥尔菲梯安元老院决议》。

3. 君主敕令

君主敕令是罗马皇帝各种指令的总称，构成罗马法的重要渊源之一。它的表现形式有五种：（1）君主告示（edicta imperatoris），即君主向全体或者部分臣民发布的通告。最初时，诏谕的效力是有限的，在发布诏谕的君主去世后，该诏谕则丧失了法律效力。后来，这种时效限制被取消了。（2）训示（mandata），即君主向各省总督发出的指示，具有行政命令的特征。在发布训示的君主当政期间，该训示具有与法律同等的效力。（3）裁决（decreta），即君主在正式的或者非正式的审判中宣告的判决。君主在作出有关裁决时通常要听取君主顾问委员会（consilium principis）的意见。（4）批复（rescripta），即君主应私人或者裁判官的请求，针对某一具体的法律问题作出的答复。最初，这种答复的约束力一般仅以具体案件为限，后来，一些体现着一般法律原则的批复对类似案件也同样具有指导作用。（5）诏书（epistulae），即君主撰写的书面答复，其意义与批复相同。①

从公元3世纪罗马帝国进入君主专制时代起，罗马皇帝发布的君主敕令在罗马市民法中的地位和重要性越来越高。罗马皇帝经常发布敕令对流传下来的古典时代的罗马法进行修改和补充。公元6世纪，优士丁尼在位的30年间，他颁布了200多项敕令，并将之编纂作为《优士丁尼法典》的补充。在优士丁尼发布的敕令中，规定了一些新的"诉"的类型，赋予罗马市民新的"权利"。这些新的"诉"的类型或"权利"主要集中在婚姻关系和继承关系方面。

例如，优士丁尼第53号敕令曾规定了可由寡妇提起的"继承之诉"，即："如果妻子在丈夫死后生活陷入困难，无论丈夫有哪个顺序的继承人，在结婚时没有给付嫁资的妻子也有权参与继承。无子女的，她有权要求继承丈夫遗产的四分之一。如果丈夫在遗嘱中已经对妻子有所遗赠，则这些

---

① [意] 彼得罗·彭梵得：《罗马法教科书》，黄风译，中国政法大学1992年版，第69页。

遗赠应当从她的应继份中扣除。……如果妻子虽然给付嫁资,丈夫死后也拿回了嫁资,但为数很少,她在丈夫死后仍很贫困,对于这样的寡妇,仍应给予她继承权……"① 根据这项君主敕令,经济条件不好的寡妇在取回嫁资后,仍然享有对丈夫遗产的继承权。她可以根据这项权利规定,向裁判官提起诉讼,要求参与继承遗产。这在优士丁尼之前的罗马法里,是不存在的。

另一个例子是妻子提起的"抚养之诉"。在优士丁尼以前,婚姻关系解除后,婚生子一律由丈夫或丈夫的家长抚养教育,即便离婚是由丈夫的过错而导致的。离婚后的妻子不具有对子女的抚养权,也不得要求丈夫支付抚养费。在丈夫有错的情况下,这显然有违妻子的利益,也不符合罗马人的婚姻越来越自由、平等的社会风气。因此,优士丁尼在第117号敕令中明确规定:"因丈夫的过失而离婚的,如妻子不再嫁,则子女由妻子抚养而由丈夫负担所需的费用;如因妻子的过失而离婚的,则子女归丈夫抚养,如果丈夫生活贫困但是妻子生活富裕,则妻子还应承担抚养费用。"② 通过这项敕令,优士丁尼改变了离婚后子女的抚养权归属和抚养费的给付问题。通过赋予婚姻的无过错方提起"抚养之诉"的诉权,无过错方的利益得到更好的保护。这在优士丁尼以前的罗马法,尤其是在家长制和夫权思想盛行的古罗马社会里,也是不可想象的。

罗马进入君主专制时代后,皇帝独揽司法大权,他可以直接审理民事和刑事的初审和上诉案件。罗马皇帝审理案件通常需要由君主顾问委员会(也称"枢密院")的辅助,尤其对于疑难案件。罗马皇帝真正亲自审理的案件应该是很少的。实际上,君主顾问委员会是以皇帝的名义在审理案件,他们对现行法的解释具有法律效力,而且他们在必要时还会通过个案来创造新的法律规范,尤其是赋予当事人新的诉权。

(二)"裁判官法之诉"的诉权观

推动罗马法发展的最强劲力量应当是来自于与裁判官权力相联系的、准确地说是与"司法权"相联系的"荣誉法"(ius honorarium),通常也称之为"裁判官法"(ius praetorium)。③ 严格来说,"荣誉法"是更为宽泛的概念,除了指裁判官制定的"裁判官法",也包括营造司为维护市场秩序和城市管

---

① 选译自《优士丁尼新律》英译本,第53条第4款。http://www.constitution.org/sps/sps16.htm,访问时间:2018年11月13日。
② 选译自《优士丁尼新律》英译本,第117条第8款至第9款。http://www.constitution.org/sps/sps17.htm,访问时间:2018年11月13日。
③ [意]朱塞佩·格罗索:《罗马法史》,黄风译,中国政法大学出版社1994年版,第240页。

理而进行的少量立法,统称为"荣誉法"。

1. 裁判官创设诉权

"荣誉法"最主要的形式就是由裁判官根据自己在司法事务中的管理职责而发布的"裁判官法"。司法权最初来源于执政官的"治权",它是为了给当事人的权利提供司法保护的目的而设立的。裁判官的"司法权"与当事人为保护自己的权利而行使的"诉权"有紧密联系。

在罗马法早期的法定诉讼时代,裁判官的司法活动被"法定诉讼"的严格形式主义所束缚,尽管裁判官一直在积极地发挥"司法权"的作用,为当事人的权利提供最广泛、最符合公平要求的保护,但是裁判官的自由裁量权受到"法定诉讼"程序模式的严格限制。但是,这并不意味着裁判官的"司法权"不能发挥它应有的司法功能。实际上,裁判官对当事人提起的"诉",对于当事人行使的"诉权"掌握有一定的司法裁量权;裁判官至少可以拒绝受理当事人的诉讼。此外,裁判官凭借"司法权"创设了一些新的诉讼程序,比如"要式口约之诉"和颁布"令状"等。但无论如何,裁判官法在当时对整个诉讼程序的影响仍然局限在一个很有限的范围。

在程式诉讼时代,裁判官的"司法权"获得了更广阔的空间和领域,裁判官在安排诉讼和处理诉讼方面拥有广泛的自由裁量权。裁判官有权认可甚至主动授予当事人某个诉权,也有权拒绝承认当事人依法拥有某项诉权,即便这种诉权能够找到市民法上的确切依据。裁判官可以在程式中增加一些要素,从而改变既有的审理规则和判决规则;他也可以创设一些程式,以便将某个诉权扩展适用于缺乏某个法定要件的新型案件。他甚至可以在诉争事实和利益缺乏市民法依据的情况下受理这个案件,从而使案件的审判依据与市民法规定完全脱离,仅仅根据某些事实条件就能作出判决。"事实之诉"就是典型的裁判官法诉讼,所有"事实之诉"的"诉"的类型都是由裁判官行使司法权而创造的。

来源于市民法的"诉",罗马法学家使用"拥有"(competere)的概念;来源于裁判官法的"诉",则使用"被授予"(dari)的概念。这种法言法语的细微差别就能体现出两种"诉"的类型在法学理论上的本质差别。"裁判官在行使司法权时所拥有的这种主权和裁量权使他的活动带有原创性特色,并使他的活动成为一种法的渊源。"[①] 也就是说,对于某些以市民法为根据的诉讼请求,裁判官有权拒绝进行诉讼,同时,裁判官又有权授予某些在市民法中毫无根据的"诉权"。

---

① [意]朱塞佩·格罗索:《罗马法史》,黄风译,中国政法大学出版社1994年版,第249页。

市民法与裁判官法之间的划分实质上表现为：市民法包含的是实体法律关系（如所有权、债、遗产继承等），并为之设立相应的诉讼程式，这些诉讼程式以法律关系的存在为前提（prius）。相反，裁判官法则无须顾及市民法的规定，裁判官可以直接授予当事人提起诉讼的权利。因而，罗马法上形成了裁判官法与市民法并驾齐驱的局面，而这两个法律体系建立在完全不同的法学理论基础上。这种法学理论上的反差尤其体现在"当事人因何可以提起诉讼"这个问题上，亦即当事人的诉权来源于何处。

罗马法的发展和变革从裁判官法中获得了最强大的推动力，裁判官实际上可以通过赋予当事人诉权来确认并调整新的私人关系，使一方当事人的利益诉求得到肯定并规定相应的责任。换言之，借助司法手段来保障当事人的某种地位。因此，裁判官通过创造某种"诉"并赋予当事人某种诉权，从而创造出一种实体法意义上的法律关系和主观权，并以《裁判官告示》的形式予以公布、整理和完善。

"遗产占有之诉"是典型的由裁判官创设的"诉"的类型。这种"诉"是为了解决罗马法早期"法定继承"制度的不足而设立的。《十二表法》中规定的"法定继承"制度是以宗亲制为基础的，只有被继承人的"自家继承人"有权继承遗产；如果被继承人没有"自家继承人"，则只有"宗亲属"才能继承遗产。"自家继承人"是处于即将死亡者支配下的卑亲属，比如处于夫权下的妻子、儿女、孙子女、重孙子女等；① "宗亲属"是指那些被法定亲属关系联系在一起的人，即以男性家族成员为核心的亲属关系。② 但是，《十二表法》并不是让所有的"宗亲属"参与继承，而是让那些在"可以肯定某人在未立遗嘱而死亡时，与其亲等最近（proximo gradu）的人继承"③。如果被继承人既没有"自家继承人"，又没有"宗亲属"，那么他的遗产可能会被视为无主财产，任何人都可以按照先占原则通过占有时效而取得所有权。

在有些情况下，市民法上的"法定继承"制度会导致严重不公平。假如被继承人没有"自家继承人"或者"自家继承人"拒绝继承，又找不到愿意继承遗产的"亲等最近的宗亲属"，那么被继承人的遗产很可能被没有继承权的第三人以"无主物先占"的理由强行占有。即使被继承人还有其他"宗亲属"，根据罗马市民法的规定，他们也无权要求继承，也无法对先占权人提起"返还所有物之诉"。有强烈宗族观念的罗马人不能容忍家族内的财产流入他人之手，为了解决市民法在遗产继承制度方面的不完善，裁判官创

---

① Gaius, III, 2.
② Gaius, III, 10.
③ Gaius, III, 11.

设了"遗产占有之诉"。被继承人的任何亲等的宗亲都被裁判官授予提起"遗产占有之诉"的诉权,裁判官进行初步审查后,只要被告对遗产是无主占有,就会给原告出具"遗产占有令状"(interdictum quorum bonorum),使原告得以合法地占有该笔遗产。

考虑到裁判官只掌握"司法权",而不具备修改市民法的"立法权",裁判官设立的"遗产占有之诉"和"遗产占有令状"在名义上并不承认原告当然地有合法继承人的资格,也没有当然地承认原告享有对遗产的所有权。原告真正取得对遗产的所有权,是在一年的"继承人时效"(usucapio pro herede)完成后。通过遗产占有的方式,裁判官法弥补了市民法"宗亲继承"制度的部分不足。

《十二表法》的"宗亲继承"制度是相当狭窄的,还造成了其他不公平。① 例如,女性血亲之间就不允许继承,甚至在母亲和儿子或者女儿之间也不存在互相继承遗产的权利。为了避免市民法导致不公平,裁判官在长期的司法实践中,逐渐建立了以血亲制为核心的继承关系。这意味着某些无血缘关系的宗亲的继承权被裁判官否决,因为他们向裁判官提起的"遗产继承之诉"将不被受理,裁判官剥夺了他们的诉权。通过不受理案件、剥夺当事人诉权的方式,裁判官实现了对罗马法继承制度的改革,使市民法的继承制度在某些方面变成了一具空文。② 当然,裁判官否决"诉"、剥夺当事人诉权的情况并不多见,也是非常慎重的,必须以市民法的规定已经严重脱离罗马社会发展的需要为背景。

经过历任大法官的积累和整理,裁判官法产生了独立于市民法的继承制度。某些根据市民法不享有继承权的人也可以根据裁判官法提起诉讼,通过"遗产占有"并完成"继承人时效"的方式取得对遗产的所有权。市民法继承制度的某些规定,尤其是无血缘关系的宗亲提起"遗产继承之诉"的诉权被裁判官废弃了。这也说明,裁判官法的继承规定优于市民法的继承制度。此外,裁判官还把原本属于被继承人的诉权授予获得"遗产占有令状"的继承人,使继承人得以死者的名义行使权利,比如提起"请求给付之诉"要求债务人清偿债务、在诉讼中主张时效中断等。因此,"遗产占有"已经不是某种事实关系,而已经变成实质意义上的"权利"。遗产占有人虽无继承人之名,却有继承人之实。市民法继承制度与裁判官法继承制度同时存在,并肩适用,但两者的权利基础和法学原理完全不同。

除了上述裁判官法对"遗产继承"制度的变革外,裁判官法绕开市民

---

① Gaius, Ⅲ, 18.
② Gaius, Ⅲ, 23-25.

法、弃置市民法的情况还有许多。前文在论述"诉"的表现形式时，曾经列举了三类裁判官法诉讼（拟制之诉、变更之诉、事实之诉），这三类裁判官法诉讼或多或少都是对市民法的修正甚至替代。"遗产占有之诉"就是"拟制之诉"的一种。下文以属于"事实之诉"之一种的"准塞尔维之诉"（actio quasi Serviana）为例，进一步分析裁判官法是如何创设新的"诉"的类型，并赋予当事人相应诉权。

"准塞尔维之诉"是一种以保护质权、维护质权人对质物的占有为目的的对物之诉。无论在哪个时代的罗马法，都找不到关于质权、抵押权的权利性规定。即便是《优士丁尼法典》，也是沿用了"对物的质押之诉"，仍然是以"诉"的形式保护当事人的质权和抵押权。罗马法的物权担保制度正是由公元前1世纪的罗马法学家、裁判官塞尔维①以"诉"的形式创设的，我们完全可以把"对物的质押之诉"看作现代担保物权的前身。

裁判官塞尔维在创设"对物的质押之诉"时，罗马市民法上没有任何关于质权的规定。对当时的罗马人来说，尽管社会生活中已经出现较多的质押行为和抵押行为，但是担保物权在市民法上仍然是一个全新的法律领域。与"对物的质押之诉"最接近的只有古老的"原物返还之诉"（rei vindication），它是典型的维护市民法上所有权的诉讼，表现为所有权人针对非法占有其财产的人提出归还财产的要求。"原物返还之诉"的内容必须严格符合市民法对"所有权"的规定，例如原告必须是物的所有权人，诉讼标的是物的所有权归属。在"原物返还之诉"中，法官职责是查明被告是否占有物，占有原因是什么则无关紧要，因为一旦原告能证明诉争标的物属于原告所有，占有人就必须无条件予以归还，除非被告能提出"抗辩"。

"对物的质押之诉"的内容和原理与"原物返还之诉"存在很大差别，虽然两种"诉"的效果都是被告向原告返还该物。"对物的质押之诉"是为了解决社会生活中已经出现的新的事实关系（即现代法律中的质押关系、抵押关系、物的担保关系），由裁判官创设的新的"诉"的类型。在此之前，罗马法只承认质押权人"占有"质物的权利，而不发生转移物权或者转移占有的效力。作为债务人的出质人仍然居于对质物的所有权人和占有人地位。不难想象，质押权人面临着巨大的法律风险，债权人一旦失去质物的

---

① 塞尔维·苏尔皮其·鲁服（Servio Sulpicio Rufo），公元前1世纪杰出的法学家，公元前43年去世，曾于公元前51年担任过裁判官。其学说渊博、善于辩论，被西塞罗誉为"具有把法学提升为科学的才能的人"，留下了180多编著作。他的著作对于君主制时期的法学理论产生了广泛的影响。参见黄风编著：《罗马法词典》，法律出版社2002年版，第228页。

持有,他将无法获得司法救济。①当事人之间订立的质押关系也变得形同虚设。为了保护质权人的利益,裁判官赋予质权人诉权,要求不正当占有质物的债务人或第三人向质权人返还质物。这也意味着质权人不再仅仅是"占有"质物,而是合法地"拥有"质物,否则他无法以"所有权人"的资格提起诉讼。从这时开始,接受质押物的债权人才在真正意义上拥有了对质物的物权,罗马法上的担保物权体系才得以形成和完善,并以"诉"的形式发挥其功能。

前文已经阐述了裁判官通过创设"对物的质押之诉",赋予作为债权人的质权人一项诉权,使质权人可以提起"对物的质押之诉"来保护自己的权利。这个例子也能很好地说明罗马法的"诉"对于实体权利的重要影响,充分展示"诉是主观权"的丰富内涵。

从这个意义上来讲,罗马法上"所有权"理论的发展得益于裁判官创设的新的"诉"。裁判官创设"对物的质押之诉",使"质权"成为"所有权"的新内容。"所有权"是一个富有延展性、开放性,同时又不失协调性的法律概念。在罗马法的文献中没有对于所有权的定义,仅有所谓"对所有物的完全支配权"(plena in re potestas)的表述。因此,中世纪以来的注释法学家将所有权概括为"从积极方面对其物有为各种行为的权利,如使用、收益和处分等;在消极方面有禁止他人对其物为任何行为的权利",并进而对所有权作如下的定义:"所有权是以所有人的资格支配自己的物的权利"或"所有权是所有人除了受自身实力和法律的限制外,就其标的物可以为他所想为的任何行为的能力"。②

从权利的内容来看,"所有权"就是"权利之束"(a bound of rignts),是由多种物权组成的权利集合体。罗马法早期,"质权"并不是所有权的内容。"所有权"的权能只包括使用权(ius utendi)、收益权(ius fruendi)和处分权(ius abutendi)这三项。"使用权"是指不变更物的性质而按物的用途对物加以利用的权利。通常是所有人自己使用,也可以是非所有人使用。收益权是指收取所有物的天然孳息、加工孳息或法定孳息的权利。如收取果园的果子、贷款的利息。处分权是指处理所有权标的的权利,包括消费、毁损、抛弃、转让、变更(如把葡萄酿成酒)、惩罚(鞭打奴隶)等。③在罗马法早期,质权和抵押权还不是"所有权"的权属范围,即物的所有权人不得设定物上的质权和抵押权,不得以担保的方式对物权进行处分。但

---

① D. 6. 1. 24.
② 周枏:《罗马法原论》(上册),商务印书馆1994年版,第299页。
③ 周枏:《罗马法原论》(上册),商务印书馆1994年版,第300页。

是，随着罗马社会生活的发展，形成了这样一种习惯，即所有权人为了取得债权人信任并获得借款，往往必须向债权人交付一定的财物作为还款的保证。起初双方当事人还必须特别约定："如果债务人到期没有足额清偿债务，债权人可以处分质物，在债权额度内直接进行抵偿。"如果当事人没有进行这项特别约定，则债权人虽然占有质物，但是他仍然没有处分质物的权利。一旦丧失占有质物，债权人的利益得不到法律保护。裁判官设立"对物的质押之诉"后，明确授予质押权人提起"对物的质押之诉"的诉权，当事人对质物的权利就得到了司法上的认可，即我们称之为"质权"（pignus）的权利。《优士丁尼法典》仍然采用了这种"质权"形式，质权人对质物的处分权已成为质押的固有内容；出质人有权对质物设定质权也成为出质人对该质物的"所有权"的当然内容。

由此可以看出，裁判官通过设立新的"诉"，一方面赋予当事人对新型案件的诉权，另一方面也创设了新的权利，或者丰富已有权利的内涵。因此，裁判官法作为罗马法的重要组成部分，它也是罗马法的"诉"的重要来源，亦即当事人行使诉权的重要依据。

2. 营造司创设诉权

营造司也称市政官，是罗马共和国时期（约公元前367年）设立的专门负责城市管理事务的官员，由其负责维持罗马城内的交通与市场秩序，组织公共娱乐，还负责审理与市场秩序有关的诉讼，例如买卖奴隶、牲畜方面的诉讼。因此，营造司也具有部分司法职能，与罗马裁判官创设"诉"相似，某些与市场秩序相关的"诉"是由营造司根据社会发展的需要而创设的。现代法律中的"反不正当竞争之诉"可以从营造司创设的"诉"中找到若干渊源痕迹。

"减价之诉"（actio quanti minoris）和"撤销之诉"（actio redhibitoria）是由营造司创设的较为典型的两种"诉"的类型。这两种新的"诉"是营造司为维护公平的市场交易秩序而设置的，而不是纯粹站在维护当事人个体的公平交易关系的立场。营造司在《营造司告示》中曾规定：在公共市场上出售奴隶或者牲畜的人应当向买受人保证，被卖物中不隐藏瑕疵，并且如果发现瑕疵，将双倍返还价款；因而，买受人在发现暗藏瑕疵后的当年内有权提起"解约之诉"，或者在愿意保留被卖物的情况下提起"减价之诉"，要求根据价值受损情况削减价格。[①] 实际上，营造司是通过设立这两种"诉"，在罗马法中创设了现代民法意义上的"瑕疵担保责任"。

---

① 黄风编著：《罗马法词典》，法律出版社2002年版，第16页。

在罗马法早期，买卖合同中的出售人不承担任何形式的"瑕疵担保责任"。买卖关系发生时，买受人必须判断货物的品质并自行承担货物瑕疵的风险。一手交钱，一手交货，钱货即时清结。原则上，出售人不负瑕疵担保责任。但是有一个例外，即《十二表法》第八表第 21 条规定的"土地面积之诉"（actio de modo agri），该条文规定："土地出售人虚报土地面积的，处以虚报额两倍的罚金。"土地是早期农业社会最珍贵的财产，而且土地测量是非常专业的技术，土地买受人在交易时往往无法精确核实土地的准确面积。如果让土地买受人承担面积误差的交易风险，则对买受人非常不公平，也会客观上刺激土地出售人虚报面积。出售人为恶意的，对出售人处以虚报土地价额 2 倍的罚金；如为善意，则按惯例仅赔偿虚报土地价额 1 倍的金额。除了"土地面积之诉"这个例外，其他买卖合同的出售人都不负担任何形式的"瑕疵担保责任"。一旦交易完成，货物存在瑕疵的风险就一律由买受人承担。

  买受人对货物的瑕疵应自负其责，他须在交易时当面看清。但是有些货物的瑕疵往往难以察觉，只能在使用中发现，比如出售人的奴隶有内伤或者有逃跑的倾向。古罗马遗留下来的各种文献显示，罗马的奴隶贩子经常干这种勾当，要是出售人一概不负瑕疵担保责任，买受人的利益就会遭到不公平的损失。因此，有些当事人在买卖时就订立瑕疵担保的特别约定，以弥补市民法的不足。仿照"土地面积之诉"的责任，对于重要的财产，约定瑕疵赔偿责任为买受人所受损失金额的 2 倍；对一般的财产，则是约定赔偿买受人因瑕疵所受的实际损失。① 罗马营造司认为这种民间习惯有利于维护市场的公平交易秩序，便在告示中规定："在公共市场出卖奴隶和大牲畜的出售人，买卖时应将奴隶和大牲畜的隐匿瑕疵告知买受人。"例如，奴隶贩子必须在奴隶胸前挂上牌子，写明其原籍、年龄、技能、疾病，是俘虏或流浪的，有无私犯和赔偿情况，是否首次出卖等等，并在成交时再口头重复一次。如果交易的是牛、马、驴等大牲畜，出售人必须挂牌标明该牲畜的品种、年龄、疾病、耕作能力等。这样，即使当事人间没有另外订立特别约定，出售人也要对货物承担瑕疵担保责任。如果货物确实存在瑕疵，则买受人可以根据《营造司告示》规定的"撤销之诉"或"减价之诉"，向营造司起诉要求出售人返还部分价款或者主张交易无效，要求返还价款。

  综合上述分析，我们发现《营造司告示》作为荣誉法的一种形式，也是罗马法的"诉"的来源。当事人可以根据《营造司告示》的规定，向营造司

---

① 周枏：《罗马法原论》（下册），商务印书馆 1994 年版，第 705 页。

提起诉讼并要求营造司对自己的合理利益给予司法保护，尽管该"利益"并没有罗马市民法上的依据。换言之，《营造司告示》是以创设"诉"的方式来赋予当事人某项诉权，并且以"诉"的形式使某些商业利益具备了市民法上的"权利规范"特征。

六、"一体化"的罗马诉权观

在罗马法的各个特征中，最引人瞩目的可能是它的"一体化"（l'union intime）特征，罗马法的思想与形式、理论与实践是"内在统一"的。这种"一体化"特征尤其体现在诸如契约行为等民事法律行为与罗马法民事诉讼程序的关系上，亦即实体权利与诉权的关系上。"一体化"或"内在统一关系"是研究罗马法诉权理论的不二法门。实体权利与诉权的"内在统一关系"并不简单表现为"实体权利是诉权的依据"，也不是简单的"诉权是实体权利的来源"，两者之间的关系并不总是单一绝对。在某些"诉"，实体权利是当事人行使诉权的必要前提和依据；在另一些"诉"，当事人行使诉权只需要根据某些事实，而不需要凭借任何先在的权利。某些"实体权利"是由立法规定的；而另一些"实体权利"则是通过"诉权"而创设的。

罗马人最不能容忍的是为了首创而首创。一方面，他们不喜欢为创造而创建构造，而是一直注意着法律体系所产生的具体影响，并根据这些影响，以温和而符合逻辑的方式围绕法律体系开展工作。罗马人从来不偏离与具体案件和具体的法律生活所保持的和谐关系。裁判官法的存在告诉人们为什么它能够同市民法共处，而且不对后者造成破坏性影响。裁判官否决诉权，或者通过抗辩推翻诉权，或者授予诉权或其他手段。通过这种方式在实践中瓦解或者改变市民法造成的特定不公平现象，但表面上市民法的效力并不受损害，因为它本身仍表现为一种自在的和包罗万象的法律制度。而对市民法，裁判官的干预以裁判官的治权以及他在行使司法权时所拥有的裁量权为中心。只要再回顾一下对裁判官"司法权"的起源、特点和地位的论述，就能概括地了解一个能包容两种截然不同的法律制度的法体系是如何形成的。

另一方面，裁判官法也不是盲目地发展，它是以市民法为前提条件，其具体的宗旨是修正市民法的某些后果。市民法和裁判官法在具体的司法审判实践中融会在一起。在这一方面，裁判官法优于市民法。因而就实践效果而言，人们可以说裁判官法修正市民法。帕比尼安说："裁判官法是由裁判官为了公共利益而引入的法,其宗旨是辅助、补充或修正市民法。"①

依靠罗马式的司法制度,借助罗马式的司法权配置,这种看上去极不稳定的"内在统一"关系在罗马司法史上并没有造成公众不满,也没有招致罗马法学家的广泛批评。相反,诉权与实体权利的这种看似不稳定的"内在统一"关系,却实实在在地成为罗马法得以自我完善和进化的原动力。当罗马帝国被君主专制政体把持,尤其是在罗马皇帝优士丁尼编撰《国法大全》后,诉权与实体权利的"内在统一关系"被彻底打破,司法权变成君权的附庸,当事人诉权变成君主立法的对象。罗马法的活力就此终结。在优士丁尼之后的几百年里,罗马法没有任何值得称道的进步。

在罗马法研究方面,诉讼程序的研究,特别是对"诉"的研究是关键的、基础性的工作,法国学者视之为"通往罗马法的不二法门"(un arcane)。脱离诉讼程序的罗马法研究,或者脱离司法史的罗马法研究都遮蔽了罗马法发展的真正动力,因为它既不能反映罗马法的真实,又不能揭示罗马法的精神和活力,更无法展现罗马法的法学方法。"内在统一关系"有助于正确理解罗马法,体会罗马法的实践方式及其真实情形,知晓罗马法之实效。相比高度抽象的、概念式的分析方法,直接的、着眼于司法实践的法学方法更容易让现代人体会到罗马法的形式与实质。着重观察罗马法的实践与运作,这是获取罗马法知识的最佳方法。罗马法诉讼程序,尤其是罗马法程式诉讼体系的形成和发展过程,为当代遇到的诸多棘手的私法基本问题提供了答案。

---

① D. 1. 1. 7. 1.

第四章 非常审判与诉权观的剧变

一、罗马古典法学的衰落

罗马古典法学经历着多元性和统一性的辩证过程，罗马人既可以遵循着市民法的逻辑路线，又可以照顾到具体经济发展的需求。这种多元性和统一性的辩证进程，使法学创作变得丰富多彩和非常开放，并形成了被称为"裁判官法"（也可称为"荣誉法"）的重要法律渊源。裁判官法生动地反映着公平原则（aequitas），是对社会发展需求的灵活适应，通过裁判官在司法活动中的通过自由裁量权加以解决，并由裁判官的司法权将这些具体要求加以整理和汇编。这些通过诉讼创设权利、通过诉讼回应社会需要的司法方法，在表面上并不会导致罗马市民法的效力受到任何损伤。罗马古典时期的法律和法学最典型的特征就是市民法与裁判官法在法律适用和法学方法上的"二元结构"，两者和谐共处长达数百年。[①]

"裁判官法"使得罗马法在罗马共和国时代经历了最广泛的变革，并且使之充分适应着罗马社会的各种发展。罗马法诉讼程序在历史进程中所产生的多样性和复杂性均以此为基础。"裁判官法"与"市民法"的划分使得后者得以根据自己的逻辑和传统发挥作用，同时也使得裁判官得以采用诉讼手段和制裁手段灵活地发挥作用。[②]"裁判官法"在前一时期曾经被广泛地加以运用，它实质上是对市民法的补充和改造（但形式上它不受损伤），这种补充和改造是罗马社会的发展以及由此产生的对公平的新需要所要求的。

从罗马帝国建立，这种渊源的革新势头降低了。公元130年左右，哈德良皇帝委托法学家萨尔维·尤里安重新整理告示，确定它的最终文本。从那以后，告示的最终文本必须通过元老院决议加以批准，皇帝在诏书中有权作出修改。到了君主专制时期（公元284年开始），"法律"（lex）这一

[①] 罗马史学家对"古典时期"的界定有不同的看法，甚至对"古典时期"的理解也不相同。罗马法学家较多认同的观点是，罗马法典法学从公元前2世纪颁布的《爱布兹法》开始，作为程式诉讼时期的起点，直至公元3世纪末罗马皇帝戴克里先开启君主专制时代为止。罗马法典法学代表了罗马法学理论发展的最高峰，罗马法也在此阶段发展成高度成熟的法律体系。

[②] [意]朱塞佩·格罗索：《罗马法史》，黄风译，中国政法大学出版社1994年版，第257页。

名词被用来指皇帝的谕令,罗马人在法律渊源问题上的多元性消失了,"法律"变成了"成文法"(ius scriptum)的同义语。虽然除法律外,还存在着习惯"不成文法"(ius non scriptum),即"那些由长期习惯确认了的并被常年遵守的东西"。罗马人试图承认习惯具有变通法律的效力,《学说汇纂》的一段论述(D.1.2.32.1)证明了这一点。但是,罗马皇帝君士坦丁在一项被保留在《优士丁尼法典》中的谕令中则认为,习惯的效力仅限于补充法律,不能违反法律。"长期形成的习惯具有效力,但是,这种效力超越不了法律或者理性。"[①]

法的创制渊源在"君主谕令"中的统一,标志着通过君主制所实现的一种制度性变化。一方面,君主制将权力不断地向君主归集;另一方面,它使民众的立法活动、裁判官的造法工作、元老院的立法活动和法学家的法学理论创造寿终正寝。塞尔维时代的最后几位伟大的法学家——保罗和乌尔比安,他们的法学理论蜕变为仅具有法律观点编纂性质的工作。罗马法学创造力的枯竭使得有关市民法的理论表现出解释性特点。与此同时,"裁判官法"开始僵化,在经历一段被误解、扭曲的过程后,"裁判官法"最终被罗马皇帝彻底废除了。

二、诉讼程序的根本性变革

伴随着罗马古典法学的衰落,罗马法民事诉讼程序也完成了君主专制政治背景下的转变进程,进入了"非常审判程序"时期。这种审判模式在新时期(公元3世纪末)变成了民事诉讼的排他性程序。在此前的很长一段时期内,非常审判程序曾经与作为普通程序的程式诉讼同时存在。当非常审判成为唯一的、排他性的诉讼程序后,非常审判也就变成了民事诉讼的普通程序。

"非常审判"是罗马法发展进程中出现的第三种诉讼模式,产生于共和国末期,在古典法时代得到充分发展。此种诉讼模式不再将诉讼划分为"法律审"和"事实审",而让裁判官负责审理案件的全过程。裁判官以国家的名义主持审判,无须借助民选的法官,并且享有非常广泛的调查权。对于经过传唤仍不出庭的被告,可以直接作出缺席判决。当事人可以针对判决向上级裁判官直至君主提出上诉。裁判官可以直接安排对生效判决进行强制执行。

此种诉讼程序最初出现在公共行政领域,后来在私法领域也被广泛采

---

① [意]朱塞佩·格罗索:《罗马法史》,黄风译,中国政法大学出版社1994年版,第394页。

用。在共和国末期，非常审判经常用来处理一些涉及道德义务或社会义务的案件。例如，遗产信托案件，抚养（alimenta）案件，以使这些非法定的权利义务获得法律拘束力。① 从罗马帝国建立，越来越多的诉讼类型相继被纳入非常审判程序，例如关于监护权纠纷的诉讼；子女对家父的控诉；奴隶对主人的控诉②；雇主对雇员的控诉；公益诉讼案件，业主要求租户搬离的纠纷等。③

"遗产信托之诉"是典型的适用非常审判程序的诉讼类型，因为这种诉讼是在非常审判时代才产生的，程式诉讼时代没有"遗产信托之诉"。通过观察"遗产信托之诉"的诉讼程序的变化，我们就能了解非常审判程序模式的成形过程。最初，罗马皇帝奥古斯都（公元前27年—公元14年在位）将"遗产信托之诉"这种新型的、特殊的案件交给执政官审理。后来，罗马皇帝克劳狄（公元41年—公元54年在位）设立了两个特别裁判官专门审理适用非常审判程序的案件，而"遗产信托之诉"已经成为一种常规性的非常审判案件，交由这两名特别裁判官中的一位来审理。④ 之所以称他们为"特别裁判官"，是因为他们不享有司法管理权，并与那些掌握司法管理权的裁判官相区别。实际上，"特别裁判官"与我们现代意义上的"法官"十分接近，但是与程式诉讼时代负责案件事实审的"法官"又明显不同。

非常审判程序启动时，不再使用法定诉讼时代和程式诉讼时代的"传唤受审"（in ius vocatio）或"出庭保证"（vadimonium）制度，而变成"出庭通知"（denuntiatio）或"出庭传唤"（evocatio）。这里的"出庭传唤"与"传唤受审"有本质的区别，它是指裁判官根据原告的请求以司法机关的名义向被告发出的，要求其出席法庭审判的通知。它可以用公告送达的方式，也可以由原告负责送达的方式或者由官吏送达的方式实行。这在程式诉讼时代是没有出现过的，因为通知被告出庭完全是原告的事情。被告必须在出庭传唤规定的日期到庭参加诉讼。裁判官在选择出庭日期时，他会给被告预留一段时间做应诉准备。⑤ 至此，非常审判已经呈现出现代民事诉讼程序的许多特征，"出庭通知"和"公告送达"经由中世纪教会法民事诉讼程序的发展，在部分大陆法系国家沿用至今。

---

① 黄风编著：《罗马法词典》，法律出版社2002年版，第205页。
② Gaius, I, 53.
③ Tacitus, ANNALES, XIII, 51.
④ 也有学者认为：特别裁判官的司法管辖权仅限于诉讼标的额低于某个数额的案件，诉讼标的额超过这一标准的案件仍然要交由执政官审理。参见 I. C. Orelli et G. Henzen, Inscriptionum latinarum sel. Collectio. Zurich, 1856, p.3135.
⑤ Bethmann-Hollweg, Der roemische Civilprocess, Bonn, (éd.1864-1866), §23.

非常审判的庭审过程没有任何程式，也没有任何严格意义上的"法庭辩论"（litis contestatio）过程。这与程式诉讼的"事实审"过程相差极大，双方当事人无法在非常审判程序中进行直接的、面对面的诉辩。[①] 非常审判的判决可以是给付某物，也可以是支付赔偿金，判决的执行方式也非常灵活。裁判官有权主动介入，强制执行由他作出的判决。"缺席审判"（in contumaciam）首次出现在民事诉讼程序中。诉讼当事人在一次或多次传唤仍不到庭，仍不履行参加诉讼的义务，裁判官可以径行查明案情并作出判决。但是，裁判官能否因诉讼当事人拒绝出庭而在判决书对他处以罚金，根据现有文献无法给出确定的答案。[②]

　　在非常审判程序与程式诉讼仍然并存的时代，审理非常审判诉讼的特别裁判官基本上是按照成文法的规定来审理案件，但是也不绝对排除他们承认和援引由审理程式诉讼的裁判官所发布的告示内容。例如，在文献中常常看到被告在非常审判中提出"诈欺抗辩"（ratio doli exceptionis），而这完全属于裁判官法的创造。但是，到了君主专制时期，随着程式诉讼被取消，裁判官法的效力也陆续被罗马皇帝否定，市民法成为裁判官从事民事审判的唯一法律依据。

　　适用非常审判的案件与适用程式诉讼程序的案件之间并没有清晰的界限，这导致两种诉讼模式产生冲突。例如"授权占有之诉"，既可以适用非常审判程序，又可以适用程式诉讼程序，但是判决结果可能会发生冲突。后来，市民法明确规定了类似"授权占有之诉"诉讼类型或权利类型只能通过非常审判获得司法保护，而不再适用作为普通程序的程式诉讼。那些原先被纳入程式诉讼管辖范围的诉讼案件，后来都改由非常审判审理了。[③] 类似的情况有很多，尤其是那些与国家行政、国家治理有关的案件。比如涉及年赋（annona）征缴问题的案件，这种案件从前是由程式诉讼程序审理，后来一律改由非常审判模式审理。

　　非常审判的兴起与罗马君主专制体制的建立密切相关。主持非常审判程序的新型"裁判官"，实际上是罗马皇帝在司法领域的代言人，他们代表皇帝行使"司法权"。由于罗马皇帝全力推动司法改革，全力推动诉讼程序的转型，导致非常诉讼的适用范围越来越广泛，以至取代程式诉讼作为普通程序的地位。同时，新型的"裁判官"获得了前所未有的审判权，裁判官以国家名义开展审判活动，完全以市民法为依据，并且有极大的主动

[①] F. C. v. Savigny, Vermischte Schriften, p.15.
[②] Aulus Gellius, XI, 1; G. F. Puchta, Cursus der Institutionen, §176.
[③] H. Dernburg, Kritische Zeitschrift fur die Geschichtliche Rechtswissenschaft. I, p.466.

调查权。伴随着广泛的蔑视与偏见,罗马古典时代的程式诉讼程序迅速衰落。程式诉讼的裁判官和法官也同时退出了司法舞台。

至此,建立在对法官个人的信任和法官职业声誉之上的古代审判模式,被以新"裁判官"为代表的国家司法模式取代。古典时代的司法模式所具有的与生俱来的生命力和活力,在戴克里先颁布的敕令里,完全被摧毁了。[①] 非常审判成为民事司法的排他性的普通程序;相应地,在强大的国家审判权面前,当事人诉权的空间也被极大地压缩了。

三、优士丁尼将两种"诉"糅合

罗马帝国时期,罗马皇帝通过《君王法》(lex regia)的授权,罗马公民把管理国家的最高权力永久地赋予皇帝。皇帝的权力体现在国家事务的各个领域,包括立法与司法。受罗马政体变动的影响,罗马法的法律渊源也发生了重要变更,这一变动尤其体现在裁判官和裁判官法上。古典时期的罗马裁判官掌握司法管理事务的最高权力("司法权"),在君主专制政体下,这是被认为与罗马皇帝的最高权力相抵触的。公元130年前后,哈德良皇帝任命法学家萨尔维·尤里安把现存的所有裁判官告示进行整理和汇编,确定最终文本。裁判官此后剥夺了制定裁判官告示的权力。任何法律的制定一律要通过元老院决议批准,最后由皇帝以敕令的形式颁布。裁判官与由裁判官行使的"司法权"实质上都被取消了,裁判官的职位也被皇帝任命的新"裁判官"取代,而裁判官法也不再是创造罗马法的活力之源。新"裁判官"也可以被称为新"法官",以便与古典时期的罗马民事法官相区别。这种新"法官"与近现代国家司法制度下的"法官"职业何其相似。

优士丁尼继承了哈德良皇帝以来的做法,他要求罗马法学家收集所有以前的法律规范,对这些规范进行挑选、归类使之相互协调,然后对筛选出并收录于《优士丁尼法典》的法律进行压缩、汇编并使之初步体系化。至于那些未被《优士丁尼法典》收录的法律规范,尤其是以裁判官法形式出现的法律规范,都被优士丁尼废弃了。

客观来说,《优士丁尼法典》是罗马法发展史上的一项伟大成就,它将罗马法长期发展获得的成果进行一次全面的总结。但是,《优士丁尼法典》和《优士丁尼新律》的编纂技术还局限于对旧的法律规范的分类、整理的水平,在理论体系上并没有多大的提升,很难说它具备了成熟的体系性

---

① 程式诉讼首次被整体性地废弃,是在罗马皇帝戴克里先在位时期(公元284年—公元305年在位)。戴克里先在位期间在军事、政治和经济方面实行了许多重大改革,恢复罗马皇帝的绝对权威,正式建立了罗马君主专制制度。

特征。① 与早期的罗马"法律"（Lex）相似，《优士丁尼法典》仍然是由权利性规范和"诉"的规范交织在一起的集合，但是"诉"在法典中的地位发生了明显变化。《优士丁尼法典》初步展现出以"权利体系"为中心的法典编纂模式，而不再是如同《十二表法》和裁判官法以"诉的体系"为主线的立法模式。当然，这并不是说"诉"在优士丁尼时代变得不重要，许多重要的权利内容仍然是以"诉"的形式进行表达的。但是，不少先前裁判官创设的"诉"收录于《优士丁尼法典》之后，这些"诉"的性质已经由裁判官法转变为市民法，"诉"的理论也随之发生重大转变。

（一）《国法大全》中的"诉"

《优士丁尼法典》中找不到对"诉"的定义，也没有讨论"诉"的理论的专门章节。我们只能在《法典》第2编和第3编关于"民事诉讼程序"的规定中，以及其他各编对各种物权和债权的规定中，找到一些"诉"的规定。许多在罗马法早期就为人们所熟知的"诉"的类型仍然保留在《优士丁尼法典》中，比如"原物返还之诉"、"布布里奇之诉"、"确认役权之诉"和"否定役权之诉"等。第2卷和第3卷是对"民事诉讼程序"的规定，例如法官的管辖权、当事人资格、传票、举证责任等，但是找不到"诉"或"诉权"的专门规定。

对"诉"或"诉权"的理论阐述，出现在《法学阶梯》和《学说汇纂》中。《法学阶梯》第4卷第6篇引用罗马法学家Celsus Iventius filius对Actio的定义，即"诉只不过是通过审判要求获得自己应得之物的权利"。这一定义也被《学说汇纂》收录，放在第44卷第7篇里。根据Celsus的定义，"诉"是提供给公民据以要求国家维护自己遭受漠视的权利的手段。这与传统诉权理论的"私法诉权说"和现代诉讼理论的"权利保护请求权说"基本一致，即要求以"实体权利"或"法律关系"存在为前提；诉权不过是为了保障实体权利实现的、附属性的程序权利。

《法学阶梯》和《学说汇纂》对"诉"的分类方式也进行了调整，"市民法之诉"和"裁判官法之诉"已经不复存在。根据权利或法律关系的性质，《法学阶梯》将"诉"分为"对人之诉"、"对物之诉"和"混合之诉"。"对人之诉"的诉讼标的是债的法律关系。"对物之诉"的诉讼标的是物权的归属。此外，某些"对人之诉"具有"对物之诉"的部分特征，优士丁尼称之为"混合之诉"。这类混合性诉讼最典型的是"遗产分割之诉"，即当事人要求在

---

① W. A. Hunter, A systematic and Historical Exposition of Roman Law: On the order of the Code, Sweet & Maxwell, 1885, p.122.

数位共同继承人之间分割遗产;以及"共同财产分割之诉"(actio communi dividundo),即当事人要求分割共同所有的物品。①以"权利"或"法律关系"的来源对"诉"进行分类,是优士丁尼时代最主要的"诉"的分类方式,因为这种分类方法完全符合当时以"权利体系"为中心的法典编纂模式和相应的"诉权"理论。只有存在某种权利或法律关系,当事人才享有诉权;而这种权利或法律关系的性质,就决定了"诉"的类型。

另外一种"诉"的分类是"严格法之诉"(actio stricti iuris)和"诚信之诉"(actio bonae fidei)。在"诚信之诉"中,审判标准不是严格地由法律或裁判官的告示确定,因而法官享有较宽泛的自由裁量权,他可以根据诚信原则和公平原则对案件作出判决。"严格法之诉"要求法官严格依照法律条文的规定进行裁判,法官没有自由裁量的余地。"严格法之诉"和"诚信之诉"并不是优士丁尼时代才出现的"诉"的分类,但是这种分类方法只有在优士丁尼时代才体现出它的价值和重要性。罗马帝国进入君主专政时期后,法官的自由裁量权被极大地压缩,这种自由裁量权不包括任何法官造法的权力,它的含义被限制在"根据诚信原则和公平原则进行审判"。换言之,优士丁尼时代的法官只能依据现有的法律进行审判,自由裁量权只在"法律原则"的层面上保留了相对较小的空间。这也意味着"诉"或"诉权"的来源被单一化了。法官在审查当事人能否提起诉讼、是否享有诉权时,他也必须以现行法为依据。

(二)优士丁尼的意图

优士丁尼的"变法"意图是非常明确的。市民法和裁判官法作为罗马法的两大组成部分,它们的法律渊源、立法模式和法律效力存在很大差别。罗马法内部的这种对立关系不利于全面而系统的法典编纂工作。所以,优士丁尼意图取消这种法律划分,并将立法权统一归君主行使。

优士丁尼的努力表现在罗马法的各个领域,例如他对"占有"制度的统一。出于在立法中简化古典法占有理论的考虑,优士丁尼对"市民法占有"和"裁判官法占有"进行了整合。罗马法承认两种在法律上有意义的占有:一种是作为一种事实的占有,它在裁判官的司法权内有意义;另一种是市民法上的占有,它在市民法领域发挥作用。"市民法占有"(possessio civilis)必须具备占有的"正当原因"(iusta causa),这种占有是一种法律上的"权利";"裁判官法占有",也称为"令状占有"(possessio ad interdicta),则是只需要"排他性占有的主观意愿"就能判定的占有,这种占有本质上是

---

① J. 4. 6. 20.

一种"事实",但是又受裁判官令状的保护而具备了"权利"的部分特征。两种占有在构成要件、权利来源和权利效果方面都存在着极大的差别。优士丁尼打乱了占有理论体系并使其变得难以理解,他把"占有"统一定义为"能够产生法律效力的占有,包括裁判官法的占有"。①

对于"诉"的制度,优士丁尼也希望对"市民法之诉"和"裁判官法之诉"进行整合,但他的努力同样遭到了失败,因为这两种"诉"的共存不但是形式上的,而且是有其法学方法论上的原因的。优士丁尼为了在立法中简化"诉"的制度,他打乱了"诉"的理论体系,混淆了"诉"的概念,破坏了两种"诉"的实质性结构。

(三)"诉"的理论混同

在罗马法发展的昌盛时期,罗马法是在裁判官的推动下不断成长的,而裁判官并不拥有立法权。当时,裁判官是以"司法权"之名推动罗马法的革新,而不是直接提出具体的法律要件从而创设新的权利规范。裁判官往往是在个案中允许当事人根据特定条件就能提起某个"诉",随后定期在《裁判官告示》中公布这些新的"诉"类型及其具体内容。这些由裁判官创设的"诉",一方面赋予当事人"诉权",另一方面也赋予当事人在实体法意义上的"权利"。这些产生于裁判官法的"权利"并没有专门给它们命名,而是直接以"诉"来表示,例如"遗产占有之诉"和"对物的质押之诉",或者以某种事实或行为来表示,如"恐吓之诉"和"诈欺之诉"等。

"裁判官法之诉"隐藏着较为复杂的方法论原理,在"权利"与"诉权"的关系上,需要根据不同情况区别对待。"裁判官法之诉"不以市民法上的"权利规范"为前提,任何裁判官认为有必要给予保护的利益或者事实关系,都能通过"裁判官法之诉"获得司法保护。因此,"裁判官法之诉"的原理之一可以总结为:"无权利亦可有诉。"从另外一个角度来说,当事人的"潜在权利"能否得到裁判官的认可和保护,取决于他能否说服裁判官赋予他"诉权",从而提起一个"诉"。因此,"裁判官法之诉"的原理之二可以总结为:"无诉即无权利。"最后,即使市民法规定了某项权利或者直接规定

---

① [意]萨尔瓦多·里科波诺:《罗马法中关于占有关系的理论——兼论现代法学理论及立法》,贾婉婷译,载《比较法研究》2009年第3期。"优士丁尼混淆了占有术语的含义,破坏了两种占有的实质性结构。由于这一术语所表示的含义过于宽泛,因而在现实中不具有实质意义。这种语言上的不确定性随后转化为概念上的不确定性,进而为法学家们带来了极大的困扰。优士丁尼改变了占有理论中的许多内容,正是这种轻率的修改对由古罗马法学家们精心建构的占有制度造成了毁灭性的影响。市民法占有与裁判官法占有之间的异同点、它们的基本原则及法律效力都因之变得混乱不堪、难以理解。因此,现代法学家在研究罗马法占有理论时,经常会感到一些基本概念的含义不明确,感到在研究过程中缺乏必要的指引、支撑以及明确的用语。"

了某种"诉",在某些情况下,裁判官亦有权拒绝接受当事人起诉,事实上剥夺了当事人的"诉权"。因此,"裁判官法之诉"的原理之三可以总结为:"有权利亦可能无诉。"

至于"市民法之诉",它是独立于"裁判官法之诉"的体系,有独立的体系和理论基础。罗马市民法中存在许多具体的"权利规范",当事人可以援引市民法"权利"规定,向裁判官提起"权利之诉"。除非出现某种特殊情况,裁判官通常都应该承认当事人的"诉权",受理当事人的起诉。同时,市民法还存在着大量不同类型的"诉",有的是为权利而设置,有的则是为法律关系而设置。在"对物之诉"中,一般是以诉争权利命名,例如"遗产继承之诉";在"对人之诉"中,一般是以诉争法律关系来命名,例如,"非法损害之诉"。当事人可以直接援引市民法上的"诉"向裁判官提起诉讼,裁判官通常也必须认可当事人的"诉权"。如果市民法没有相关的"权利"和"诉"的规定,那么当事人就无法在这个案件里提起"市民法之诉"。因此,"市民法之诉"的原理可以总结为:"有权利即有诉"和"无权利即无诉"。

我们可以发现,罗马法"诉"的制度呈现"市民法之诉"和"裁判官法之诉"两条脉络。这两条脉络互相并存,并不发生明显的冲突。人们既可以遵循着市民法的逻辑路线,使罗马法具备一定的稳定性,又可以遵循裁判官法的逻辑路线,使罗马法能够兼顾社会发展的需求。由于两种法律体系相互并存并且保持着制度的多元性,任何一方都未遭受摧毁,罗马人就这样灵活地满足着公平的新要求,同时使法律制度保持着相对稳定的结构,使罗马法得以持续地向前发展,使与时俱进的法律思想能够通过裁判官的"司法权"在具体的司法过程中得到呈现。这种多元性和统一性的辩证进程,使罗马法变得生气蓬勃和包容开放。

然而,起源于罗马帝国的法律科学,却试图以一种统一的、体系化的司法方法和法律理论来建构罗马法,并且消除"市民法"和"裁判官法"的差异和并存。这种法律科学的思想正好契合罗马皇帝统一立法、统一司法的政治意图,在恺撒以来的几代罗马皇帝的推动下,罗马法走向了形式上的"统一",并诞生了以优士丁尼《国法大全》为标志的立法成就。那个时代的法学家拥有更为完善、更为精湛的法学技艺,在对这种技艺的全面运用中创造着独一无二的法律制度。但他们所从事的,与其说是我们现在所理解的法学,不如说是一门技艺。与古典法学在培育罗马法成长过程中优美、完善的发挥相比,帝国时代的法学家的成就主要是缺乏创造力的法律汇编与注释,《国法大全》的体系建构在我们看来可能显得粗糙,好像是在应付单纯的功能性需要。① 当然，如果换个角度看这个问题，也许就会有不同的结论。这主要是研究角度和方法问题。

在优士丁尼《国法大全》里，"裁判官法"的独立地位不复存在了，大部分"裁判官法"被优士丁尼法典吸收，转变为"市民法"。与此同时，"裁判官法之诉"作为"诉"的来源，也随之废弃，甚至裁判官职位也被撤销了。罗马帝国的司法只需要以皇帝名义主持审判的法官就足够了，因为他们无须进行任何形式的法律创造。"裁判官法之诉"的废弃意味着罗马法上"诉"或"诉权"理论的重要变化，"有权利即有诉"和"无权利即无诉"成为法官判断当事人是否享有"诉权"、能否提起某种"诉"的唯一标准。虽然"市民法之诉"和先前的"裁判官法之诉"仍然以某种形式在《国法大全》中存续，但是在"诉以权利为前提"的理论框架下。正是在这个背景下，当时的罗马法学家Celsus Iventius filius才说"诉只不过是通过审判要求获得自己应得之物的权利"。也正是在这个背景下，现代罗马法学家才感叹"通过诉权形成法律，这曾经赋予诉讼理论以一种在优士丁尼法典中并未得到保留的意义"②。

优士丁尼改变了"诉"的理论，将两种截然不同的"诉"的理论混同，正是这种轻率的修改对由古罗马法学家精心建构的"诉"的体系造成了毁灭性的影响。这一错误延伸到包括"占有"理论在内的罗马法的许多角落，其根源在于"裁判官法"被强行植入"市民法"，而不顾"裁判官法"与"市民法"之间的逻辑不兼容性。现代民法对"占有"理论的混乱解释已然是前车之鉴。现代民事诉讼法学家在"诉权"理论上耗费了大量精力，仍然收获不多，"诉权"理论变成了"哥德巴赫猜想"。究其根源，正是优士丁尼诱使我们走上了歧途。

四、裁判官法的衰亡

罗马法的"二元统一"产生于对偶性，产生于多元化制度的并存和重叠。在创造性和建设性的司法过程中，在对社会生活的永恒关注中，罗马法学理论始终保持着其独特之处。法学理论平等地采纳裁判官法的制度和市民法的制度，而且在实践中出现一系列相互影响、交汇和渗透的情况。这些情况都表明，罗马法正朝着统一的方向发展，但是这种发展的根基在于实际的结果和具体的现实，而不是为了某种纯粹的功能性需要。

---

① [意] 朱塞佩·格罗索：《罗马法史》，黄风译，中国政法大学出版社1994年版，第363页。
② [意] 彼德罗·彭梵得：《罗马法教科书》，黄风译，中国政法大学出版社1992年版，第86页。

裁判官法与市民法的划分使得市民法得以根据自己的逻辑和传统发挥作用，同时也使得裁判官得以采用诉讼手段灵活地发挥作用。这些手段表面上不使市民法受到任何损伤。恰恰是裁判官法使得罗马法在共和国时代经历了最广泛的变革，并且使之充分适应着罗马社会的各种发展。在历史进程中所产生的多样性和复杂性均以此为基础。以此为基础，法学创作经历着多元性和统一性的辩证过程，人们既可以遵循着市民法的逻辑路线，又可以照顾到具体经济发展的需求。

这反映出罗马法律思想中的两种并存动能，罗马人在具体的实践中维持着这两种动能，而不是从理论上试图对二者加以统合固定。这种多元性和统一性的辩证进程，使罗马法天然地带有开放性特点，而不是故步自封。从这个意义上说，优士丁尼将"裁判官法"强行植入"市民法"是非常不明智的，他扼杀了罗马法成长的主要动力，这导致在优士丁尼以后的几百年里，罗马法没有产生任何新的、值得称道的进步。

裁判官法之诉与市民法之诉是并存和对立的关系。这种并存和对立表现为两种"诉"的制度产生时就带有的结构性对立。罗马人不愿意使用"法律"这个概念来指"裁判官法"；罗马人更不愿意把"法律"上的概念扩展适用于裁判官法的制度。因此，优士丁尼将"裁判官法之诉"强行植入"市民法之诉"是一个错误的决定，两种"诉"的制度代表不同的"诉"的理论，各自遵循完全不同的成长逻辑。优士丁尼《国法大全》的光环遮蔽了它带来的理论缺陷，这一缺陷对现代法学理论产生了深远的影响。对于现代法上的某些理论来说，例如"诉权"理论和"占有"理论，正是优士丁尼误导了这些理论的发展方向。

第五章 再论诉与诉权的关系

"诉"的概念居于罗马法诉讼程序的核心地位。"诉"是一个具有多元含义的复合概念,其内容有以下三个方面:

第一,"诉"是诉讼程序。罗马法诉讼程序实际上是由许多种"诉"组成的集合。一种"诉"就代表一种案件类型适用的诉讼程序。

第二,"诉"是程序法上的诉权。罗马法学家 Celsus Iventius filius 为 Actio 下的定义是:"诉只不过是通过审判要求获得自己应得之物的权利。"这一定义特别赋予 Actio 以"诉权"的含义。

第三,"诉"是实体法上的主观权。罗马人不只是用"诉"来表达"诉讼程序"和"诉权","诉"还用来表示"针对个人发生作用的实体权利"本身。人们经常以是否存在相应的诉来判断是否存在某种权利。

一、"诉"是诉讼程序

严格来说,罗马法并没有统一的、可适用于所有民事案件的诉讼程序。对于个案来说,诉讼程序是以"诉"的形式出现的。一种"诉"就代表一类案件所适用的诉讼程序。因此,罗马法诉讼程序实际上是由多种"诉"组成的集合。例如"原物返还之诉""监护之诉""确认役权之诉""买卖之诉""承租之诉"等。这些"诉"直接反映了诉争的权利内容、权利范围和权利效果,彼此之间在诉讼程序上也不完全相同。每一种"诉"都有它对应的诉讼程序。

通过罗马法学家的研究和编纂,这些零散的"诉"获得了理论上的提升,也具备了一定的体系性。例如,法定诉讼时代的"誓金法律诉讼"是对所有以"誓金"为审判对象的诉讼程序的归类;程式诉讼时代的"拟制之诉"是对所有诉争利益无明确法律依据的诉讼程序的归类。这些被类型化的"诉"反映了其所包含的"诉"的共同特征,抽象出共性从而形成罗马法的"诉"的体系。

早在罗马法早期的法定诉讼时代,"诉"的种类就已经初具规模。公元前 312 年的罗马执政官 Appius Claudius 授意他的秘书 Cn. Flavius 编写《诉讼编》,将所有的法定诉讼程序予以公布和传播。公元前 198 年,罗马执政官 Sextius Aelius 对法定诉讼程序进行了补充和完善。最后,法定诉讼时代形成了三种主要的诉讼程序，即誓金法律诉讼、请求给付之诉和要求审判员或仲裁人之诉。而拘禁之诉和扣押之诉分别是已决案件的执行程序和诉争标的物的扣押程序，不是完整的诉讼程序，所以不专门列出。

1. "誓金法律诉讼"用于审理诉争权利或法律关系有明确市民法依据的案件。这种诉讼程序分为"法律审"和"事实审"两个阶段。"法律审"阶段主要是以誓金为形式，双方当事人都必须将一笔钱寄存在裁判官那里。败诉的当事人将输掉这笔誓金。在"事实审"阶段，当事人首先向法官陈述案情，说明诉讼的理由和依据，然后再进行法庭辩论。法官对诉争权利作出裁判，并且对誓金的归属作出判决。

2. "请求给付之诉"也是用于审理诉争权利或法律关系有明确法律依据的案件。作为原告的债权人向作为被告的债务人发出"通告令"，要求债务人在指定日期向裁判官出庭。在请求给付之诉中，"法律审"过程被简化为对本案事实审法官的选任，不需要进行赌誓过程。裁判官听取原告诉讼请求和被告答辩意见后，在法律审结束时，会给事实审的法官出具书面审判意见。事实审的法官听取双方当事人的陈述和辩论后，查明案件事实，然后根据裁判官预先指示的审判意见作出判决。

3. "要求审判员或仲裁人之诉"用于审理诚信之诉，即根据诚实信用原则对案件作出判决，因为当事人之间权利义务关系不明确，或者找不到任何明确的法律依据。换言之，当事人不享有市民法赋予权利的情况下，仍然可以向裁判官提起诉讼，要求就诉争利益获得司法保护。由于史料缺失，我们无法还原要求审判员或仲裁人之诉的构架和细节。唯一明确的是，要求审判员或仲裁人之诉的"法官"是由双方当事人共同选择的第三人，该第三人虽然被冠以"法官"头衔，但他并不属于罗马法官群体。

程式诉讼时代，"诉"的类型迅速扩张。许多在法定诉讼程序下无法进入司法程序的案件，在程式诉讼模式下获得了广泛许可，并建立起以拟制之诉、变更之诉和事实之诉为代表的裁判官法诉讼。裁判官每年都会定期发布《裁判官告示》，告示的内容就是根据不同的"诉"制订或修改相应的诉讼程式。案件的诉讼过程仍然分为"法律审"和"事实审"两个阶段。诉讼程序是由"程式"构成，不同的"诉"有不同的"程式"，适用不同的诉讼程序。诉讼程序的不同之处体现在程式的构成上。

1. "特定的权利之诉"用于审理诉争权利明确并且有法律依据的案件，其诉讼程式由原告请求和判决程式两部分组成。当事人向裁判官起诉时，只陈述原告请求的内容，裁判官根据原告的诉讼请求内容来确定判决程式。事实审的法官依据判决程式，查明判决程式中涉及案件的事实，最后作出判决。

2."不特定的权利之诉"用于审理诉争权利不明确，无法确定法律依据的案件，例如因无名合同而产生的纠纷。原告提起"不特定的权利之诉"时，必须向裁判官说明请求原因，即向裁判官解释争议涉及的事实，然后再向裁判官陈述原告请求。裁判官根据请求原因确定案件的诉讼标的、具体的法律行为或其他事实行为，然后结合原告请求来确定诉讼程式。事实审法官根据诉讼程式的要求，查明案件事实并作出判决。

3."事实之诉"用于审理诉争利益无法律依据的案件。这种"诉"的诉讼程序与"不特定的权利之诉"一致，其诉讼程式也是由请求原因、原告请求和判决程式构成。

4."预备之诉"用于查明主诉讼的构成要件是否具备，例如查明诉讼当事人是否具有诉讼能力和诉讼资格、诉争财物的种类和数量等。从本质上来看，"预备之诉"是一种独立的"诉"的类型，尽管它的功能是为主诉讼做预备。"预备之诉"的诉讼程式仅由原告请求构成，原告只需向裁判官说明诉讼请求内容，裁判官主动查明事实，直接作出判决。

直至罗马帝国晚期非常审判时期，罗马法民事诉讼程序已经完全统一。与法定诉讼和程式诉讼相比，非常审判程序是法律制度重大修改的产物，其背后则是罗马政治体制的急遽变革。"诉"已经淡化了在诉讼程序层面的含义，因为所有的"诉"都使用同一种诉讼程序。非常审判程序的启动不再是由原告向裁判官提起诉讼，并由原告向被告送达"传唤受审"或"出庭保证"，而是由裁判官以国家的名义向被告发出传唤，要求被告必须履行出庭义务。庭审过程也不再划分为"法律审"和"事实审"，而是由裁判官独自完成案件的全部审理过程。当事人在非常审判程序也没有那种直接的、面对面的法庭辩论的权利，由皇帝任命的法官径行依职权查明案件事实并作出判决。

二、"诉"是程序法上的诉权

根据《法学总论》的定义，"诉权，无非是指有权在审判员面前追诉取得人们所应得的东西"。"Actio 一词，原意是指某人诉诸官厅，不论他处于原告或被告的地位。随后又指诉诸官厅的权利即诉权，或指进行诉讼采用的程序。"[①] "诉"除了用来表示诉讼程序，还可以用来表达"诉权"之意。诉权是"诉"最重要的内容。

---

① ［罗马］查士丁尼：《法学总论》，张企泰译，商务印书馆1989年版，第205页。

这里涉及"诉"、"权利"与"诉权"三个概念之间的关系。罗马法上的"权利"概念是指由市民法或其他特别法律明文规定的，当事人可据以主张某种利益的权能。罗马市民法上的每一种"权利"都指向某种"诉"，当事人应该根据这种"诉"向裁判官提起诉讼。这里的"诉"就带有诉权的含义。此外，"诉"的存在并不以法定"权利"的存在为前提。例如由裁判官在告示中制定的"拟制之诉"、"变更之诉"和"事实之诉"，这些"诉"所保护的当事人利益是没有明确的市民法依据的。尤其是"事实之诉"，这完全是由裁判官根据新的事实或利益关系创设的"诉"的类型。但是，当事人也可以根据这些"诉"提起诉讼。因而，这里的"诉"也带有诉权的含义。

在法定诉讼时代，当事人享有的许多权利都可以顺畅地获得司法保护和司法救济。这些受司法保护的权利涵盖法律规定的公民财产权的所有领域。"诉"的内容和形式严格符合市民法对权利名称、权利内容、权利范围、权利形成和权利效果的规定。但是，市民法规定的"权利"从整体上来看仍然与市民生活、社会发展脱节。许多没有列入成文法的利益关系或"自然权利"都值得国家保护，也迫切需要司法救济。在法定诉讼模式下，法律之外的权利主张几乎没有合适的救济渠道，无法得到法律的充分保护。当事人无法向裁判官提起诉讼，因为根据当时的罗马法，他们找不到行使诉权的法律依据。

但是，罗马法为这些利益关系或自然权利提供了另外的救济方式。法定诉讼时期的罗马法允许裁判官对这类纠纷直接发出命令或者令状。[①] 裁判官在处理这些纠纷时，直接作出裁断，不再交由审判员或仲裁人审理，诉讼程序上也就没有法律审和事实审之分。严格来说，在这样的诉讼里，当事人不享有法定诉讼意义上的"诉权"，但是裁判官通过设立"诉"而赋予当事人"诉权"。

裁判官掌握的"司法权"最初是为了使罗马市民法规定的所有权利都能得到充分的司法保护。随着罗马社会的发展，罗马人在交往中形成许多新的关系，产生许多新的利益，这些新关系和新利益也需要得到保护。程式诉讼时期，"司法权"的内容开始发生一些变化，它不仅是为法律规定的权利提供司法保护，也为法律之外的利益提供保护。其保护的方式就是裁判官行使司法权，调整已有的"诉"，或者直接设立新的"诉"。

1. 拟制之诉是裁判官借助已有的"诉"，拟制法律或已有的"诉"要求的

---

① B. W. Leist, Die Bonorum Possessio, ihre geschichtliche Entwicklung und heutige geltung, Gaettingen, 1844, I, p.325; B. W. Leist, Versuch einer Geschichte d. raemischen Rechtssyst, Rostock, 1850, p.21.

身份或条件已经存在,而将这些已有的"诉"应用于新的案件类型。例如,对"继承之诉"的拟制。罗马市民法明确规定只有法律规定的合法继承人才能继承并占有遗产。但是,拟制的"继承之诉"允许合法继承人以外的其他自由人继承并占有财产,这些继承人被称为"准继承人"。"继承之诉"的拟制之诉赋予"准继承人"诉权,他可以向裁判官起诉要求继承遗产。

2. 变更之诉是裁判官借助已有的"诉",拟制当事人是诉讼的适格主体,尽管根据市民法的规定该当事人不是实体法律关系的主体。例如由裁判官鲁第里创设的"鲁第里之诉",破产人在售空所有的财产后,他的债务人身份仍然存续。但是,裁判官不再给予债权人起诉破产人的诉权,而是给予债权人起诉财产买受人的诉权。①在"鲁第里之诉"中,裁判官将诉讼主体从破产人变更为财产买受人,从而使财产买受人履行义务。此外,"鲁第里之诉"也给予财产买受人起诉破产人的债务人的诉权,财产买受人可依这个诉权要求破产人的债务人向自己清偿债务,而不再向破产人清偿。

3. 事实之诉是裁判官针对新的事实和新的利益关系而设立的"诉",尽管当事人诉争的事实和利益没有法律依据,但是裁判官仍然给予他诉权。例如,裁判官设立"诈欺之诉"来审理被告通过某种不正当手段获取原告财物的案件。由于市民法没有对这种不正当手段作出禁止性规定,原告无法提起市民法之诉。裁判官出于公平原则和诚实信用原则,赋予利益受损的原告一项诉权,允许他提起要求赔偿损失的"诈欺之诉"。

在裁判官法上,裁判官行使"司法权"而设立某种"诉",其目的在于给予当事人一项诉权。作为一种比较灵活的、自由的诉讼模式,事实之诉为当事人创造了多种"诉权"。这种诉权可以称为"裁判官法诉权",与"市民法诉权"相对。"市民法诉权"来源于市民法规定的"诉"的类型;"裁判官法诉权"来源于裁判官在个案中许可的以及在裁判官告示中规定的"诉"的类型。因此,只要存在某种"诉",就相应地存在某项"诉权"。

公元3世纪罗马君主专制政体建立后,罗马法民事诉讼程序开始从程式诉讼程序转变为非常审判程序。市民法和裁判官法之间传统区别逐渐消失,罗马皇帝注重立法和司法的统一工作,并着手对法律条文和法学理论进行统一编纂。这些情况使得人们的着眼点对诉讼程式的注重转向对实体问题的注重。比如,"诚信之诉"这个术语可以同"契约诚信"交换适用;"要求返还准用益权之诉"这种拟制之诉变成了"拥有准用益权"这个实体法上的等同规定。许多程式诉讼时代的"程式"内容都转变为实体

---

① Gaius, Ⅲ, 77-80.

法上的"权利"规定。《优士丁尼法典》中规定的许多权利都带有"程式"的痕迹。

从优士丁尼时代开始,罗马法就形成了较为完整的私法体系。这种私法体系表现为实体法意义上的权利规范体系,实际上,这个权利规范体系吸收了早期"程式"体系中的许多内容。当事人能否向法院提起诉讼,已经不取决于他能否找到某种"程式"作为依据,而必须从法典的权利规范体系中去寻找。因此,罗马法学家Celsus Iventius filius为"诉"下的定义是:"诉只不过是通过审判要求获得自己应得之物的权利。"在非常审判程序里,"诉"不再具有诉讼程序和主观权的含义,只保留了诉权的含义。这可以看作近代民法与民事诉讼法相互独立又彼此关联,民法以请求权规范体系为核心,民事诉讼法以诉权体系为核心的早期雏形。

罗马古典法学对市民法和裁判官法的区分也在形式上消失了。从某种程度上来看,这两种法律体系的区分已然转移到实体法内部,变成了实体法的严格法(strictum ius)与公平原则之间的对立,变成了"依法当然实现之事"与"采用特别(ad hoc)手段加以确认之事"间的并立。这也意味着"裁判官法之诉"最终消失,罗马法的"诉"被统一为"实体权利尤其是主观权在诉讼程序上的延伸",这与现代诉权理论中的私法诉权观念已经十分接近了。

三、"诉"是实体法上的主观权

罗马法以先有完整的"诉"的体系而后有实体法意义上的权利规范体系为其特征。在优士丁尼以前的罗马法,"诉"是罗马法上权利内容的主要载体;纯粹的实体权利规范尽管在法律上也有,但不占主要地位。

罗马法的"诉"是独立的、原生的,不是其他制度的衍生物。罗马法的"诉"制是建立在其独特的政治与司法制度,特别是裁判官以及由裁判官行使的司法权。罗马的裁判官享有独立的司法权,至少在君主专制之前的罗马是如此。裁判官可以为个案当事人制定某种新的"诉",即使市民法没有这样的规定。同样,即使市民法承认某种"诉",裁判官也可以拒绝该"诉"进入司法程序。因此,在罗马法中,起决定作用的不是市民法的规定,而是裁判官的决定。通过给当事人利益提供司法保护,这些利益就具备了"权利"的特征。所以,德国法学家温莎伊德才如此评价:"诉在罗马法中不是权利的结果,而是权利本身的反映。"[①]

[①] "Nicht der Ausfluß des Rechtes, aber der Ausdruck desselben." Windscheid, Die Actio des römischen Civilrechts vom Standpunkt des heutigen Rechts, 1856, p.4.

"诉"不是被侵害的权利的保护手段，诉的存在并不以权利受侵害为前提，因为"诉本身就内含权利，是主观权的独立表现"。[①]主观权是指赋予作为自然人的个人或由个人组成的群体的权能，受客观法（le droit objectif）承认和保护。根据权利作用的方式，主观权分为三种基本权利：控制权、请求权和形成权。"控制权"是直接作用于具体客体（如人、物、权利、知识产权等）并排除他人干涉的权利能力。控制权主要表现在物权，家父对子女也有控制权。"请求权"是请求他人为一定行为或不作为的权利。"形成权"是能够无须他人的共同作用即可以令权利发生变动的权利，如产生、取消或变更权利。

法定诉讼时期，誓金法律诉讼是"诉"的主要表现形式。通过誓金法律诉讼，当事人享有的许多财产性权利都能获得司法保护。虽然当时也有法律规定了少量的权利类型，但是这种权利规定仅仅是对某种法律状态的确认，并不具有"主观权"的含义。事实上，罗马人在当时并没有意识到"主观权"的存在和必要性，这是私法理论发展到近代的产物。从近现代私法理论来分析，当事人是否具有主观权应当以他能否提起"诉"来判断。例如，当事人向裁判官提出一项"原物返还之诉"的誓金法律诉讼，如果裁判官接受了这个诉讼，则表明当事人对诉争标的物是拥有主观权的。因为罗马法在法定诉讼时代还没有完善的权利规范体系，所以由"诉"承载了主观权的角色。

法定诉讼时期，"要求审判员或仲裁人之诉"更能说明"诉"是当事人的主观权。"要求审判员或仲裁人之诉"是适用于诉争法律关系不明确、诉争利益在市民法上没有明确依据的案件。在这些案件中，双方当事人之间的权利义务关系不明确，案件无法用"是"或"不是"进行裁判；当事人在庭审辩论时，他们不从市民法中寻找自己的权利基础，而是诉诸"诚实信用原则"或"公平原则"等抽象法律规范。"要求审判员或仲裁人之诉"满足了罗马人对某些案件、对某些利益保护的司法需求，由于誓金法律诉讼是较为严格的"严格法之诉"，所以他们本来很难通过司法途径解决纠纷。在这些案件中，罗马实体法的意义仅在于授权当事人寻找第三人担任案件的审判员或仲裁人，并且由该第三人根据个人的经验作出判决。通过"要求审判员或仲裁人之诉"，当事人之间的诉争利益获得了司法保护，从而使利益获得了权利的法律特征。

在法定诉讼向程式诉讼转型时期，亦即"诉"的早期转型时期，"不特定

---

① Wilhelm Simshäuser, Zur Entwicklung des Verhältnisses von materiellem Recht und Prozessrecht seit Savigny, 1965, p.74.

的对人之诉"是以"要求审判员或仲裁人之诉"为模板建立的"诉"的形式。在"不特定的对人之诉"中，当事人之间的权利关系处于无法律依据的模糊状态，该"诉"的程式中明确声明"应当根据诚信原则"进行审判。也就是说，虽然根据市民法的规定当事人的利益并不具有权利的外观，当事人更不可能当然地拥有这项权利，但是通过提起"不特定的对人之诉"，当事人的利益可以常规性地获得司法保护，即具有主观权的基本特征。因此，罗马法诉讼程序中的"诉"是扮演着使特定的诉争利益获得司法保护的功能。如果当事人能够提起"诉"，那么他就享有了可以被法律保护的利益。这种利益虽不具备权利的名称，但具备了权利的内涵。在这个意义上，而不是在任何其他意义上，罗马人才说"诉是权利的构成"，"没有诉就没有权利"。"没有诉就没有权利"这个命题常常被现代人误解，以为诉与诉权的重要性仅体现为实体权利的保障机制。这是不符合罗马法精神的片面解释。只有在"诉是主观权"的背景下，我们才能正确理解这个命题。

程式诉讼时代的"事实之诉"是通过"诉"的形式设定新"权利"的典型代表。在罗马共和国时期，市民法的实体权利体系还不发达，许多在社会交往中形成的利益关系无法在市民法中找到依据。但是，这并不意味着当事人的利益不能得到保护。罗马裁判官掌握的"司法权"并不仅仅是简单的"执法权"，它还要求裁判官就一切有必要进行司法保护的利益提供司法保护。裁判官在长期司法实践中，不断增设"事实之诉"的具体类型，并以"诉"的形式赋予当事人实体法上的"主观权"。"事实之诉"构成对市民法权利体系的重要补充，甚至从规模上来说，通过"事实之诉"的形式确立并经过裁判官告示编纂的"主观权"，其规模、数量、司法适用频率是远超过实体法意义上权利规范体系的。

在程式诉讼时代，"程式"是"诉"的核心内容，也构成"主观权"的基本内容。实际上，"程式"所表述的内容与"主观权"是非常接近的。这些"程式"在罗马帝国后期，尤其是在优士丁尼时代，法典的编纂者只需在"程式"表述的内容基础上稍作修改，就可以转化为实体法上的"权利规范"内容。例如，著名的"布布里奇之诉"，不属于某人所有的物品，通过合法的方式而交付另一人，该另一人本来应当通过一段时期的占有而获得该物的所有权，但是他在未取得物的所有权前丧失了占有。当事人无法提起权利之诉，因为当时的市民法没有"诚信占有权"。为了保护当事人的正当权益，裁判官在告示中记载："若请求人请求返还根据正当理由、由非所有权人交付给他的、尚未被他通过占有时效取得的物，裁判官将给予他诉权。"[1]因此，"布布里奇之诉"也称为"诚信占有之诉"，即丧失占有的一方可以主张确认对该物的所有权并恢复对该物的占有，尽管根据罗马市民法他并未真正因占有时效而取得该物的所有权。后来，优士丁尼在《优士丁尼法典》中吸收了"诚信占有之诉"，将其改造为实体法上的"诚信占有权"，即"如果物本身没有任何瑕疵，那么善意买受人或根据其他正当理由而占有该物的人，可以凭时效取得所有权"[2]。《优士丁尼法典》中的权利规范表达与裁判官的"程式"表达，在法律"要件—效果"构成上是基本一致的。事实上，起源于"布布里奇之诉"的"诚信占有权"一直流传到现代法。例如《巴西新民法典》第1228条第4款规定的"集体取得时效"，它承认"相当多数量的人"经5年的诚信占有，就具备了剥夺该土地所有人的所有权的可能。

  罗马帝国的前期，非常审判程序逐渐取代了程式诉讼作为普通程序的地位。罗马皇帝掌握了统一的立法权和司法权，负责审理案件的特别裁判官已经被剥夺了罗马古典时期裁判官的属于"治权"之一部分的"司法权"。特别裁判官的地位类似于现代国家司法制度下的法官。除了进行法典编纂外，罗马皇帝也会发布敕令规定某些"诉"，并将这些"诉"交由特别裁判官审理，例如奥古斯都制定颁布的"遗产信托之诉"。遗产信托是一种死因财产处置行为，表现为遗产处置人委托其继承人、受遗赠人实施某种使第三人受益的行为。例如，要求受托人将遗产的全部或部分转移给第三人，或者要求受托人解放某个奴隶等。遗产信托具有比较灵活的特点，可以用来弥补罗马法遗产继承制度的某些欠缺。例如，可以使处置人在未立遗嘱的情况下处置自己的遗产，可以使不具有遗嘱继承能力的人取得遗产。但是在当时的罗马社会，遗产信托最初并不具有法律上的约束力，它对受托人只产生一种道义上的义务。奥古斯都首先在某些个案中，从司法上认可了"遗产信托"的权利，允许特别裁判官对不履行义务的遗产受托人进行非常审判。

  优士丁尼比奥古斯都更进一步，根据"遗产信托之诉"的内容，制定了实体法上的"信托遗产继承权"。根据优士丁尼在《法学总论》中的记载："如遗嘱人信托他的继承人移交遗产或特定物，而其事既无文书，又无五个足数的证人可资证明，只有少数而不足五个证人，或根本没有一个证人在场，在这种情况下，无论是继承人的父亲或他人信托继承人的诚意，请求其移交，如这一继承人违反诚实信用原则，拒绝履行遗产信托，并矢口否认其

---

[1] Ulpianus, Ad edictum, XVI.
[2] [罗马]优士丁尼：《法学总论》，张企泰译，商务印书馆1989年版，第66页。

事，信托遗产受益人在宣誓表明自己的诚实信用后，有权要求继承人宣誓，继承人便受到强制。他或者宣誓否认受到信托，或者向遗产信托受益人给付。不论是遗产的全部，还是特定物。负有遗产移交义务的人，必须向遗产继承受益人移交遗产。"①优士丁尼的规定虽然吸收"遗产信托之诉"的基本内容，但是已经摆脱了"程式"的形式，他完全是从"权利"或"主观权"的立场来规定适用于所有罗马人的"信托遗产继承权"。

随着非常审判程序成为排他性的普通诉讼程序后，"诉"的主观权含义逐渐弱化，因为经过法学家们的持续性编纂工作，罗马市民法已经形成了较为完整的权利体系。罗马法不再需要"诉"来承载"权利"或"主观权"的内容，罗马皇帝也不允许裁判官这么做。同时，罗马法学家群体的大部分工作就是整理从罗马共和国以来由裁判官制定的各种"诉"，并将这些"诉"的"主观权"内容剥离出来，重塑为实体法上的"权利规范"，并将之固化。此法律或称权利规范体系的固化过程，始于罗马帝国后期戴克里先皇帝的法典编纂运动，及至优士丁尼到达法典编纂之顶峰。由罗马法的历史发展来看，法典编纂虽然能实现国家法制与司法统一的直接效果，但是对法律与法学之发展而言，又是相当致命的伤害。

四、无谓之争：程序法与实体法的关系问题

"诉"作为罗马法诉讼程序的核心概念，它居于罗马法的中心地位。罗马法并没有完全统一的、适用于所有民事案件的诉讼程序。一种"诉"就代表一种案件类型应该适用的诉讼程序，罗马法诉讼程序实际上就是由许多种"诉"组成的集合。"誓金法律诉讼""要求审判员或仲裁人之诉""拟制之诉""变更之诉"等诉讼程序形式，是对某些"诉"的归类和抽象，因为某些"诉"具有彼此相似的程序特征。

"诉"除了诉讼程序的含义外，罗马人还用来表达诉诸法院的权利，即"诉权"。"诉只不过是通过审判要求获得自己应得之物的权利。"这一定义特别赋予Actio以程序权利的含义。当事人利益受损后能否获得司法救济，这取决于他是否被允许提起"诉"。当事人提起"诉"的依据可能是市民法的规定，也可能是裁判官告示，甚至是裁判官在个案中的许可。"诉"是启动罗马法诉讼程序的关键。在罗马法发展最昌盛的古典时期，裁判官发挥着最重要的创制法律的作用，他们虽然不拥有立法权，但可以通过执法活动对法律加以发展或更新，尤其是通过授予有关当事人以新的诉权来实

---

① [罗马] 查士丁尼：《法学总论》，张企泰译，商务印书馆1989年版，第121页。

现对新的法律关系或新的利益的确认与保护。

　　罗马法用"诉"来表达"主观权"的含义。"主观权"是指赋予作为自然人的个人或由个人组成的群体的权能。这也是19世纪德国法学家温莎伊德从"诉"分离并创造现代民法上"请求权"概念的基础。"诉在罗马法中不是权利的结果，而是权利本身的反映。"罗马法以先有"诉"而后有实体权利为其特征。罗马法的"诉"是独立的、原生的，不是其他制度的衍生物。"诉"的存在并不以法律上的权利规范为前提，因为"诉本身就内含权利，是主观权的独立表现"。正在这个意义上，罗马人才说，"一个诉对应一个权利""诉是权利的构成""诉即是权利""无诉即无权利"。

　　程序法和实体法的关系问题是19世纪程序法与实体法渐次分离后，近代法学家讨论较多的话题。亨利·梅因在研究十二表法（公元前451年）及紧接其后的几个世纪的罗马法时，作了这样的论断："在早期的司法制度里，'诉'占据着绝对的支配地位。实体法的最初形成过程更像是从程序法的缝隙中逐渐地、缓慢地'分泌'的过程。早期的法律人只能从法律的技术形态外观中发现它的身影。"[①] 与梅因持完全一致观点的 Peter Birks 教授在一篇评论中解释了他的立场："在我看来，诉讼程序在早期法律制度中的首要地位应当被这样理解：在法律人科学地解释与界定实体法中的法律术语之前，人们很早就在起诉和控告的诉讼程序中习惯性地使用这些词语了。这些词语是实体法形成的首要要素，它们奠定了实体法这一知识体系的基础。"[②] 但是，艾伦·沃森对亨利·梅因和 Peter Birks 教授的观点持反对立场，他坚持认为："梅因及其追随者提出的'实体法起源于程序法'观点缺乏说服力。梅因所提若干事实依据，其真实性值得怀疑。罗马法诉讼程序的早期形式不可能是实体法形成的主要来源。在十二表法里，实体法律规范占支配地位。"[③] 不同观点源于研究者的不同视角。

　　从法律史角度，两大法系的实体法与程序法都源于罗马法的"诉"。"诉"包含了实体法上权利（"主观权"）和程序法上诉权的双重含义，二者之间本不存在谁先谁后的问题。鉴于"诉"又具有诉讼程序之意，梅因关于"实体法起源于程序法"的观点可理解为"实体权利源于诉讼程序"。在这个意义上，梅因的观点是符合罗马法发展历史的。但是，从现代法律意义

---

① Early law and Custom, 1901, p.389.

② Alan Watson, Roman Private Law around 200 B.C.(Edinburgh, 1971), (1972)88 L.Q.R. 293, 294.

③ A. Watson, The Law of Actions and the Development of Substantive Law in the Early Roman Republic, LQR 89 (1973) pp.387-392.

的程序法和实体法之二分的视角来探讨实体法与程序法的先后问题，这是没有意义的。

　　对于现代民事诉讼法的研究而言，目光穿梭往返于实体法与程序法是极为重要的。这不但是法律体系的原初形态，而且是法律体系健康发展之动力来源。任何试图将民事诉讼法从所谓"民法的枷锁"中完全脱离出来，试图将民事诉讼法建构为自我封闭的独立体系的做法，在方法论上都是不可取的。

中篇

诉权概念的近代解析

第一章　学派之争：法德两国的罗马法研究差异

　　罗马法并没有因为优士丁尼主持的大规模编纂活动而延续它在罗马古典时代的辉煌，罗马法的活力似乎也随着法典编纂的结束而终止。优士丁尼把裁判官法体系强行植入市民法体系的做法，破坏了罗马法的多元、开放结构。在优士丁尼之后的年代里，罗马法再也没有发生任何值得称道的进步。后来，受罗马帝国衰落的影响，罗马法也不再被人们使用，它被剥夺了昔日的光辉。在漫长的中世纪，罗马法以教会法和地方习惯的形态，较为散乱地分布在欧洲各地区。

　　直到12世纪初，优士丁尼《国法大全》的完整本在意大利北部重新被发现，罗马法在欧洲大陆的复兴，主要表现为欧洲大陆各国先后掀起了研究罗马法的热潮。在研究罗马法的过程中，曾产生过许多学派，例如意大利的注释法学派、法国的沿革法理学派、荷兰的自然法学派和德国的历史法学派。他们对罗马法的研究及其提出的一些法学理论和法学方法，至今仍具有一定的影响。

一、中世纪以来的罗马法学方法嬗变

　　自罗马帝国衰亡后，罗马法作为国家统一适用法律的地位就丧失了。关于罗马法在中世纪早期的延续、中断和改造，特别是针对具体地区的罗马法存续与发展的细节，基本上都缺乏原始文献的记载。现代研究者只能做大概的推测，罗马化的地区可能受罗马法影响较深，罗马法以其他的立法形式［例如《西哥特罗马法》(Lex Romana Wisigothorum)］继续发挥着影响力。罗马化地区主要是西哥特王国的版图区域，即今日法国中南部和西班牙地区。而日耳曼地区则较多地保持文化自信，日耳曼人覆灭罗马帝国的同时，也摧毁了罗马人包括法律文化在内的文明遗产。日耳曼地区主要是今日德国北部、英国和斯堪的纳维亚半岛。

　　在中世纪早期，被称为罗马古典法学的罗马法早已被遗忘了。在东罗马帝国（今日意大利南部、希腊、土耳其及西亚、北非等地），罗马法的研习传统以优士丁尼《学说汇纂》为样本保留下来，其得益于东罗马帝国政权的相对稳定。而在西罗马帝国，因罗马语系民族与日耳曼语系民族的持久对立与新兴国家在西罗马帝国版图上的不断涌现，政权的混乱导致罗马法异化为一些通俗的法条和法律行为规范，所有诞生于此地的罗马法典、学说汇纂、法学方法均在此地销声匿迹了。唯有一个日耳曼语系民族较为特别，即法兰克人。在所有日耳曼部族中间，法兰克人因为数百年来临界于莱茵河畔，因为较早决定信仰拉丁教会，于是优先继承了罗马帝国的遗产。法兰克帝国（今日法国、德国南部、意大利北部）以征服者的角色抛弃了自身的日耳曼民族语言文化和部族意识，最后成为欧陆中西部地区仅存的罗马法和拉丁教会的保护者。①

意大利北部城市波伦亚（Bologna）在经历法兰克人统治后，于11世纪发展成为欧洲的经济和文化中心，随后成为欧洲法学和罗马法研究的复兴之地。波伦亚政治的稳定与经济的繁华成就了文明的复兴，并培育了一大批知识分子。这些知识分子将世俗的法律实务需求与古代法律文明的探寻结合起来，辅以法律人才的教育和培养，迅速带动了罗马法的研究和实践。中世纪普遍存在的知识潮流是深入探寻古代文明，知识分子以古代文明作为自身追求的永恒标准，对原典、古籍的追捧达到了痴迷的程度。优士丁尼《学说汇纂》原稿在波伦亚的发现，绝不是纯粹的机缘巧合，而是有长期的文明复兴做铺垫。

包含《法典》《学说汇纂》《法学阶梯》《新律》在内的优士丁尼《国法大全》成为11世纪后期中世纪知识分子的研习对象。特别是法学家群体，他们以注释的方法对原典进行批注，且将之奉为不可挑战的真理与圭臬。在近代德国法学家萨维尼看来，中世纪的意大利法学家展现出高度的学术一致性，难以对法学家的个人特征作出区分。②

紧随意大利北部的罗马法研习热潮，卢瓦河以南的法国南部地区也兴起了对罗马法做研究和教学的风气，但是他们研习的罗马法文本与波伦亚法学家有所不同。中世纪法国南部以《西哥特罗马法》和地方性的普通法为基础维持法秩序，特别是以普罗旺斯地区为代表，该地区长久以来被称为"成文法"（Droit Ecrit）地区，并于12世纪产出了一批中世纪早期的罗马法研究成果。这一时期的罗马法研究以注释法学为基本方法，属于典型的经院学派。1305年，罗马教廷迁入南部城市阿维尼翁，教会中心力量的迁入直接导致罗马—教会法律体系在法国本地化。在民事诉讼程序方面，"从事司法实践的法官和律师开始有组织地蜂拥前往阿维尼翁取经，学习博大精深的教会法诉讼程序。欧洲人被教会法诉讼程序的精妙所折服。

---

① [德]弗朗茨·维亚克尔：《近代私法史》（上），陈爱娥、黄建辉译，上海三联书店2006年版，第25页。

② Friedrich Carl von Savigny, Geschichte des Romischen Rechts im Mittelater, Vol V, 1826, 1ff..

它穿越了教会的最高司法机关,渗入国王的最高法院和基层法院"①。法国法学家们被这种全新的、更有逻辑性且更能保护大众利益罗马—教会法诉讼程序来代替任意专断、玄机重重、唯利是图的封建法诉讼程序,法国民事诉讼程序率先从理论和制度上剔除了本土法律的日耳曼元素和封建法元素。

教会法诉讼程序是法国近现代民事诉讼程序与罗马法民事诉讼程序的联结纽带。教会法诉讼程序与法国现代诉讼程序之间具有高度的相似性。罗马法在"诉的体系"(le système des actions)方面对教会法诉讼程序明显具有直接的影响。②例如,关于当事人行使诉权(起诉),教会法诉讼程序从罗马法中借鉴了"过分请求理论"(plus petitio)和优士丁尼法典中应对这种"不道德诉讼"的大部分法律规定。这主要是为了预防轻率地提起诉讼,并且让原告变得谨慎。又如,关于诉的分类,罗马法对占有之诉(possessoires)和本权之诉(pétitoires)作为功能区分。与罗马法的规定相同,教会法的占有之诉和本权之诉也是严格区分的,在占有之诉中败诉的当事人完全可以另行提起本权之诉。作为宗教哲学的一部分,教会法学家也是运用注释的方法使教会的法律制度也尽量靠近罗马法原典。

法国法学家和意大利法学家是中世纪欧洲最早的一批法学家,注释法学是那个时代通行的法学方法,这一代法学家均被归于"注释法学家"(Glossateur/Kommentatoren)行列。从14世纪开始,一种新的法学研究方法开始出现,这种新的法学方法虽然仍以罗马法文本为依据,但不再跟注释法学那样将罗马法原典奉为圭臬。新一代的罗马法学家通过辩证手段"无所顾忌地改变法源原本的意义",在优士丁尼国法大全的条文和学说基础上进行"全新的法学创作"。③14—15世纪的罗马法研究基本上追随了这种学术风格,他们被称为"评注法学家"(Bartolist/Konsiliatoren)。最著名的评注法学家是Bartolus de Saxoferratis(1314—1357),是评注法学在那个时代的领军人物,其学术与政治影响力达到了前所未有的高度。时人称评注法学家为巴尔托罗式的法学家(les Bartolistes),且只有Bartolist才算得上是真正的法学家,即可见其影响力之深远。

从15世纪开始,注释法学家和评注法学家开始受到人文主义思潮的

---

① 关于罗马—教会法诉讼程序在法国的本土化过程,参见[法]伊奈斯特·格拉松:《法国民事诉讼程序的起源》,巢志雄译,北京大学出版社2013年版,第25~40页。
② [法]伊奈斯特·格拉松:《法国民事诉讼程序的起源》,巢志雄译,北京大学出版社2013年版,第35页。
③ [德]弗朗茨·维亚克尔:《近代私法史》(上),陈爱娥、黄建辉译,上海三联书店2006年版,第68页。

挑战。人文主义是中世纪后期思想潮流,其宗旨是解放中世纪的拘束,重塑个人人格。注释法学家和评注法学家有着共同的精神基础,即信奉权威和经典。他们对古代法律进行解释,只不过解释方法游移于忠实教义与回应实践之间,尝试取得平衡。人文主义者彻底质疑中世纪的精神基础,他们的目标是从古典中"寻找"新的人格形象,新的教育观念。随之而来的是人文主义运动对法学领域的全面渗透,罗马法学研究也经历了方法论上的革新。人文主义法学拒斥古老的教条,绕开中世纪的各种权威重新认识罗马法。在新时代的观念里,注释法学和评注法学是守旧而迟钝的低级智识,人文主义法学家借用柏拉图、西塞罗关于意志、理性的哲学观念,集中力量研究法律的一般理论,他们跳开法条评注式的研究路线,走向在法条之间建构一种内在体系关联的研究道路。

"体系性"首次进入罗马法学研究方法的视野。用体系代替个别性的批注词条,新时代的人文主义法学家首次转向"历史的源头、理性法的理念论、内部体系、一般概念"。这种新时期的罗马法学研究方法在法国、荷兰等地蓬勃发展,造就了近代早期两国法学的勃兴。形成鲜明对比的是,意大利和德国始终未能给人文主义腾出空间,人文主义法学在这些地区被长期压抑了。[①] 新旧学派的更替,更多的是关于话语权、政治影响力的权力争夺,而不纯粹是智识上的优劣评估。

二、罗马法民事诉讼程序在欧陆地区的继受

法律的继受是高度复杂且往返变迁的文化内化过程。法律规范可以被轻而易举地借鉴和适用,但这并不意味着法律规范所代表的法秩序能够被真正接纳,在日常生活和行动意义上内化为本民族固有精神和思想的一部分。

考察罗马法的"继受"问题,首先是继受的对象是什么?中世纪以来的罗马法学方法经历了注释法学、评注法学、人文主义法学的演变,这三大学术流派还分布于欧陆的不同地域。对于中世纪晚期的法国而言,法国继受的罗马法要是经过人文主义法学重新诠释后的法律文本,他们不信任经过注释或评注的法律知识,主张法学研究应当从优士丁尼《国法大全》及其注释作品中解放出来,借助语言学上、哲学思想上和思维体系上的优势,重新找寻罗马法的基本精神,并且发展为独具一格的"沿革法理学派"。"沿革法理学派"的基本观念是:罗马古典时期的法律思想和法学方法一定优

---

① [德] 弗朗茨·维亚克尔:《近代私法史》(上),陈爱娥、黄建辉译,上海三联书店2006年版,第74页。

于优士丁尼时代的立法和学说汇编,优士丁尼的《国法大全》并不是在尊重罗马古典法学的前提下进行的罗马法发展,而是在精神上夹带了私货,扭转了罗马法以自身逻辑发展的方向。① 法国法学在这一时期就已经显现出摆脱《国法大全》的束缚,以人文主义的方法"体系化"地恢复古典时期罗马法的价值趋向。法国继受的正是经过人文主义思潮激荡,由"沿革法理学派"重建的古典时期罗马法。

与法国相反,在注释法学、评注法学盛行的德意志和意大利地区,经过中世纪法学家注释和评注后的优士丁尼《国法大全》占据了思想和制度的主流。德国法学在这一时期的表现是非常不足的,这直接导致长期处于封建割据状态的德意志地区司法机构(司法从业人员)无法理解和运用罗马法研究成果。德国于15世纪末继受的对象正是经意大利法学家之手注释与评注后的罗马法研究成果,并且将这些成果与本地散乱的习惯法和成文法相统合。然而,这种统合并未取得成功。直至近代前期,德意志的法学发展程度远落后于相邻的法国。16世纪的德国法学家拒绝偏离"法秩序"的"体系化"方案,本地传统的萨克逊法学研究方法更加拒斥法国人文主义者在法学研究上的努力。德国莱比锡大学是最古老的大学之一,在法律课程设置上极力避免受到人文主义法学的影响。②

具体到民事诉讼程序在欧陆地区的继受,特别是在法国与德国的继受问题。法国近代民事诉讼法学家和法律史学家艾涅斯特·格拉松在一篇专门研究植根于罗马法传统的法国与德国为何走向彼此相异之法律制度的文章中,对两国自中世纪至近代前期的民事诉讼制度发展作了比较研究。格拉松教授的研究结论可以归纳为以下几点③:

第一,自罗马帝国崩溃至公元10世纪加洛林王朝,除了法国南部地区受罗马法影响极深的城市外,整个法兰克帝国(包括今日之法国和德国)的民事诉讼程序都是基本相同的。法院开庭审理的程序、起诉的方式、对抗式的法庭辩论、对当事人缺席的处理、证明的方法、宣誓、证明被告所言不假的辅助宣誓人、证人、书证、神明裁判等,这些程序内容构成了一套完整的诉讼法,被称为"封建法诉讼程序"。"形式主义"是封建法诉讼程序的

---

① "沿革法理学派"有时也被称为"优雅法学"。"优雅法学"之名源于语言学上的原因,因为该学派将拉丁文奉为最"优雅"的语言,其基本工作也是以重建古罗马时代以"优雅"的拉丁文写成的法律为追求目标。

② [德]弗朗茨·维亚克尔:《近代私法史》(上),陈爱娥、黄建辉译,上海三联书店2006年版,第144页。

③ [法]伊奈斯特·格拉松:《法国民事诉讼程序的起源》,巢志雄译,北京大学出版社2013年版,第177~179页。

重要特征。

第二，法国率先于 13 世纪废除了"封建法诉讼程序"，代之以一种全新的诉讼程序。这种全新的诉讼程序主要由教会法、法学家著述和国王敕令构成。中世纪法学家对罗马法上法律诉讼（Legis Actiones）等各时期都有所了解，尤其是当盖尤斯的《法学阶梯》被发现之后。法国继受了罗马法诉讼程序，而不是萨利克-法兰克人（Salique）自己的法律。

第三，口头主义是法国民事诉讼程序的首要特征，而且当事人是民事诉讼程序的主导者；法官的职能是协助当事人进行诉讼程序，法官在民事诉讼中不扮演任何积极的角色。《1667 年国王敕令》是集大成者，它是路易十四制定的法国民事诉讼程序法典，可以看作近代欧陆国家最早成形的民事诉讼法典，最早具备了民事诉讼法的体系特征。

第四，德国民事诉讼程序的发展历程与法国明显不同。除了通行整个德国地区的封建法诉讼程序外，还存在教会法院和教会法诉讼程序。教会法诉讼程序是一种书面主义的诉讼程序，它对德国民事诉讼法的影响远深于对法国的影响。德国民事诉讼程序主要由封建法诉讼程序和教会法诉讼程序构成。德国民事诉讼程序整体上体现了书面主义的特征，法官在审理案件方面扮演着积极的角色。

第五，所谓的"德国民事诉讼体系"在近代民族国家诞生之前并无任何立法上的依据，它只是一个法学概念，意指公认的、被普遍遵守的民事诉讼基本原则。这些基本原则部分源自古老的德国习惯法，部分源自罗马法和教会法，它们是普鲁士民事程序立法的基本框架，也通行于没有特别民事程序立法的地区。

格拉松教授主要是以民事诉讼的程序特征差异为视角，分析法、德二国在近代民族国家建立之前的民事诉讼发展样态。法、德二国民事诉讼法的真正分野，发生在 18 世纪，以近代德国法学家对"德国民事诉讼体系"的建构为标志。"诉"与"诉权"理论是"德国民事诉讼体系"的基石。

在罗马帝国衰亡时，罗马法给后世留下的主要法律遗产是优士丁尼《国法大全》。如前文所述，罗马法民事诉讼程序经历了法定诉讼、程式诉讼和非常审判三个时期。优士丁尼时代的民事诉讼程序已经是非常审判居于普通程序地位的时代。行使源于治权之司法权的裁判官早已被罗马帝国的皇帝撤销，以"法律审"和"事实审"的二元阶段构造为标志的罗马古典时期民事诉讼程序在官方制度上已经被非常审判程序替代了。不过，早期罗马法的法定诉讼程序和古典时期的程式诉讼程序，通过古典时期罗马法学家的著述和《学说汇纂》中的记载，以及罗马以外行省的地方司法实践，程式诉讼的若干程序特征得以流传。特别是程式诉讼时期建立的"诉"的类型，在中世纪的许多地区依然实践着。

对于"诉"的理论发展来说，法国的沿革法理学派和德国的历史法学派发挥了重要作用，进而分别塑造了现代民事诉讼理论的"法国体系"和"德日体系"。法国的沿革法理学派摆脱了意大利注释法学派只钻研《国法大全》的保守做法，而把目光转向罗马法的发展过程与历史沿革，更关注罗马法每一次沿革所蕴含的法理，并且尽可能地还原罗马法的原貌。德国的历史法学派主张法律是民族精神的表现，法学家的任务主要是研究"纯粹的罗马法"，以使它更广泛地适用于德国，这直接促成了19世纪后半叶一股"十分具有建构性的、概念法学思潮"的形成。①

法、德采取罗马法研究的不同进路，在现代民事诉讼理论方面导致不同的结果：法国建立以追求务实、灵活开放为价值追求的民事诉讼理论；德国形成以概念建构、逻辑严密为特征的民事诉讼理论。法兰西的沿革法理学派（优雅法学）率先借助人文主义认识论对民事诉讼法进行体系化建构，建立了"最清晰、透明的体系"，并以19世纪初的两部法典（1804年《法国民法典》和1806年《法国民事诉讼法典》）为成果。德国法学家的研究进路殊为不同，德国法律史学家维亚克尔的评价是："德意志轻率推论的体系化计划以及理性法时代数学式的体系建构。"②

法国和德国的民事诉讼理论形成了彼此独立的两种体系，但是在"诉讼法与实体法的关系"问题和"当事人因何提起诉讼"的诉权问题上，法国法与德国法都经历了相似的理论发展过程，即私法一元论诉讼观、诉讼法一元论诉讼观和二元论诉讼观。不同的诉讼观来源于对罗马法的"诉"的不同解读。

---

① 历史法学派在内部也出现了分化，即尽管大家都强调法是民族精神的体现，法学研究的首要任务应是对历史上的法律渊源的发掘和阐述，但在哪一种法体现了德意志民族的精神、哪一种法最为优越这一点上产生了分歧。因此，便形成了强调罗马法是德国历史上最重要的法律渊源的罗马学派（Romanisten）和认为体现德意志民族精神的是德国历史上的日耳曼习惯法（德意志法），强调应加强古代日耳曼法的研究的日耳曼学派（Germanistik）。19世纪中叶以后，罗马学派又分为两派：一派以温莎伊德等人为代表，在《学说汇纂》的基础上，使概念法学发展得更为充分、更加系统化，从而形成了"潘德克顿法学"。另一派则以耶林为首，逐步意识到概念法学的弊端，主张对法不应当仅仅作历史的、概念的研究，还必须从法的目的、技术、文化等角度来研究。参见何勤华：《历史法学派述评》，载《法制与社会发展》1996年第2期。

② [德]弗朗茨·维亚克尔：《近代私法史》（上），陈爱娥、黄建辉译，上海三联书店2006年版，第201页。

三、德国历史法学派与罗马法"诉"的研究

现代学者在研究民事诉权理论时，基本都认同这样的观点：现代诉权理论起源于对罗马法"诉"（actio）的解读。德国民事诉讼理论是在罗马法的"市民法之诉"的基础上发展起来的理论体系。德国法学家在解读罗马法的"诉"时，几乎完全忽略了裁判官法之诉。这与德国历史法学派有着密切的关系。

没有哪个法学流派会比"历史法学"更让人困惑，更容易产生误解。若非深入了解历史法学派的学术发展史，我们极易被这一学派的"历史"题名所迷惑，而实际上，它是反"历史"而行之。历史法学主导了19世纪的德国法学，其创始人萨维尼勾勒了历史法学的基本纲要。历史法学的法学方法兼具历史性和体系性这两个层次：（1）"历史性"是要求总结每个时代以及每种法律的形式特点，并与现行法律规范构成历史传承关系上的衔接；（2）"体系性"是指每个法律概念和法律条文都应当置于法律的整个体系中，从逻辑上论证每个概念和每个条文之间的联系及互动关系。

人们经常讨论的一个明显的悖论，即强调罗马法是当代私法的基础。[①] 在极其强调日耳曼民族精神的德国，却要将罗马法作为德国私法学的基础，这给萨维尼提出了严峻的挑战。如何对待罗马法，尤其是罗马法与现代私法之间的关系如何，这是摆在萨维尼面前需要妥善解决的理论障碍。作为历史法学的创始人，他既要坚持罗马法研究，又不得不兼顾日益高涨的日耳曼精神。最终，萨维尼选择了从现代法学理论来解读罗马法，其根本目的在于把罗马法改造为"现代罗马法"，并在现代法的框架下吸收罗马法中可资利用的内容。在鼓吹德意志民族精神的氛围下制定出来的《德国民法典》，最终促使法学的历史研究法和体系研究法分道扬镳。[②]

萨维尼在其著名作品《当代罗马法体系》的序言中已经表明历史法学的基本立场，即摆脱罗马法对当代德国法律的"过度支配"。"促使最初使用历史学派这个名称的原因……现在已经几乎完全消失。"[③] 萨维尼对待罗马法的基本态度是为我所用，留下有用的东西做注解，同时分离妨碍当代法律体系建构的那些元素。毋庸置疑，这种罗马法的研究方法与真正的罗

---

① [德] 赖因哈德·齐默尔曼：《罗马法、当代法与欧洲法》，常鹏翱译，北京大学出版社2009年版，第18页。

② [德] 霍尔斯特·海因里希·雅科布斯：《十九世纪德国民法科学与立法》，王娜译，法律出版社2004年版，第9～10页。

③ [德] 萨维尼：《当代罗马法体系Ⅰ》，朱虎译，中国法制出版社2010年版，第4页。

马法史的研究方法相差太远。其研究工作已经从还原罗马法的原貌、剖析罗马法的精髓完全变成了为现代法律体系做注解。正如萨维尼为他的鸿篇巨制《当代罗马法体系》所取的书名，罗马法被套上了现代法学理论的框架，萨维尼是以"先在的"理论去解读罗马法。萨维尼的所有研究都带有这种特征，包括他的成名作《论占有》①，甚至还包括《中世纪罗马法史》。在萨维尼的思想中，"法产生的历史根据是由其法学的概念引导的，而不是相反"②。因此，我们完全可以说"萨维尼主要关注现代法学而非法律史"③。

对于这样的罗马法研究进路来说，选择优士丁尼主持编纂的《国法大全》作为研究罗马法的文本是必然的选择。一方面是因为从优士丁尼时代开始，罗马立法和司法制度与现代基本接近；另一方面是因为《国法大全》(尤其是《学说汇纂》)已经具有初步的体系化特征，尽管这种体系化程度仍显粗糙。我们可以发现，历史法学派的知名法学家在研究罗马法时，鲜有关注优士丁尼时代之前的古典罗马法，也很少考证罗马法从王政时代以来的发展过程。④这种罗马法研究存在一个严重的软肋，即忽视了对罗马法发展至关重要的，也是最能体现罗马法精神的裁判官法。因为在优士丁尼的罗马法文本中，裁判官法已经荡然无存了。

历史法学并不忠实于罗马法的原本面貌，反而是历史法学之前的罗马法研究，特别是人文主义思潮下的沿革法理学（优雅法学）热衷于对罗马法的知识考古学研究。历史法学的实质是冠以"民族精神"之名的数学式概念体系建构，德国概念法学是历史法学派发展的必然产物。

历史法学在研究罗马法上的局限性直接影响了德国法学家对罗马法"诉"的概念的理解。温莎伊德于1856年出版《罗马私法中的诉：以现代法

---

① 萨维尼在其成名作《论占有》中，对罗马法上的占有制度分析同样是建立于对优士丁尼《国法大全》的文本分析。萨维尼完全忽视了优士丁尼以前的罗马法，尤其忽视了裁判官法的占有制度。裁判官法的占有与市民法的占有代表了两种存在较大差别的占有理论，这种情况与罗马法上"诉"的理论如出一辙。参见[意]萨尔瓦多·里科波诺：《罗马法中关于占有关系的理论——兼论现代法学理论及立法》，贾婉婷译，载《比较法研究》2009年第3期。

② [德]弗朗茨·维亚克尔：《历史法学派形象的变迁——1967年1月19日在卡尔斯鲁厄法学研究会上的报告》，载[德]艾里克·沃尔夫编：《历史法学派的基本思想》，郑永流译，法律出版社2009年版，第64页。

③ [德]赖因哈德·齐默尔曼：《罗马法、当代法与欧洲法》，常鹏翱译，北京大学出版社2009年版，第17页。

④ 虽然历史法学占据了德国法学领域的绝对主流地位，但是对于罗马法研究的问题，仍然有一些德国法学家提出了质疑和反对，例如被称为罗马法历史学家的蒙森（Mommsen）和卡泽尔（Kaser）。他们主张不应以现代法的立场来看待罗马法，法学研究应当撇清概念法学的干扰，并且完全回到法律史的研究中去。即如蒙森所言："统一民法真正的、有生命力的发展不是通过揠苗助长的方式实现的，而是通过考察每一个法条的历史性来实现的。"

为视角》(*Die Actio des roemischen Civilrechts, vom Standpunkte des heutigen Rechts*),他用新创造的"请求权"(Anspruch)概念来替换了罗马法上"诉"的概念,并且将"请求权"这一新的法律概念定义为实体法而非程序法的概念。当事人享有的"诉权"是实体权利在诉讼领域的延伸。诉权是实体权利的构成部分,依附于实体权利而存在。

很显然,温莎伊德对"诉"的理解局限于罗马"市民法之诉",因为温莎伊德的研究文本是《国法大全》,而《国法大全》就是纯粹的、统一的罗马市民法。在历史法学派的学术传统里,优士丁尼之前的古典罗马法从来不被认真对待。如果我们把德国历史法学派对罗马法的"转述"看作罗马法的本来面貌,那将是对罗马法的根本性误解。在他们看来,共和国时代的罗马法只是一堆毫无逻辑的碎片。而温莎伊德之所以在《罗马私法中的诉:以现代法为视角》中,从实体法的立场来理解"诉"的概念,这是因为《国法大全》(尤其是《学说汇纂》)的编纂者特奥菲卢(Theophilo)在论述"债"(obligationibus)时,把"债"看作"诉讼之母"。① 在学说汇纂体系中,实体法在整个法律体系中占据了主导地位,诉讼法只是实体法的附属。这种对罗马法"诉"的解读,其结论只是反映了罗马法"市民法之诉"的原理,德国法学家称之为私法诉权说。

严格来说,温莎伊德的贡献在于对"诉"的解读,而非对"诉"的分解。在温莎伊德看来,"诉"就是"请求权",程序法上的"诉权"并未成为一个独立的、具有概念法学意义上的法律概念,因为"诉权"在实体法一元论的框架下并不发挥建构法律体系的功能。德国法学家真正进行的"诉"之分解研究起源于一场关于罗马法上"诉"的含义的著名争论,这场争论发生在温莎伊德和穆瑟之间。温莎伊德站在民法的立场,认为"诉"是"请求权"(Anspruch);穆瑟则站在诉讼法的立场,认为"诉"是"诉权"(Klagerecht)。这场争论也被认为是私法诉权说和公法诉权说两种对立学说的起源。② 以赫尔维格、标罗为代表的近代德国民事诉讼法学家,就是在延续历史法学研究成果的基础上,借助概念法学的工具性力量,建造了今日闻名的民事诉讼德日体系。

四、法国沿革法理学派与罗马法"诉"的研究

法国法之所以走向与德国不同的理论发展方向,这与法国一贯以来的

---

① Institutionum, tit. Ⅲ, De obligationibus. "Matres enim actionum obligationes sunt."
② [日]中村宗雄、中村英郎:《诉讼法学方法论》,陈刚、段文波译,中国法制出版社2009年版,第89页。

罗马法研究旨趣有关。法国从 12 世纪开始注重对罗马法的研究,至 16 世纪时,法国形成了独具风格的沿革法理学派,代表了当时欧陆地区罗马法研究的最高水平。实际上,许多法国学者在温莎伊德之前就已经对罗马法"诉"的制度有所研究,尤其是法国法学家在中世纪就已经出版了多部关于罗马法之"诉"的著作,对罗马法诉讼制度在欧洲大陆的传承产生了重要作用。

对于"诉"的理论发展来说,法国的沿革法理学派发挥了重要作用,进而塑造了现代民事诉讼理论的"法国体系"。法国的沿革法理学派摆脱了早期注释法学和评注法学只钻研《国法大全》的保守做法,而把目光转向罗马法的发展过程与历史沿革,更关注罗马法史上每一次沿革所蕴含的法理,并且尽可能地还原罗马法的原貌。对罗马法进行知识考古是沿革法理学派(优雅法学)的基本方法。如周枏先生所言:"沿革法理学派的研究不限于优帝一世编纂的法典,他们使用历史学的方法,并参阅别的文献,极力探究罗马法的思想渊源,求其真髓。"[①] 法国沿革法理学派与德国历史法学派在研究罗马法的"诉"并建构法国诉权理论时,有着不同的研究方法,具体表现为两个方面:

第一,法国法学家在研究罗马法时,选择的罗马法文本与德国不同。

法国私法体系是以罗马法古典时期的法律和著述(最重要的是盖尤斯《法学阶梯》)为基础建立的,而德国私法体系则是以优士丁尼《学说汇纂》为基础建构的。盖尤斯的《法学阶梯》是了解古典罗马法的主要而可信的信息来源,其内容分为四章:关于人(身份·婚姻·家庭)、关于物(物权·遗嘱继承)、关于物(物权·遗嘱继承)和关于诉讼,并且在这部著作中处处体现出市民法与裁判官法"二元并存"的论证格局。[②] 这一点是盖尤斯《法学阶梯》与优士丁尼《法学阶梯》的重要区别。

受罗马法研究的独特品格影响,法国民事诉讼法学家在研究包括"诉"在内的罗马法课题时,严格区分市民法与裁判官法。市民法和裁判官法虽然同属于罗马法,但是两者体现的法律原理是完全不同的。法国诉讼法学家博松在《民事诉讼之理论》中,引用优士丁尼《国法大全》中对"诉"的定义,即"诉只不过是通过审判要求获得自己应得之物的权利",但是博松清晰地注明这只是罗马法的"市民法"分支的"诉"的理论,并不代表完整的罗

[①] 周枏:《罗马法原论》(上册),商务印书馆 1994 年版,第 76 页。
[②] 盖尤斯生活在公元 2 世纪罗马帝国前期,仍然属于罗马法的古典时代。《法学阶梯》的原书名是《关于罗马私法的四卷评论》,在罗马古典时代被用作学习罗马法的精要读本。

马法的"诉"的理论。①

第二,法国法学家拒绝以现代法的观点来研究罗马法。

德国民事诉讼理论尽管取得了很大的成就,但是它与生俱来的缺点一直为欧洲学者批评。最为人们诟病的是德国法学家在建构理论体系时带有的过度抽象化倾向,过于偏好法律概念的创造,并且十分热衷对理论体系的精密度的追求。德国民事诉讼法学留下的是一连串内涵不明确的法律概念,并引发了持续不断的争论。这一点尤其表现在德国诉权理论。在诉权概念和诉权理论问题上,德国法学家从来没有达成过较为统一的意见。法国法学家罗什富科(La Rochefoucauld)曾经对德国诉权理论提出这样的评价:"德国诉权研究的最大缺陷并不是他们创设的理论很难解决实际问题,而在于他们研究的目的根本不是为了解决实际问题。"

大多数法国学者在从事民事诉讼法研究时,对德国的概念化的、体系化的民事诉讼理论研究持有不信任的态度。法国学者在很长一段时期内始终坚持本国的研究传统,仅把诉讼法看作外在的、形式化的司法过程。他们不愿意把精力放在对诉讼法基本理论的研究上,因为他们认为这些理论对于司法实践是可有可无的东西。

上述两个方面表明法国法学家对罗马法"诉"的解读与德国法学家有很大差别。法国法学家更加忠实于罗马法的原貌,这种"忠实"体现在:(1)对罗马法"诉"的研究坚持"市民法之诉"和"裁判官法之诉"并存,并在法国民事诉权理论中有所体现;(2)对罗马法"诉"的理论缺乏体系化的提炼,没有形成高度抽象的民事诉讼理论体系。正如法国法学家A. Tissier 所言,法国民事诉讼理论在很长时间里显得薄弱而肤浅。从19世纪后期到20世纪初,法国学者撰写以民事诉讼基本理论为内容的专著是非常少见的,德国高度抽象的概念化的诉讼理论建构方式和技术对于法国学者来说是非常陌生的。

20世纪20年代,法国民事诉讼法学家逐渐意识到诉讼理论的重要性,他们不再把目光局限于诉讼程序的细枝末节,而是转向对民事诉讼法原理的研究。关于诉权的争论,开始转向诉权的"主观主义"(主观权)和"客观主义"(客观权)之争。几位著名的法国公法学家为了给公法理论带来全新的面貌,例如欧里乌(Hauriou)、狄骥(Duguit)、耶兹(Jèze),他们从诉权理论着手,并致力于对诉权理论基本问题的研究。正是法国公法学家,他们奠定了现代诉权理论的基础,把诉权理论研究从传统理论的束缚

---

① M.Boncenne, Théorie de la Procédure Civile, Tome 1, 1839, p.17.

中解放出来,进入符合现代社会发展需要的新方向。由此开始,法国法学家开始构建以"诉权"理论为核心的法国民事诉讼理论体系,并形成了诉的利益、诉的资格、诉权要件等一系列理论板块。

五、一个基于比较法的初步结论

罗马法是由市民法和裁判官法两种法律体系共同构成的法律制度。市民法和裁判官法有着完全不同的逻辑构成,这一本质区别在"诉"的问题上表现得最为明显。原则上,"市民法之诉"遵循"有权利即有诉"的逻辑。当然,这里的"权利"不能理解为我们现代法意义上的实体权利形态,因为罗马法上的相当一部分"权利"内容是以"诉"的面貌体现出来的。许多学者据此认为罗马法上没有实体法与程序法的区分,即"诉"与"权利"不加区别,这种观点是错误的。虽然罗马市民法的立法常常以"诉"作为权利的载体,但是在罗马诉讼理论中,当事人享有某种实体权利与当事人诉诸法院的程序权利仍然有所区分。在某些情况下,当事人享有实体权利也未必能够诉诸法院,即"有权利未必有诉"。罗马裁判官有权剥夺当事人根据罗马市民法而享有的诉权。

"裁判官法之诉"是独立于"市民法之诉",且并行于罗马司法的诉讼理论体系。"裁判官法之诉"主要体现为"无权利亦可有诉"的逻辑结构。罗马市民法有着难以克服的局限性,罗马立法者不具备成熟的法典编纂能力,也达不到立法与社会生活完全匹配的水准。当市民法出现了立法空白,当事人的利益是否应当获得司法保护?罗马人创设了"裁判官法之诉"来解决这个问题,裁判官可以行使自己的"司法权"来赋予当事人一项诉权,使当事人的利益诉求获得司法保护。罗马裁判官掌握的"司法权"是指"对司法事务的管理权",而不是现代司法制度下的法官"审判权"。因此,罗马法的诉讼制度和诉讼理论表现为市民法之诉和裁判官法之诉的二元构造。换言之,它表现为"有权利即有诉"和"无权利亦可有诉"的二元结构。

罗马法的"诉"的概念是现代诉权概念的前身。罗马法"诉"的概念经过19世纪近代法学家的分解,演变为大陆法系民事诉讼理论中的"诉权"概念。德国民事诉权理论在其理论起点就出现了问题。以萨维尼、温莎伊德为代表的德国历史法学派对罗马法上"诉"的概念和"诉"的制度的研究,已经被证明是对罗马法的不当误解。德国历史法学派完全无视罗马法的独特结构,忽略了对诉权理论至关重要的"裁判官法之诉"。换言之,罗马法诉讼理论的二元结构被单一化的理论所取代。这种单一化的理论表现为从私法诉权说到公法诉权说的两极跨越。这一误解来源于历史法学派在对待罗马法时，采取的以罗马法注解现代法的研究方法，即以现代法的视角来解读罗马法，表现为一种对现代法律体系进行理论建构的追求。这种对待罗马法的态度导致了法学理论走入误区。不仅是德国民事诉权理论出现了这样的问题，萨维尼对民事占有制度的研究也存在着相同的问题。

大陆法系的"诉权"概念在形成时是以解决"当事人因何向法院提起诉讼"的问题，并以协调实体法和诉讼法的关系为其理论定位。但是，现代德国法和日本法的"诉权"概念已经演变为宪法权利，诉权理论的发展偏离了其理论起点。鉴于此，在现代德国法和日本法中，"诉权"的应有功能已经被"诉"的理论替代，并发展出一套成熟的"诉"的理论体系。现代德国法和日本法以"诉的要件"理论统摄诉的利益、诉讼标的、当事人适格等"诉"的理论内容。

现代法国法的"诉权"理论走向与德国法不同的发展方向。现代法国法的"诉权"概念并未将诉权抽象为客观权，它延续了罗马法"诉"的概念特征，并以解决"当事人因何向法院提起诉讼"的问题，以及协调实体法和诉讼法的关系作为其理论功能定位。法国民事诉讼法的发展具有明显的独立性，其民事诉权理论具有明显的优势与特征：第一，它具有极强的可操作性，仍然以解决"当事人因何向法院提起诉讼"的问题，并以协调实体法和诉讼法的关系作为其理论功能。法国诉权理论是一套真正"有用"的理论，一直指导着法国司法实践。第二，它更接近罗马法的原貌，继承了罗马法诉讼理论二元逻辑结构的精神。法国诉权理论体现了罗马法诉讼理论的二元逻辑结构。虽然现代司法制度与罗马古典时期相差甚远，但是通过给予法官一定的自由裁量权，也能实现罗马裁判官行使"司法权"的同等效果。根据《法国新民事诉讼法典》第31条对诉权要件的规定，我们可以发现法国诉权理论遵循着与罗马法同样的逻辑："有权利即有诉"和"无权利亦可有诉"的二元逻辑构造。当事人在不享有实体权利时，法官应当判断当事人是否具有某种特定利益，再决定是否赋予该当事人诉权。第三，它在《法国新民事诉讼法典》中占有相当重要的地位，诉权理论的法典化使诉权学说逐渐走向"众说归一"的局面。法官在审查当事人是否具有诉权时，一方面以《法国新民事诉讼法典》为基本依据，另一方面也通过司法判例形式对法典的内容进行解释。司法判例是推动法国诉权理论发展和完善的主要力量。

毋庸置疑，罗马法"诉"的理论是现代大陆法系民事诉讼理论体系的起点。罗马法"诉"的理论以解决"当事人因何向法院提起诉讼"的问题，并以协调权利和诉权的关系为其目标。罗马法"诉"的理论经过近代以来德国法学家和法国法学家的发展，已经形成了德国民事诉讼理论体系和法国民事诉讼理论体系。在诉的理论和诉权理论方面，德国民事诉讼理论体系和法国民事诉讼理论体系存在明显的区别。德国民事诉讼理论体系以诉的理论来解决"当事人因何向法院提起诉讼"（或称"当事人向法院提起的诉讼能否被受理"）的问题，而法国民事诉讼理论体系仍然以诉权理论来解决上述问题。法国现代民事诉权立法和理论都较为全面地体现了罗马法"诉"的原理，其理论价值不应被轻易忽视。

第二章　德国诉权理论的演进

"诉讼观"（Prozessanschauung）是德国法学家创造的概念，在法国民事诉讼理论中并没有与此对应的概念，当然，这并不意味着法国诉讼法学家不关心诉讼法的地位问题。本质上来说，"诉讼观"是为了解决诉讼法在国家法律体系中居于何种地位、它与实体法又是何种关系的问题而抽象出来的概念。这一概念对民事诉讼理论体系的形成发挥着方向性的指导作用，也可以说是现代民事诉讼法学方法论的灵魂。

在诉讼法学科里，如何对待"实体法"和"诉讼法"这两种不同性质的元素，这在方法论上是一个棘手的，但是又非常重要的问题。之所以说它棘手，是因为方法论给我们提供了多种选择，即实体法一元论、诉讼法一元论、实体法与诉讼法的综合二元论，甚至还可能有其他类型的二元论。之所以说它非常重要，是因为"诉讼观"的理论选择对于以"诉权"为代表的民事诉讼法学基本理论有着至关重要的影响。毫不夸张地说，不同的"诉讼观"就代表着不同的诉讼法学理论；不同的诉讼理论体系背后是不同的"诉讼观"。

一元论的"诉讼观"是指在"实体法"和"诉讼法"这两个要素里，只选取一个要素或者让该要素居于主体地位。若只选择"实体法"要素，则称之为"实体法一元论"；若只选择"诉讼法"要素，则称之为"诉讼法一元论"。从19世纪后半叶开始，德国法学家围绕这两种一元论的"诉讼观"争论不休。这场争论在19世纪末和20世纪初影响了法国法学家的思维，不过很快就被法国民事诉讼理论所抛弃。一元论的"诉讼观"带有强烈的主观性，它是法学家运用体系与概念建构的方法塑造的民事诉讼法学体系。

一、温莎伊德的误解："实体法一元论"

最初发展出来的是"实体法一元论"学说，这一学说对近代法律体系基本样貌的形成起着决定性影响。"实体法一元论"将民法置于私法体系的核心地位，而诉讼法不过是实体法的附属，是为了维护私法秩序和保障权利实现的功能而存在。实际上，从中世纪以来的欧陆各国都奉行"实体法一元论"，因为近代以前的诉讼法不过是诉讼手续而已，诉讼法还没有成为与实体法平行的、可供理论选择的要素。尽管19世纪初，法国就制定了

《民事诉讼法典》,但是这一被称为世界上首部的民事诉讼法典,它"仅仅是路易十四的伟大作品(即1667年国王敕令)的改良版本"。① 从理论角度来说,法国诉讼法学远未建立起来。尽管19世纪初的巴黎大学也开始设置独立的诉讼法课程,相应的诉讼程序教科书也丰富起来,但是具有独立品格的、体系化的民事诉讼理论体系并未出现。②

"实体法一元论"的学说在德国法学家那里才获得了真正的发展。19世纪后期,德国法学家尤其是以萨维尼和温莎伊德为代表的历史法学家,他们敏锐地意识到诉讼法即将作为一个独立学科而获得极大的发展。③ 历史法学派做的第一项工作就是对罗马法上"诉"(actio)的概念进行解读。温莎伊德在其重要著作《罗马私法中的诉:以现代法为视角》中,把罗马法上"诉"的概念解读为实体法意义上的"请求权",继而以"请求权"为基础,建构了著名的潘德克顿法学体系。这一体系正是以实体法为主体,诉讼法无非是为了维护私法秩序和保障权利实现的附属制度。至于将纠纷诉诸法院的"诉权",不过是实体权利在司法领域的延伸。根据萨维尼的看法,诉权不是与所有权、债权等实体权利并列存在的权利,而是附属私法上的具体权利的权利。诉权只是私法上的权利的作用或效果,是裁判上的手段。

德意志普通法理论坚持诉讼法从属于实体法的思维方法,他们认为诉讼法受实体法的规制。建立在"实体法一元论"基础之上的诉讼法因诉权本身是实体权利的延伸,因此诉讼法完全从属于实体法,其功能在于维护实体权利的实现。这种诉讼观就是实体法一元论的诉讼观,亦即诉讼法从属于实体法的诉讼观。

然而,并非所有德国法学家都认同历史法学派(以及转型后的潘德克顿学派)对私法制度进行实体法一元论的建构。19世纪中后期,随着西欧各国法治国家机构的不断充实,司法权的扩大与强化,诉讼法开始显露出脱离实体法理、形成自己独立机能的倾向,并且这种倾向日益明显。这意

---

① [法]伊奈斯特·格拉松:《法国民事诉讼程序的起源》,巢志雄译,北京大学出版社2013年版,第5页。

② 随着《民事诉讼法典》的颁布,法国19世纪涌现了一系列民事诉讼法学的教科书。其中,比较知名的有:M. Rauter, Cours de Procédure civile française, Paris et Strasbourg, 1834; M. Boncenne, Théorie de la procédure civile, 2 vol., Paris, 1839; Raymond Bordeaux, Philosophie de la Procédure civile: Mémoire sur la Réformation de la Justice, Évreux, 1857; M. Lavielle, Études sur la Procédure civile, Paris, 1862.

③ [德]米夏埃尔·施蒂尔纳编:《德国民事诉讼法学文萃》,赵秀举译,中国政法大学出版社2005年版,第17页。

味着民事诉讼开始具有从实体法中分离出来的独立力量。① 即便是在历史法学派内部,也意识到了这样的新趋势。赫尔维格(Bethmann-Hellwig)在其最重要的著作《普通法民事诉讼的历史视角》的前言中,认为"把法院的诉讼程序看作纯粹外在的东西是不正确的",并且他指责诉讼法学家任由民法学家抢占了本属于诉讼法的领域,民法学家建构的实体法一元论诉讼观是极为错误的。② 而赫尔维格正是萨维尼的学生,他在标罗(Bülow)之前就把民事诉讼视为一种"有机的法律关系,依据自己的逻辑而产生、自行发展和消灭"。③

二、理论体系的建构:"诉讼法一元论"

"诉讼法一元论"的诉讼观是由标罗创立的,其理论标志是公法诉权说的形成。标罗主张把"诉讼法从民法的枷锁中解放出来",并创立了"诉讼法律关系"概念和"诉讼要件"理论,开启了所谓的现代的、创造性的德国民事诉讼法学。

标罗认为,将"诉和私法联系在一起,认为诉是行使私权利",这是一种已经被抛弃的错误的思维方式。诉权应当是公法请求权,其对象是国家。他在《诉和判决:关于私法和诉讼相互关系的基本问题》一文中,较为详细地梳理了公法诉权说的提出脉络,列举了多位德国民事诉讼法学家的贡献。④ 瓦赫(Wach)提出"法律保护请求权",德根考布(Degenkolb)和柏罗慈(Plosz)在此基础上进行"令人信服的论证"并提出"公法抽象诉权说",佐姆(Sohm)根据公法诉权说提出诉权要件,以及德恩伯格、朗海尼肯、施密特、施泰因等多位赞成"公法抽象诉权说"的诉讼法学家。

在这一时期,德国民事诉讼法学脱离民法学的学术冲动达到了顶峰。借助当时颇为流行的概念法学方法论,标罗和其他诉讼法学家开始了以"公法诉权"理论为基础,建构民事诉讼理论体系的浩大工程。此时,诉讼法才真正获得了与实体法并驾齐驱的地位。当事人享有的"诉权"不再被看作实体权利的延伸,而是作为一项独立的权利受诉讼法的保护。法院和

---

① [日]中村宗雄、中村英郎:《诉讼法学方法论》,陈刚、段文波译,中国法制出版社2009年版,第70页。

② August von Bethmann-Hollweg, Der Civilprozeß des Gemeinen Rechts in geschichtlicher Entwicklung, 1864, p.11.

③ August von Bethmann-Hollweg, Der Civilprozeß des Gemeinen Rechts in geschichtlicher Entwicklung, 1864, p.22.

④ [德]奥斯卡·标罗:《诉和判决:关于私法和诉讼相互关系的基本问题》,载[德]康拉德·赫尔维格:《诉权与诉的可能性》,任重译,法律出版社2018年版,第132页。原文载《德国民事诉讼杂志》1903年第31卷。

当事人在诉讼中的法律关系也不是私法性质的关系，而是当事人对国家发生的公法性质的关系，这就是公法诉权说。按照公法诉权说的观点，诉权在性质上是一种公法上的权利，因此诉讼法上的"诉权"和实体法上的"请求权"具有不同的性质：前者是针对法院提起的诉讼上的请求，后者则是针对民事主体相对方提起的私法上的请求。建立在公法诉权说之上的诉讼观就是"诉讼法一元观"，即从诉讼法立场来分析诉讼问题，重在强调诉讼法的独立性。

出于对早期公法诉权说的完善和补充，德国学者拉邦德（Laband）提出了具体的公法诉权说。该说主张，诉权虽然是公法性质的权利，但是在具体诉讼中是原告向国家请求作出有利于自己的判决的权利。由于这种诉权理论将原告具体的权利主张作为诉权的内容，因此称之为具体的公法诉权说。抽象的公法诉权说和具体的公法诉权说的区别主要在于：抽象诉权说的诉权是指依据公法产生的权利，并将诉权作为纯粹意义上的、抽象的权利；具体诉权说则是在承认诉权是公法性权利的同时，将原告的具体权利主张作为诉权的内容，使诉权内容具体化，但是"诉权"的公法性质并未发生实质变化。

"诉讼法一元论"在诉讼理论中全面抛弃了实体法理。之所以采取"诉讼法一元论"的立场来看待诉讼法，主要是因为德国诉讼法学家认为很难在诉讼法这个领域同时兼容"实体法"和"诉讼法"两个元素，也可能是因为过于追求诉讼法的独立性，试图完全排斥实体法的干扰。总之，德国诉讼法学从一个极端走向了另一个极端，我们称之为一元论的"诉讼观"。在德日诉讼理论体系内，一元论的"诉讼观"至今仍获得很多学者的支持，诸如斋藤秀夫等学者提出的"宪法诉权说"无非是对"诉讼法一元论"的现代翻新。[1]

公法诉权说确立了"诉权"概念的独立地位，并且发展出对诉讼法学具有建构意义的"诉权"理论，并在19世纪末20世纪初德国民事诉讼法学理论的通说。公法诉权说经历了"抽象的公法诉权说""具体的公法诉权说""本案判决请求权说""司法行为请求权说"，甚至"诉权否定说"的发展过程。

"抽象的公法诉权说"旨在把程序法的"诉权"与实体法的"权利"彻底分离，并认为"当事人获得与诉相对应的某种判决即构成诉权之内容"。[2] 根据抽象诉权说，诉权的内容仅仅是请求法院进行裁判的权利，而不关心

---

[1] ［日］新堂幸司：《新民事诉讼法》，林剑锋译，法律出版社2008年版，第177页。
[2] ［日］新堂幸司：《新民事诉讼法》，林剑锋译，法律出版社2008年版，第176页。

判决中关于实体权利的内容。换言之，即便法官作出驳回起诉的裁定，当事人的诉权也获得了满足。这一学说脱离司法实践，"不符合诉讼当事人的心理"。① 如果当事人获得的是驳回起诉的裁定，无论如何也不能强行认为当事人可行使的诉权已经获得满足。

"具体的公法诉权说"（也称实质的诉权说、权利保护请求权说）主张将诉权定义为"请求胜诉判决"之权利。这一学说有两方面的内容：其一，诉权是公法性质的权利，与作为私法性质的实体权利区分开；其二，诉权的权利内容是获得胜诉判决或利己判决。具体诉权说面临两方面的理论挑战：其一，它无法解释被告在诉讼中享有的诉权；其二，当事人享有获得胜诉判决之权利，但是法院并无给予某方当事人胜诉判决之义务。无论这种义务是私法上的义务，还是公法上的义务。客观地来看，"具体的公法诉权说"的理论意图是纠正抽象诉权说单纯追求判决的诉讼目的，当事人行使诉权的目的应当是"获得渗入纠纷实质的有关事件的判决"。② 基于这一点，民事诉讼法学应当对"提起诉讼"与"胜诉判决"进行理论上的区分，换言之，必须建立诉的要件和诉权要件两个理论框架才能妥善解决具体诉权说的理论意图。德国和日本的诉讼法学家在权利保护请求权的指引下，耗费大量时间精力来建构这套精致的诉权理论体系。现代德日民事诉权理论之复杂和难懂也主要来源于此。

"具体的公法诉权说"在理论上存在许多难题，尽管德国和日本的法学家做出了大量努力，但是上述质疑并未从实质上得到解决。这也意味着具体诉权说并没能解决"实体法"和"程序法"的关系问题，尽管"诉权"作为程序性权利的独立地位在这一理论中已经得到明确。具体诉权说在支配诉权理论领域数十年后逐渐被废弃。③

"本案判决请求权说"将诉权定义为向法院请求作出本案判决之权利，本案判决不需要顾及是否支持原告的诉讼请求。在日本，兼子一将"本案判决请求权说"改称为"纠纷解决请求说"，即诉权是关于纠纷解决的请求权。这一学说改变了民事诉讼的本质特征，从当事人私权之保护转变为社会秩序之调整。解决纠纷是一种客观性社会制度追求，而非主观性权益保护的内容。如果当事人获得的是驳回起诉的裁定，根据纠纷解决请求权的定义，当事人的诉权也得到了满足，因为法院认定该纠纷不存在。本案判决请求权说将具有主观利益的要素的诉权渗入客观制度目的之中，或说将

---

① 王锡三：《民事诉讼法研究》，重庆大学出版社1996年版，第139页。
② [日]三月章：《日本民事诉讼法》，汪一凡译，五南图书出版公司1997年版，第15页。
③ 江伟、邵明、陈刚：《民事诉权研究》，法律出版社2002年版，第23页。

客观上的制度目的融入主观上的个人权利之中，形成客观价值与主观价值相背而存在的现象。①

"司法行为请求权说"实际上就是最近许多学者提出的"宪法诉权说"，这一学说回到了抽象诉权说的原点。按照"司法行为请求权说"的观点，诉权是一项作为宪法性权利的司法行为请求权；而民事诉讼的目的则是维护法秩序。这一学说在日本获得了广泛的认同，究其原因，是诉权作为宪法性权利的观念与美国法极为接近。日本斋藤秀夫试图把诉权建构为一个连接宪法与诉讼法的概念，并主张应当将宪法所保护的积极受益权之性质纳入诉权的内容之中。②"司法行为请求权说"完全剥离了诉权理论应当关注的"实体法"和"程序法"、"实体权利"和"诉权"之间的关系问题，不可避免地导致诉权理论的空洞化。如果以主观权与客观权的权利类型来判断，"司法行为请求权说"和"抽象诉权说"都是将"诉权"这一主观权抽象为"客观权"。所谓"客观权"是指以公权力作为保障的，公民在社会生活中享有的当然权利，这种权利只取决于公民的身份。一般来说，宪法上的权利都属于"客观权"，例如居住权、游行示威权、迁徙权、财产权等。对于具体个人来说，享有宪法性的"客观权"并不意味着享有了"权利"。换言之，将"诉权"抽象为"客观权"，虽然表面上人人都享有诉诸法院的权利，但是具体个人又无法当然地行使该项权利。

至于诉权理论发展之极端的"诉权否定说"，这更是理论走向极端的表现。虽然德日民事诉讼理论体系无法发展出一种"完美的"，又符合实际需要的诉权理论，但是轻易否定"诉权"概念重要性的观点对诉讼法的发展毫无助益。从学术发展史的角度来看，这是诉讼法学的退化，因为没有"诉权"就没有"诉讼法学"。

德国民事诉权理论从温莎伊德时代开始，经历了反复式的发展历程。"权利保护请求权说"可以看作是私法诉权说的更新和改造；"本案判决请求权说"和"司法行为请求权说"也可以看作是抽象诉权说的新版。无论是哪种诉权学说，都是建立于对罗马法上"诉"的分解。从温莎伊德之后，德国法学家基本是从民法和诉讼法完全分离的立场来建构民事诉讼理论体系，创设了诉权、诉、诉讼要件、诉的利益、诉讼标的、诉讼法律关系等一

---

① 陈荣宗、林庆苗:《民事诉讼法》，三民书局1996年版，第80页；孙森炎:《论诉权学说及其实》，载杨建华等:《民事诉讼法论文选辑》（下册），五南图书出版公司　年版。转引自江伟、邵明、陈刚:《民事诉权研究》，法律出版社2002年版，第27页。

② 斋藤秀夫:《诉权与宪法的桥梁》，载《石田文次郎先生古稀纪念论文集》。转引自[日]新堂幸司:《新民事诉讼法》，林剑锋译，法律出版社2008年版，第177页。

系列重要的诉讼法学基本概念,并且在现代私法体系上与民法理论体系并列。

现代德国法和日本法上的诉权理论分别以"司法行为请求权说"和"宪法诉权说"作为民事诉权理论的通说。正如前文所述,"司法行为请求权说"完全剥离了诉权理论应当关注的"实体法"和"程序法"、"实体性权利"和"程序性诉权"之间的关系问题,不可避免地导致诉权理论的空洞化。"宪法诉权说"更是将"诉权"抽象为客观权,是国家公民当然的可以行使的权利,即当事人是否享有诉权只需以身份来判断即可,而不需要判断当事人享有的实体权利或者处于何种法律关系。

在这种诉权理论背景下,"实体法"和"程序法"、"实体性权利"和"程序性诉权"之间的关系问题只能转而通过"诉"的理论、"诉的要件"理论来解决。换言之,当事人向法院提起的诉讼能否被受理,取决于该诉讼是否符合"诉"的要件,而非取决于当事人是否享有诉权,因为每个国民都当然地享有诉权。因此,在德国和日本民事诉讼理论中,"当事人因何可以提起诉讼"的"诉权"理论问题被转化为"当事人提起的诉讼能否被受理"的"诉"的理论和"诉的要件"理论问题。然而,现代法国民事诉讼立法和理论都没有将诉权抽象为客观权,"实体法"和"程序法"、"实体性权利"和"程序性诉权"之间的关系问题仍然在"诉权"理论的框架下得以解决。这是现代德国民事诉讼理论体系与法国法民事诉讼理论体系之间非常显著的区别。

这种民事诉讼理论体系的建构方法对意大利也产生了影响。20世纪初意大利诉讼法学家萨尔瓦多·萨达(Salvatore Satta)主张"诉权独立于主观权利,是自成一体的规则"。这种诉讼法一元论的观念,一方面使民事诉讼法获得了学科的独立性,另一方面使民事诉讼法从"法典之法"转变为"法学家之法",并走向了理论体系的自我封闭。①

---

① 现代意大利民诉法学者对这一时期的意大利民事诉讼研究多有批评。参见[意]里卡尔多·卡尔迪里:《诉讼作为主观权利保护手段的批判性思考——以罗马法为视角》,陈洁蕾等译,载[意]桑德罗·斯奇巴尼、徐涤宇主编:《罗马法与共同法》,法律出版社2014年版,第64~72页。

第三章 法国诉权理论的近代发展

法国民事诉讼程序经历了漫长的发展过程。在 14 世纪以前，法国国王对司法权和司法组织几乎没有什么控制力，法兰西领土上的司法权主要被各地封建主掌控，领主法院使用的是封建法诉讼程序。从查理七世（1422—1461 年在位）开始，法国国王在政治上和军事上赢得了对各地封建主的胜利，法国从封建政治走向中央集权政治时代。在这一政治、经济和社会转型过程中，国王牢牢地控制了司法权，并且着力对诉讼程序进行统一改革。

法国法学家对罗马法的研究为这场由国王主导的诉讼程序改革贡献了很多力量。法国法学家以当时适用于教会法院的诉讼程序为基础，同时，以罗马法"诉"的体系对教会法进行了大量改造。这是一段名副其实的教会法与罗马法的"融合"时期。① 正是在罗马法研究的推动下，罗马—教会法诉讼程序才得以成形，并且最终发展为堪称近代大陆法系首部诉讼法典的《1667 年国王敕令》。

诉讼法成为独立的法学研究领域，也正是在 14 世纪诉讼程序改革时期。14 世纪中期出现了最出色的诉讼法著作，即 Dubreuil 的 *Le Stylus Parlamenti*。Dubreuil 是中世纪法国乃至整个欧洲唯一将诉讼程序独立出来，进行专门研究的法学家。Dubreuil 率先完成了专门研究诉讼程序的专著，这本 *Le Stylus Parlamenti* 成为后世诉讼法著作的典范。他不满足于仅仅充当注释法学家的角色；他指出诉讼程序的空白之处，并论述如何弥补这些程序漏洞。概言之，这本杰作完全可以视为一本名副其实的诉讼法典，它缺少的仅仅是国王的签署批准而已。不过，这本著作虽然极具实务价值，但是并无诉讼理论的探讨。同时期以及随后的几个世纪里，关于诉

---

① 14 世纪初，罗马教廷从意大利迁往法国南部阿维尼翁。从事司法实践的法官和律师开始有组织地蜂拥前往阿维尼翁取经，学习博大精深的教会法诉讼程序。欧洲人被教会法诉讼程序的精妙所折服。它穿越了教会的最高司法机关，渗入国王的最高法院和基层法院。罗马法研究最先是在法国南方得到推广；也正是在卢瓦河南部地区，封建法诉讼程序最先从法院消失；随后在归顺国王的地区以及最后在整个卢瓦河流域，封建法诉讼程序都消失了。参见[法]伊奈斯特·格拉松：《法国民事诉讼程序的起源》，巢志雄译，北京大学出版社 2013 年版，第 5 页。

讼法的其他著作都遵循纯粹的实务风格，没有任何科学化的概念体系。①

当德国法学家在19世纪开始大力发展科学化的、概念化的、体系化的民事诉讼理论时，法国民事诉讼研究与德国的研究方向仍然较为疏离。总体来说，大多数法国学者在从事民事诉讼法研究时，对德国的概念化的、体系化的民事诉讼理论持有不信任的态度。法学学者在很长一段时期内始终坚持本国的研究传统，仅把诉讼法看作外在的、形式化的司法过程。他们不愿意把精力放在对诉讼法基本理论的研究上，因为他们认为这些理论对于司法实践是可有可无的东西。因此，正如法国法学家A. Tissier所言，法国民事诉讼理论在很长时间里显得薄弱而肤浅。从19世纪后期到20世纪初，法国学者撰写以民事诉讼基本理论为内容的著作是非常少见的，德国体系化的诉讼理论建构方式和技术对于法国学者来说是非常陌生的。

20世纪20年代，某些研究民事诉讼程序的法国学者终于意识到诉讼理论的重要性，他们不再把目光局限于诉讼程序的细枝末节，而是转向对诉讼程序原理的研究。这些学者的研究主要体现在他们编写的诉讼法教科书里，很少以论文或专著的形式出现。②这些教材中对诉讼理论的阐述可以看作是法国现代民事诉讼理论的早期形式，虽然都很简短，但是某些观点至今仍有影响力，尤其是关于诉权理论的观点。

一、近代早期的法国诉权理论

在所有民事诉讼理论中，法国学者对诉权理论的关注是最多的，在他们的教科书里往往会有相当的篇幅来论述诉权理论，也只有诉权理论才获得这样的重视。当时，法国民事诉讼教材对"诉权"的定义有两种表述：其一，"诉权是指权利发生纠纷或权利遭受侵害时，当事人要求司法机关给予救济的请求"③。其二，"诉权是由法官予以承认和保护的权利本身的一种形态"④。换言之，诉权与权利具有完全一致的性质和特征，"诉权不过是权利

---

① [法]伊奈斯特·格拉松：《法国民事诉讼程序的起源》，巢志雄译，北京大学出版社2013年版，第48页。

② 按照出版时间顺序排列，这些产生较大影响的教科书编列如下：Glasson, Précis théorique et pratique de procédure civile, 2e édition, 1908; Garsonnet et Cézar-Bru, Traité théorique et pratique de procédure civile, 1912-1925; Cézar-Bru, Précis élémentaire, 1927; M. Cuche, Précis de procédure civile et commerciale, 1924; M. L. Crémieu, Précis théorique et pratique de procédure civile, 1924.

③ Garsonnet et Cézar-Bru, Traité théorique et pratique de procédure civile, 1912, t. I, p.517 et 526. 也可参见Cézar-Bru, Précis élémentaire, 1927, n°67. "所有的权利都以外在的强制力作为保障，即诉诸司法机关要求承认诉争权利，或者救济被侵害的权利。诉权就是这项保护权利的要求。"

④ M. Cuche, Précis de procédure civile et commerciale, 1924, n°67. "权利与诉权不存在本质上的差别，它们之间的不同无非表现在权利的状态，一个是静态的权利，一个是动态的权利。诉权是权利的动态形式，是为了抵抗权利被否认或遭受侵害的情形。……诉权，是权利从权能转化为行动的结果。"

的延伸",它表现为要求法官对权利予以保护的权力。① 甚至有学者认为:"从法律术语的角度分析,拥有诉权就意味着拥有权利。诉权与权利之间的等同关系是不容置疑的,研究诉权与权利之间的区别是毫无意义的。"②

在这两种"诉权"定义中,第一种表述是法国诉权的传统定义,受到奉行"程序主义"的学者(processualistes)的极力推崇。这一定义是在承认诉权与其所要保护的权利存在密切联系的前提下,将诉权与权利加以区分,作为两种权利类型对待。其主要结论是"诉权以权利存在为前提,无权利即无诉权。"③ 第二种表述是把诉权和权利视为同一概念,其主要结论是"诉权是权利运行的必然结果,是权利的固有内容之一。"这种诉权定义在某些法国民法学家那里得到进一步发挥,正如德莫隆贝(Demolombe)所言:"诉权是处于争执状态的权利"(le droit sur pied de guerre),或"诉权是处于运动状态的权利"(le droit à l'état dynamique)。④ 这一定义把诉权和权利完全混为一谈,遭到包括民法学家在内的许多学者的批评。波蒂埃(Pothier)、儒斯(Jousse)、皮古(Pigeau)、贝利亚(Berriat Saint-Prix)、戈海(Carré)、博松(Boncenne)、博瓦塔(Boitard)等著名的法国民法学家都没有使用这一定义,诉讼法学家格拉松(Glasson)、德芒特(Demante)更是明确站在反对立场予以批判。⑤

这两种权利定义存在本质上的差别,其中一个定义把诉权视为权利的同一体,另一个定义把诉权与遭受侵害或处于争议的权利区别对待。这两种定义是无法兼容的。格拉松(Glasson)对诉权与权利的关系作了这样的描述:"大多数权利在遭受侵害时,需要借助另一种权力来获得保护,这种权力就是诉诸司法机关并获得满意结果的诉权。"⑥ 他在论述诉权理论时,进一步提出这样的观点:"诉权是任何人都享有的,诉诸法院要求得到属于他的物(ce qui nous appartient,意指物权),或那些应当给他的东西(ce qui nous est dû,意指债权)……诉权以保护其他权利为目的,这些权利可以是物权,也可以是债权……不能把诉权与诉讼请求或者起诉混为一谈(亦即不能把诉权与诉权的行使混淆)……也不能把诉权与诉权保护的权利混淆。另外,虽然说诉权以权利存在为前提,但是也出现了这样的情形,即有权利但是却无法行使诉权……因此,诉权的存在与诉权的行使是两个不

---

① Cézar-Bru, Précis élémentaire, 1927, n°68-70.
② M. Cuche, Précis de procédure civile et commerciale, 1924, n°127.
③ Glasson-Tissier., Traité de procédure civile, 3e éd., 1929, t. Ⅰ, n°172, p.423.
④ Demolombe, Cours de Code Napoléon, 4e edit., 1870, livre Ⅱ, tit. Ⅰ, Chap. 1.
⑤ Demante, Cours analytique, t. Ⅱ, n°351.
⑥ Glasson, Précis théorique et pratique de procédure civile, 2e édition, 1908, t. Ⅰ, n°2, p.2.

同的概念，应当予以区分……诉权与权利之间具有不可分离的、稳固的联系。"①

诉权与权利之间的关系始终是诉权理论面临的最大难题。如果把诉权与权利区分开，并认为"诉权是任何人都享有的权利"，就很难说清为何"享有诉权和行使诉权必须以受法律承认和保护的权利为前提"。② 因此，20世纪早期的法学家在"诉权"的这两种定义中进行艰难选择时，多数人还是站在了"诉权内涵于实体权利"的立场，尽管这一定义本身存在很多问题，也受到很多学者质疑。

首先，按照"诉权内涵于实体权利"的说法，法律就不存在"没有诉权但有权利"的情况，也不应当存在"没有权利但有诉权"的情况，因为所有的诉权都以权利为依托，诉权是权利的构成内容。这就无法解释"自然之债"，也无法解释可由检察官提起的民事"公诉"（action publique）。至于可能出现的通过诉讼而形成权利的情况，即起诉时当事人只享有"潜在权利"（le prétendu droit），这种诉权学说就无法自圆其说。

其次，按照"诉权内涵于实体权利"的观点，一个权利只能配备一个诉权，而不可能出现多个诉权。然而，这又无法解释在司法实践中为何出现的围绕一个权利同时或者先后存在多个诉讼的情况。③ 当然，支持这种诉权理论的学者会提出反驳："当事人可以提起多项诉讼，是因为他同时享有多项权利。"④ 但是这些学者在解释"诉的合并"时，又陷入自相矛盾："诉的合并（cumul d'action）为了解决一个权利引发了多个诉讼的情况"。⑤ 在"诉的合并"概念里，必须承认一个权利存在多个诉讼的情况是客观存在的。

最后，"诉权内涵于实体权利"的观点在"当事人提起诉讼的条件"（即诉权要件理论）上更加无法自圆其说。诉权要件是指"诉权的成立要件"（les conditions d'existence de l'action）和"诉权的行使要件"（les conditions d'exercice de l'action），这两种要件是不同的概念，应当加以区别。但是在"诉权内涵于实体权利"的诉权理论下，诉权要件和权利、诉权之间的关系难以说清，更无法从理论上说清成立要件和行使要件的区别。在坚持"诉权内涵于实体权利"观点的学者中，多数人把诉权要件

---

① Glasson, Précis théorique et pratique de procédure civile, 2e édition, 1908, t. I, n°226, p.223.
② Glasson, Précis théorique et pratique de procédure civile, 2e édition, 1908, n°226.
③ 例如，基于一项债权，债权人除了起诉债务人之外，可以对他的债务人的债务人提起"支付扣押之诉"（saisie-arrêt），还可以对债务人不动产的第三方占有人（un tiers détenteur）提起"占有之诉"。
④ Garsonnet et Cézar-Bru, Traité théorique et pratique de procédure civile, t. I, n°353, p.526.
⑤ Garsonnet et Cézar-Bru, Traité théorique et pratique de procédure civile, t. I, p.526, note 2.

分为四项：权利（le droit）、利益（l'intérêt）、资格（la qualité）和能力（la capacité）。①

第一，当事人必须享有一项权利，才能提起诉讼。这一点与"诉权是权利在司法领域的延伸"的观念完全一致。对于站在程序主义立场，认为诉权是"为了保护权利而存在的另一种权力"的早期诉讼法学者来说，把权利作为诉权要件是非常必要的。但是，法国现代诉权理论已经抛弃了把权利作为诉权要件的做法。

第二，当事人必须享有某种利益，"无利益即无诉权"（Pas d'intérêt, pas d'action）。20世纪早期的法学家把"利益"受损等同于"权利"遭受侵害。当事人是否具有诉的利益，取决于是否存在权利发生争议或权利遭受侵害的事实。"诉权的存在取决于当事人是否遭受物质上的，或者精神上的合法利益（l'intérêt légitime）的损害。"②把"合法利益"受损作为诉权要件，还面临这样的问题：对某些尚未发生的利益损害，法律也应当给予保护，否则当事人将遭受不可避免的损失。这种因未来发生的利益损害而提起的诉讼被称为"将来之诉"（les actions à futur）③。

按照"合法利益"受损的要件，只要当事人的权利没有遭受侵害，当事人就无法提起诉讼。这显然过于狭隘，越来越多的新型案件出现，比如"不正当竞争之诉"④。当可能导致损害后果的行为已经发生，但又不存在当事人先在的权利，利益受损人能否依据《法国民法典》第1382条关于侵权行为的一般条款的规定，提起诉讼并要求赔偿损失？把"利益"定义为法定权利上的"合法利益"，显然不符合公平正义的要求，不能满足社会发展的需要。

第三，当事人必须具有诉讼资格。"资格"作为诉权要件也引发许多争论，学者们对什么是诉讼资格有不同见解，有的学者干脆回避对"资格"进行定义。⑤ 库什（Cuche）把"资格"定义为"当事人从事法律行为或诉讼的身份"，把"身份"看作诉权要件之一，让人很难理解。戈松涅（Garsonnet）和塞萨布（Cézar-Bru）把"资格"定义为"当事人提起诉讼的法定权力"（la

---

① Garsonnet et Cézar-Bru, Traité théorique et pratique de procédure civile, t. I, n°356. p.529.
② M. L. Crémieu, Précis théorique et pratique de procédure civile, 1924, pp.80-81; Cézar-Bru, Précis élémentaire, 1927, n°75.
③ Glasson, Précis théorique et pratique de procédure civile, 2e édition, 1908, n°229.
④ RTD civ. 1952, p.167; le droit de la propriété industrielle, t. I, n°72, p.313. "不正当竞争之诉"与"仿冒之诉"不同，"仿冒之诉"本质上是惩罚侵权行为，而"不正当竞争之诉"则是惩罚自身义务的违反，而不是对他人权利的侵害。
⑤ Glasson, Précis théorique et pratique de procédure civile, 2e édition, 1908, n°231; M. L. Crémieu, Précis théorique et pratique de procédure civile, 1924, p.83.

faculté légale）①，这一表述与"诉权"定义无异。这导致纯粹概念上的无意义循环，即"当事人提起诉讼应当具有起诉的法定权力"。

"诉讼资格"的学说带来了理论上的混乱。更为恰当的做法是，"诉讼资格"不应当成为诉权成立的要件，而应该作为诉权行使的要件来对待，如同德国法上的"诉讼实施权"或"当事人适格"（Prozessfuhrungsrecht）。"资格"只是为了防止当事人任意代替他人行使诉权，除非是诉讼代理。

第四，当事人必须具有诉讼能力。"当事人行使诉权应当具有进行诉讼的能力。"②如果从"诉权"与"权利"混同的诉权学说来看，当事人是否具备诉讼能力应当与实体法严格保持一致。换言之，只要没有被法律宣告为无民事行为能力的人，就应当具有诉讼能力。然而，当事人享有的诉讼能力并不总是与实体法完全一致。《法国民法典》曾经规定："即使妻经营商业，或不在共有财产制下，或采用分别财产制，未经夫的许可，亦不得进行诉讼。"③根据该规定，虽然妻子享有完整的民事行为能力，但是她并不享有完全的诉讼能力。

上述是法国法学家于 20 世纪 20 年代从事的诉权理论的研究成果，我们称之为法国传统诉权理论。无论是对诉权的概念研究，还是对诉权要件的研究，与法国现代诉权理论比较，传统诉权理论破绽百出。最初的诉权概念是从德国"借鉴"④而来，但是缺乏对它进行足够而谨慎的检讨；诉权要件学说造成诉权理论出现许多毫无必要的混乱，对民事诉讼理论研究产生严重误导。"传统诉权理论就是一团混乱。"⑤这场混乱在一定程度上与德国诉权理论有关，给现代诉权理论的建立设下种种理论上的障碍。实际上，法国现代诉权理论的发展过程就是不断清理、剔除传统诉权理论的过程。

二、法国诉权理论的转型

对于传统诉权理论的内在矛盾，20 世纪初的法国法学家都心知肚明，部分法学家也曾经提出了尖锐的批评，但是大多数诉讼法学家并没有把精力放在对理论的批判上。而在此后不久，意大利民事诉讼法学家和法国公

---

① Garsonnet et Cézar-Bru, Traité théorique et pratique de procédure civile, 1912, t. I, n°363.
② M. L. Crémieu, Précis théorique et pratique de procédure civile, 1924, p.88.
③ Code Civil, Art.215. 该条文经过 1966 年、1970 年、1976 年三次修正，上述内容已经被废止。废止该规定的动因是对女性权力和性别平等的保护，而不是诉权理论的考虑。
④ 即便称不上"借鉴"，至少也是受德国民事诉讼法学的启发。
⑤ Albert Tissier, Traité théorique et pratique d'organisation judiciaire, de compétence et de procédure civile, 3e édit, 1925, t. I, n°169.

法学家开始探索新的诉权理论,并着手建立现代诉权理论的最初模型。

法国诉权理论在公法学家的推动下,才得以转型,并发展为较为成熟的法国现代诉权理论。公法学家主要研究宪法和行政法,大多数公法学家其实对民事诉讼法的诉权理论兴趣不大。他们只是研究行政诉讼,对行政诉讼的分类,在行政诉讼的语境下对每种诉讼的特征、诉讼的条件、公民提起诉讼的权力进行细致研究。在对行政诉讼的研究中,公法学家丝毫不顾传统民事诉权理论的束缚。只要他们的研究成果与传统诉讼理论不符,他们就对传统理论进行修正。不过,他们真正从事传统诉权理论的修正工作并不多,也不太愿意加入诉讼法学家对诉权理论的大辩论。

20世纪初的法国公法学家对他们的研究有着清醒的认识,他们敏锐地意识到司法判例的细微变化对于发展和完善行政法学的极端重要性,花大量的时间和精力来研究最新的司法动向,并将司法中出现的新问题、新做法与传统诉讼理论进行对比。事实上,传统诉权理论正经历着一场冲击,公法学家正在重构诉权理论,并将新的诉权理论建立在完全不同的理论基础上。

在公法学家看来,诉权的问题并不仅仅是诉讼程序的问题,它涉及整个司法体制,甚至是整个法律体系。对于公法理论来说,"诉权"问题显得尤为重要,因为它涉及公民何以能够对滥用公权力的行为提起诉讼。关于诉权的争论,开始转向诉权的"主观主义"和"客观主义"之争。为了给法国公法理论带来全新的面貌,几位著名的公法学家,例如欧里乌、狄骥、耶兹,他们从诉权理论着手,并致力于对诉权理论基本问题的研究。

欧里乌的研究专注于诉权要件理论,即"诉的可受理性"(la recevabilité de l'action),他没有专门研究诉权的概念和诉权的性质。狄骥和耶兹在诉权概念和诉权性质的研究上,具有开创性的贡献,可以看作法国现代诉权理论的创始人。尽管他们没能解决诉权理论的几个主要难题,他们的研究也并未涉及诉权理论的全部,但是他们毕竟开辟了研究诉权理论的新方向,也为后人扫除了一些传统诉权理论留下的让人厌烦的理论障碍。正是法国公法学家奠定了现代诉权理论的基础,他们把诉权理论研究从传统理论的束缚中解放出来,带入符合现代社会发展需要的新方向。

(一)欧里乌的诉权理论

欧里乌是把诉权从"主观主义"解放出来的重要人物,他奠定了"客观主义"诉权理论的基础。最初,"客观主义"诉权理论是为了解决行政诉讼里的诉权问题,即当事人如何在行政权力被滥用时,向法院提起诉讼。他关于行政诉讼原告的观点至今仍然被人们反复引用："原告提起诉讼不是为了向法院提出确认权利或保护权利的诉讼请求，而是为了保证某个行政行为的合法性和道德性，这个行政行为已经对原告造成了伤害（une atteinte）。"[①] 因此，原告只要具有诉讼能力（capable d'ester en justice），并且对维持或撤销行政行为具有某项"利益"（un intérêt），他提起的诉讼就具备了"可受理性"。另外，原告具有的某项"利益"也不需要被冠以"权利"之名，即不以法定"权利"遭受侵害为诉讼之前提。[②]

这就是最先由公法学家创立的"客观主义"诉权学说，即当事人提起行政诉讼不需要向法院阐明"权利"依据，甚至不需要享有某种法定"权利"。换言之，"权利"不再是行政诉讼"可受理性"的条件，即所谓诉权要件。当"客观主义"诉权学说在行政诉讼中被大家接受后，问题就出现了，这种"客观主义"诉权学说是否也能够应用到民事诉讼中？

欧里乌对这个问题的回答并不始终如一，对于在民事诉讼中如何处理"诉权"与"权利"的关系，欧里乌不断地修正并完善自己的观点。最初，欧里乌并不确定是否应当把当事人享有某项法定"权利"作为诉讼"可受理性"的条件，他推测说"当事人享有某种利益，就理应享有诉权。民事诉讼理应采取'无利益即无诉'的规则，而不是'无权利即无诉'"[③]。后来，欧里乌明确提出"客观主义"诉权学说也适用于民事诉讼领域，并且他详细论证了"诉权要件"和"胜诉要件"（les conditions de succès au fond）之间的区

---

① Maurice Hauriou, Précis de droit administratif, 1927, p.378 et 386; notes au Sirey: S., 1900-03-73; S., 1913-03-17; S., 1924-03-31.

② Maurice Hauriou, Les éléments du contentieux, dans Recueil de Législation de Toulouse, 1905, p.33; Maurice Hauriou, Précis de droit administratif, 1927, p.401. 行政诉讼的原告行使诉权不以享有某种法定"权利"为前提，这是法国公法学界的共识。参见Joseph Barthélémy, Traité élémentaire de droit constitutionnel, 1926, p.1123; Bonnard, Précis élémentaire de droit administrative, 1926, p.134; Rolland, Précis de droit administrative, 2e édit, n°373, Appleton, Traité élémentaire de contentieux administratif, p.35 et 554.

公法学家巴特勒密（Barthélémy）一度支持"主观主义"的诉权理论，即行政相对人提起诉讼应当以他享有的行政法上的主观权受损为前提。这里的主观权是指要求行政相对人享有的要求行政主体遵守权力的范围、形式、合法性、行政目的的权利。参见Barthélémy, Essai d'une théorie des droits subjectifs des administers dans le droit adminitratif français, 1889, p.18, 39 et 61. 欧里乌和狄骥都曾对巴特勒密的观点提出批评，认为所谓的行政主观权都是纯粹的消极权利，与当事人享有的要求撤销不法或不当行政行为的权利产生混淆。巴特勒密的"主观主义"诉权学说明显受到传统民事诉权理论的影响，即当事人提起诉讼应当以权利受到侵害为前提，权利与诉权是对应匹配关系。1906年，法国最高行政法院在审理Alcindor案中（CE, 1er juin 1906, Rec.516）率先摆脱"主观主义"诉权学说的困扰，不再要求当事人提起诉讼以主观权受损为前提。此后，包括巴特勒密在内的法国公法学家基本上放弃了"主观主义"诉权学说，开始建立"客观主义"诉权学说。

③ Maurice Hauriou, Les éléments du contentieux, dans Recueil de Législation de Toulouse, 1905, pp.43-44.

别,并进一步提出"权利不是诉权要件,而是胜诉要件"。① 诉讼法学家往往混淆"诉权要件"和"胜诉要件"这两个不同的概念。最后,欧里乌提出了这样的结论:当事人提起民事诉讼可以根据某个权利被侵害为前提,也可以向法院证明他对诉讼享有"合法利益"。②

欧里乌的研究对传统诉权理论建构的"诉权要件"学说产生了一定的冲击和影响,实际上,欧里乌的诉权理论放宽了诉讼"可受理性"的标准,使许多不享有"权利"但又对诉讼具有"合法利益"的当事人也获得司法保护。欧里乌将他的"客观主义"诉权学说贯彻到包括民事诉讼和行政诉讼在内的整个诉讼理论,并将之视为诉讼法的基本原理。简而言之,"客观主义"诉权学说给传统诉权理论打开了一道缺口,推翻了"诉权以权利存在为前提"的定论,使诉权理论逐渐具有多元、开放的特征。这正是优士丁尼前的古典时期罗马法的鲜明特征,表面上看起来是一种不谋而合,实际上与法国的罗马法研究进路有关。

欧里乌的诉权学说可以解释许多司法实践中出现的问题,尤其是当事人在不享有某种权利时,仍然可以正当地向法院提起诉讼,并且使这些诉讼获得受理。对于民事诉讼来说,如果当事人的诉讼请求缺乏"主观权"作为依据,法官就可以援引"客观法"对该案件进行裁判。③ 对于刑事诉讼来说,公诉方享有的诉权就具有纯粹的"客观主义"特征,因为公诉不以任何主观权遭受侵害作为前提。

欧里乌对"诉的可受理性"("诉权要件")研究对现代诉权理论的发展具有不可忽视的贡献,不过他始终没有对"诉权"做一个完整而清晰的定义,他也没有直接介入对"诉权"性质的研究。在欧里乌那里,诉权理论的这两个重要问题没有获得任何新进展。

---

① Maurice Hauriou, Précis de droit administratif, 1927, p.438.
② "合法利益"来源于:(1)要求确认、保护当事人的"主观权"或其法律地位;(2)确认对方当事人对法定义务的违反;(3)要求对对方当事人的某种行为采取制裁、撤销等措施。实际上,"合法利益"已经包括"主观权",所以现代诉权理论在继承欧里乌诉权学说的基础上,将之修正为"利益是判断诉讼是否具有'可受理性'的充要条件",亦即以"利益"作为诉权的唯一要件。
③ "主观权"(les droits subjectifs)和"客观法"(le droit objectif)是法国法学理论的重要概念,两者共同组成了"实在法"(le droit positif)的内容。"客观法"是指以公权力作为保障的,规范社会生活的所有法律规范的总和。例如,关于合同订立的规则、行使财产权的规则、行使婚姻权的规则。"客观法"的范围涵盖了宪法、行政法、刑法、民法、诉讼法等全部法律领域。"主观权"是指赋予作为自然人的个人或由个人组成的群体的权能,它受客观法的承认和保护。"主观权"一般分为"财产性权利"和"非财产性权利",例如对某财产享有的占有、使用、收益和处分的权利就是"财产性主观权";当事人享有的隐私权、职业自由权、投票权等就是"非财产性主观权";还存在某些主观权被称为"混合性主观权",例如著作权、商标权等知识产权。

（二）狄骥的诉权理论

狄骥的诉权理论与他对法律规则、主观权、法律行为、法律地位的研究密不可分。诉权理论是狄骥法学理论研究的有机组成部分，是在狄骥坚持的"客观主义法理学"语境下建立起来的。[①]

1. 狄骥对传统诉权理论的批评

狄骥认为把诉权看作"权利在司法中的表现形式"是不恰当的，这与他对"诉讼"制度的独特理解有关。狄骥把"诉讼"看作是实现法律的最佳途径和最有效手段。[②] 赋予当事人诉权，让当事人提起诉讼的目的是保证所有人对法律规范的遵守。如果某个法律主体破坏了法律规范，使某个当事人的利益受到侵犯，该当事人就有权向法院提起诉讼，通过判决的方式制止对方当事人的违法行为。换言之，当事人只需要证明对方当事人从事了某种违法行为（une violation）或致损行为（une atteinte），而这种违法行为或致损行为与自己存在直接或间接的利害关系，当事人就享有了向法院提起诉讼的"权力"（une faculté）。这项"权力"被狄骥称为"诉权"。[③]

这种提起诉讼的"权力"既不是内涵于"权利"的表现形式，也不是一种独立的权利类型。因此，狄骥的诉权理论不仅与法国主流的传统诉权理论完全不同，也与国外诉讼法学家的诉权理论相去甚远。狄骥的理论引起较大的影响，尽管他不认为诉权有必要独立为一项权利，但是他的诉权理论坚定地站在了"客观主义"的立场。

当事人行使"诉权"不以任何"主观权"的存在为前提，而是以出现了"对法律规范的违反"（une violation de la loi）为前提。[④] 因此，行政相对人因行政主体滥用权力而提起行政诉讼，并不以当事人的主观权受到侵害为前提。行政相对人提起行政诉讼的依据在于行政主体的某项行政行为违反了法律。

[①] "客观主义法理学"主张法律的强制性规范和授权性规范都应当来源于社会规范，而不是靠立法者的主观意图。狄骥在社会规范的基础上建立他的法学理论，其基本立场是："社会不可能依靠立法者创造的立法来运行"，"法律的制定和法律的合法性论证不能脱离自然法、国家主权和公民责任"。参见 Paul Rabinow, French modern: norms and forms of the social environment, Massachusetts Institute of Technology, 1989. p.193.

[②] Léon Duguit, Traité de droit constitutionnel, 3e edit., p.225, p.229, p.359, p.433 et p.476. 除了提起诉讼外，法律实现的途径还有行政执法措施、强制执行措施等。

[③] Léon Duguit, Traité de droit constitutionnel, 3e edit., p.477.

[④] Léon Duguit, Traité de droit constitutionnel, 3e edit., p.476.

传统诉权理论也无法解释"占有之诉"的存在。① 根据占有的定义,"占有是一种事实,是当事人以作为所有权人的主观意图而持有某项财产"。占有并不是一项权利,如果按照传统诉权理论,占有人将会因为不享有"主观权"而无法提起诉讼。按照狄骥的诉权理论,"占有之诉"能否成立取决于是否存在对当事人"占有"某财产的法律地位(la situation juridique)的侵害。因为公民"占有"财产是受"客观法"保护的一种法律地位,如果这种法律地位遭受侵害,当事人就能提起诉讼。在这种诉讼中,法官直接依据"客观法"进行裁判。②

另一个例子是关于宗教财产的诉讼。1907 年 1 月 2 日通过了关于宗教财产管理的法令,该法律至今仍然有效。该法令第 5 条第 1 款规定:"已经拨付给宗教使用的楼宇和配套家具不能因为宗教管理组织没有建立而予以收回。"法国最高行政法院根据这项法律,在判例中允许国家宗教主管部门(le minister du culte)或者该宗教的信徒提起"维护宗教财产之诉"。在这个诉讼中,我们无法找到任何与诉讼主体有关的"主观权"存在。当事人之所以享有提起该诉讼的诉权,只能是因为存在某种"对法律规范的违反",即法令第 5 条第 1 款。诉讼的目的是要求公权力介入并制止这种违法行为。③

2. 狄骥论诉权与权利的关系

传统诉权理论把主观权作为诉权存在的前提,这种诉权学说存在无法自圆其说的情形,即有些诉讼的当事人并不享有任何形式的主观权。尽管很难厘清诉权与主观权的关系,但是也不能采取另一种传统诉权理论,将诉权与诉权所要保护的权利混为一谈。④

起诉与获得胜诉判决是两个不同的概念。当事人在起诉时并不需要向法官证明自己享有某种实体权利。然而,在案件进入实体审理时,如果当事人无法证明自己享有某种权利,则他无法获得胜诉判决。换言之,权

---

① Léon Duguit, Traité de droit constitutionnel, 3e edit., pp.256-257. 法国法的"占有之诉"包括三种诉的类型:"排除妨碍之诉"、"保持原状之诉"和"恢复占有之诉"。《法国新民事诉讼法典》第 1264 条至第 1267 条赋予当事人提起"占有之诉"的诉权,其中第 1265 条规定"占有之诉不涉及实体权利的审查。"

② 意大利法学家居奥万达在"占有之诉"的诉权问题上也持相同的观点。"法律无法给予财产的占有人确定的权利,因为占有人毕竟与所有权人不同。但是法律也应当给占有人一定的司法保护,来对抗任何试图破坏占有的行为,目的在于维护稳定的法律秩序。法律没有给予占有人任何主观权,但是当事人也有权提起占有之诉,要求执行法律保护占有的规定。这就是不以主观权存在为前提的占有诉权。"参见 Chiovenda, Pricipii di diritto processuale civile, 3e édit., p.51.

③ Léon Duguit, Traité de droit constitutionnel, 3e edit., pp.257-258.

④ Léon Duguit, Leçons de droit public general, 1926, 10e leçon, p.180.

利存在的证据将影响案件的实体裁判,而并不影响诉讼的"可受理性"。狄骥主张诉权与主观权应当完全分离,即诉权的存在不以当事人享有权利为条件。传统诉权理论认为主观权视为诉权的成立要件,是因为存在这样的错误认识:法官的职责是对案件涉及的权利问题作出裁判,如果没有权利,就不应当存在诉讼。在狄骥看来,这是一种错误的诉讼观念。[①]

此外,在狄骥看来,诉权也不是一种独立的权利。如果诉权是一种独立的权利,那么不但应当存在享有权利的积极主体,也应当存在受权利约束的消极主体(le sujet passif du droit),即权利对象。根据诉权作为一种权利的观点,诉权的消极主体(被告)应当履行他对诉权的义务,他有义务协助、配合原告行使这项权利。但客观情况是,并非每个诉讼的被告都会出席庭审,而且参加案件庭审不是被告的义务。被告可以出庭参加庭审,行使他的答辩权,也可以自由地放弃答辩权。因此,我们无法说原告享有的诉权是一种针对被告行使的、独立的权利,被告不承担对原告诉权的任何义务。[②] 被告是否参加庭审,这是受"客观法"调整的内容,与原告的诉权无关;被告是否应当向原告履行某种给付或赔偿,这是对法官司法权的法定义务,而不是对原告诉权的义务。

"法官不得拒绝裁判"是"客观法"上的法律规范。法官是否要对原告的诉讼请求进行审理和裁判,这同样是受"客观法"调整的内容,而不是对原告享有的所谓"诉权"的义务。从这一点来看,把"诉权"视为一种独立的"权利"也是说不通的,被告和法官都不是"诉权"的消极主体,不对所谓的"诉权"承担任何义务。法官"审判权"与原告所谓"诉权"之间的联系仅在于:原告向法院提起诉讼后,法官根据"客观法"的要求,有义务进行某些司法活动。"当事人根据法律提起某项诉讼,如果司法机关在案件审理的全过程不充分履行客观法规定的司法职责,那么司法机关就违反了法律,而不是违反了对当事人的义务。"[③]

即便把所谓的"诉权"(作为独立的权利)的消极主体定义为国家,即由国家承担针对当事人"诉权"的义务,这种诉权独立学说也存在问题。[④] 例如,当政府部门或检察院提起诉讼时,变成国家赋予政府部门或检察院一个独立的诉权,而该诉权的消极主体又是国家自身。换言之,国家在这

---

① Léon Duguit, Traité de droit constitutionnel, 3e edit., p.300.
② Léon Duguit, Traité de droit constitutionnel, 3e edit., p.301.
③ Léon Duguit, Traité de droit constitutionnel, 3e edit., pp.440-441.
④ 这种诉权独立学说在德国曾经非常流行,作为公法诉说说的一种,成为德国诉权理论的通说。参见 Goldschmidt, Zivilprozessrecht, 1929, p.29.

种诉权独立学说里，既扮演权利的积极主体，又是权利的消极主体。这造成理论上的混乱，无法自圆其说。

综合上述分析，在狄骥看来，把"诉权"视为一种独立权利的"诉权独立学说"是不能成立的。站在原告的立场，虽然诉权作为一种独立的权利看似对原告更为有利，因为诉权本身就代表某种利益，至少预示着某种利益，但是把"诉权"看作独立的权利是对"诉权"的误解，并导致了许多理论上的误区。

3. 狄骥的诉权理论

在狄骥看来，只要当事人的利益遭受某种违法行为的侵害，或他的法律地位遭受损害，该当事人就能够向法官提起诉讼。所谓的"诉权"既不是实体权利在司法中的表现形式，也不是一种独立的权利。"诉权"是权利主体享有的一种非常笼统的权能，它是权利实现的一种途径。法律允许当事人在诉讼条件具备后向法院提出诉讼请求，法院的职责就是制止对权利的侵害。因此，当事人行使"诉权"必然伴随着"提出诉讼请求"这个法律行为，"提出诉讼请求"是一种受"客观法"调整的"合法行为"（un acte conforme à la loi）。[1] "提出诉讼请求"构成了"诉权"的内涵。在狄骥的诉权理论中，诉权与"提出诉讼请求"从本质上来说是同一个概念。诉权是从事某种法律行为的权能，而该法律行为就是指提出诉讼请求。

狄骥曾经批评蒂西埃（Tissier）区分"诉权"与"提出诉讼请求"的学说。[2] 蒂西埃认为："提出诉讼请求属于诉讼程序中的司法行为，而诉权从本质上来说是一种权利，诉权与诉讼程序无关。原因很简单，当我们讨论提出诉讼请求时，意指从事某种程序行为以便获得法庭的支持。所以，起诉行为、诉权和提出诉讼请求是三个不同的概念。"

狄骥则认为，"当事人提出诉讼请求是诉讼程序的必要过程之一，它使法官能够也应当在其司法管辖权内履行司法职责，对当事人提出的诉讼请求进行判决。法官履行司法权，并非作为当事人诉权的义务，而是履行'客观法'的要求，或制止已经出现的违法行为，或保护当事人的法律地位。诉权根本算不上一种独立的权利，它与提出诉讼请求是同一个概念"[3]。至于当事人提出的诉讼请求是否具有"可受理性"，这取决于当事人对"需要由法官裁判的法律争议"（即当事人提出的诉讼请求）是否具有"利益"。[4] 只

---

[1] Léon Duguit, Traité de droit constitutionnel, 3e edit., pp.250-251.
[2] Léon Duguit, Traité de droit constitutionnel, 3e edit., p.358.
[3] Léon Duguit, Traité de droit constitutionnel, 3e edit., p.477.
[4] Léon Duguit, Traité de droit constitutionnel, 3e edit., p.433.

要当事人对诉争法律问题存在某种利益，诉讼就必然具有"可受理性"，法院不得拒绝受理，更不得拒绝裁判。①

4. 对狄骥诉权理论的评价

狄骥的诉权理论将"诉权"与"权利"区分开，这是他为现代诉权理论发展扫除的一个重要障碍。当我们研究诉权的性质和特征时，就可以避免传统诉权理论中许多难以解释的问题。但是狄骥将"诉权"与"提出诉讼请求"混同的观点有失偏颇，这导致他对"诉权"的性质进行研究时，出现摇摆不定的立场，时而称"诉权是权利的实现途径"②，时而又称"诉权是权利实现的可能性"③。

另外，狄骥把"利益"视为"提出诉讼请求"（或"诉权"）的唯一条件，这种观点也值得探讨。法国现代诉权理论以"利益"和"资格"作为当事人是否享有"诉权"的标准，如果按照狄骥的观点，当事人提起的诉讼的"可受理性"不以"资格"为要件，那将无法解释某些案件中当事人不具有"利益"，但是仍然能够提起诉讼的情形。甚至，在另外一些情况下，当事人对诉讼具有"利益"，但是他不享有诉权的情形，比如自然之债。④

还有一种情况是，当事人提出诉讼请求没有按照诉讼法规定的形式进行，法官也不会受理这个案件。例如，在没有特殊原因的情况下，以口头方式提出诉讼请求。如果当事人遵守诉讼法的规定提起诉讼，那么法官至少应当作出该诉讼是否具有"可受理性"的决定。假如原告的诉讼不符合案件受理条件，法官就会作出案件不予受理的决定，其诉讼请求当然也是"不可受理"的。在这种情况下，法官已经进行了司法活动，甚至可能会制作法律文书。

在狄骥看来，诉讼或诉讼请求的"可受理性"只取决于是否存在损害当事人利益的违法行为，或侵害当事人法律地位的行为。当事人在起诉时不必证明他的某项法律"权利"遭受他人侵害，换言之，诉讼的"可受理性"与实体"权利"无关。尽管狄骥对"诉权"概念的定位还不是十分清晰的，但是他将"诉权"与"权利"或"主观权"完全隔开的观点对现代诉权理论的发展意义重大。至于诉权要件究竟是以"利益"作为唯一判断标准，或是加入"资格"等其他要素，这是狄骥之后的法学家的工作。对于现代诉权理论的

---

① Léon Duguit, Leçons de droit public general, 1926, 10e leçon, pp.180-181.
② Léon Duguit, Traité de droit constitutionnel, 3e edit., p.224.
③ Léon Duguit, Traité de droit constitutionnel, 3e edit., p.299.
④ 与狄骥不同，欧里乌巧妙地以"合法利益"作为诉权成立的要件，而不是"利益"。"合法利益"是受到法律"充分"认可和保护的利益（reconnu suffisant par la loi），这在一定程度上可以避开类似质疑。

发展，狄骥的贡献是关键性的，"诉权"与"权利"的分离标志着法国诉权理论从传统走向现代。

（三）耶兹的诉权理论

耶兹在总体上继承了狄骥的诉权理论，他反对传统诉权理论，也反对把"诉权"视为一种独立的"权利"或"主观权"。在此基础上，耶兹把"诉权"定义为一种诉诸司法的权力。这一"权力"的表现形式是"提出诉讼请求"的法律行为，并且是"设条件的法律行为"（acte-condition），即从事该法律行为必须满足某些条件。耶兹认为："诉权"是指一种诉诸司法的"权力"，这项"权力"属于"客观法"的范畴，是一种"客观权"（un pouvoir objectif），只不过当事人行使这一"客观权"时需要满足某些条件。

耶兹认为法院与其他公共服务部门并无本质上的区别，都是为了满足某种"秩序利益"（les intérêt d'ordre général）。唯一有所不同的是，其他公共服务部门服务于全体公民的共同的、普遍的利益，而法院服务于诉讼当事人的个人利益。① 法院通过判决的方式给当事人的"利益"提供保护。当事人请求法院介入私人事务的所谓"诉权"并不是一种真正的"权利"，它是一种非私人的、客观的、受"客观法"保护的权力，或者也可以称之为非私人的、客观的"法律地位"（un status）。②

所有的当事人都享有这项"权力"；这种权力是由法律设立并予以规范的③，它的存在与性质不受任何私人因素的影响④；它是一种永恒存在的权力⑤；这种权力的行使没有期限的限制，也不妨碍当事人可以重新提起诉讼；公民不得以笼统的方式放弃这项"客观权力"。如果某个公民以笼统的、概括性的方式宣称自己放弃一切诉诸法院的权力，那么这种弃权行为是绝对无效的。⑥ 因此，诉诸法院的权力（即所谓的"诉权"）是一种普遍的、非私人的"客观权力"，尽管它是为了保护公民个人享有的"主观权"或

---

① Gaston Jèze, Les principes généraux du droit administratif, 3e édit., 1936, t.Ⅲ, p.3.
② Gaston Jèze, Les principes généraux du droit administratif, 3e édit., 1934, t.Ⅰ, p.12 et 170.
③ 在耶兹看来，当事人"诉权"与司法职能一样，都属于"公共秩序"（l'ordre public）的组成部分，属于"客观法"的调整范围。参见 Gaston Jèze, Les principes généraux du droit administratif, 3e édit., 1936, t.Ⅲ, pp.15-16.
④ "法律对当事人行使诉权的条件进行了规定，但是这种规定是普遍的、恒定的，它不因人而异。换言之，当事人或法院都无权对诉权的行使条件进行任何形式的修改。"参见 Gaston Jèze, Les principes généraux du droit administratif, 3e édit., 1936, t.Ⅲ, p.15.
⑤ Gaston Jèze, Les principes généraux du droit administratif, 3e édit., 1934, t.Ⅰ, p.14.
⑥ 但是在具体个案中，根据耶兹的观点，当事人可以放弃这种诉诸法院的权力，即所谓的"诉权"。

法律地位,它不能与其旨在保护的"主观权"混为一谈。①

当事人行使"诉权"表现为根据意思自治的原则向法院"提出诉讼请求"这一法律行为。只要当事人"提出诉讼请求"的法律行为符合法律规定的条件,法院就必须受理诉讼并作出判决。需要注意的是,法院的司法职责并非对当事人的义务。如果法官拒绝受理案件或者拒绝裁判,那么法官将承担某种责任,但是这种责任不是与当事人形成的合同责任(une responsabilité contractuelle)。②

"诉权"是一种"客观权",而不是要求法院为或不为某种行为的"主观权"。换言之,当事人与法院之间是受"客观法"规范的公法关系,而不是受"主观权"约束的私法关系。这是耶兹的诉权理论与现代诉权理论的最大差别。现代诉权理论把"诉权"定义为当事人享有的、区别于实体"权利"的、独立的"主观权"。这场关于"诉权"的论战已经把焦点转向"主观权"与"客观权"的对决,这绝不仅仅是法律术语层面上的纠缠。诉讼法学家往往站在私人的立场来思考诉讼的问题,认为诉权就是一种属于当事人的、具体的、独立于其旨在保护的实体权利的"主观权"③;公法学家则认为当事人诉讼与国家司法制度密切联系,应当站在国家的立场看待诉讼问题,毕竟诉讼牵涉的不仅仅是当事人的实体权利或法律地位。

(四)莫图尔斯基的诉权理论

莫图尔斯基(Motulsky)是法国现代诉权理论的奠基人。莫图尔斯基提出,诉权是一种"程序上的主观权"。④ 这一观点建立在两个层面的理论推演上,即"诉权是主观权,而不是客观权","诉权与实体法上的主观权不同,它是程序上的主观权"。

其一,"诉权是主观权,而不是客观权"。关于诉权性质的主观权与客观权之争,由来已久。受狄骥、耶兹等法国公法学者的强烈影响,20世纪50年代,法国民事诉讼法学家大多赞成客观主义诉权观,例如威兹沃兹(Vizioz)认为"诉权"是一种非个体化的、普遍的、永恒的权利,它是一种客观的法律地位。但是,莫图尔斯基认为应当将"诉权"与"诉诸司法的权利"区分开。"诉诸司法的权利"是指启动司法程序,这是任何公民都享有的基本自由;而"诉权"通常是为了保护个体的、特定的、实体法上的主观权而

---

① Gaston Jèze, Les principes généraux du droit administratif, 3e édit., 1934, t. I, p.171.
② Gaston Jèze, Les principes généraux du droit administratif, 3e édit., 1936, t. III, pp.15-16.
③ 这里存在两个"主观权":其一是旨在保护的实体权利上的"主观权",其二是作为"诉权"本身的"主观权"。这种观点目前已经被法国现代诉权理论接受。
④ Henri Motulsky, Ecrits, études et notes de procédure civile, 2009, p.100.

行使的权能。这种权能依托于实体法上各种主观权的强制性规定,当事人有权为保护自身利益而运用实体法中的强制性规定,提起诉讼。

其二,"诉权与实体法上的主观权不同,它是程序上的主观权"。当事人援引实体法上的强制性规定,保护自己利益的权能,但是这种权能的实现需要借助程序上的机制。这种程序上的机制就是诉权理论,包括诉权概念、诉权要件、诉权的法律效果等。莫图尔斯基称之为"另一种法律规则",以便与实体法上的主观权规范相区别。

1962年,莫图尔斯基被法国戴高乐政府时期的司法部长、著名法学家 Jean Foyer 任命为"法国民事诉讼法改革委员会"主席,负责现行《法国新民事诉讼法典》的立法起草工作。1964年,莫图尔斯基在巴黎大学的演讲时,首次系统地阐述其诉权理论,并撰文刊发于《法哲学杂志》。现行《法国新民事诉讼法典》关于诉权的立法被认为是莫图尔斯基理论观点的复述。

下篇

独树一帜的法国诉权理论

第一章　诉权在法国民事诉讼理论体系中的地位

一、诉权的概念

传统诉权理论将诉权与诉权旨在保护的权利紧密地连接在一起，丝毫不顾这种理论将会造成的理论怪圈。① 即只有当诉权旨在揭示、宣告和保护的权利预先存在的情况下，诉权才能作为该权利的附属而存在。对于程序法学者来说，Demolombe 的观点并不陌生："诉权，说到底只是处于运作状态的权利本身"，因此，诉权仅仅是权利的延伸。根据 Demolombe 的观点，Garsonnet 和 Cézar-Bru 分别作了进一步发挥："无诉既无权利""一个诉对应一个权利""诉是权利的构成"。

现代诉权理论否定了过去这些不符司法实践的观点。过去这些不符实际的、过于主观的观点导致诉权沦为权利的延伸，现代诉权理论则把诉权视为一种客观的、基本的和普遍的权利。按照现行的通说理论，诉权与实体法上的主观权已经完全分离，即诉权与实体请求完全分离，诉权作为"纯粹的提出诉讼请求的权利"（Pure faculté à la demande）而独立存在。

然而，现代诉权理论也没有采纳耶兹的诉权学说，他把"诉权"理解为一种"客观权"。莫图尔斯基认为当事人因行使诉权而产生的诉讼关系是一种个体之间的、非普遍化的关系，因此不能把"诉权"看作普遍的、永恒的权力，也不能把"诉权"看作任何人享有的受客观法调整的法律地位。② 莫图尔斯基认为"诉权"是一种"程序上的主观权"③，其意义在于当个人权利或法律地位遭受侵害时，当事人得诉诸法院要求获得保护。对于原告来说，诉权是"对实体问题的意见陈述能为法官所听取"的权利。这种现代诉权理论越来越切合立法和司法实践。④

《法国新民事诉讼法典》对诉权理论的更新做出了回应。《法国新民事诉讼法典》第 30 条采纳了莫图尔斯基的观点，把诉权定义为"对于提出某项诉讼的人，诉权是指其对实体问题的意见陈述能为法官所听取，以便法

---

① J.Héron, Droit judiciaire privé, 2006, nº31, p.35.
② Henri Motulsky, Ecrits, études et notes de procédure civile, 2009, p.98.
③ Henri Motulsky, Ecrits, études et notes de procédure civile, 2009, p.100.
④ H. Solus et R. Perrot, Droit judiciaire privé, 1991, t. I , nº104, p.104.

官裁判该请求是否有依据的权利。对于对方当事人，诉权是指辩论此项诉讼请求是否有依据的权利"①。《法国新民事诉讼法典》第二编"诉权"原有三个条文，即第 30 条、第 31 条和第 32 条。第四个条文是诉权滥用之禁止条款，它由 1978 年 1 月 20 日法令增加上去的，即第 32-1 条。

《法国新民事诉讼法典》将"诉权"定义为原告"对实体问题的意见陈述能为法官所听取"的权利（droit d'être entendu），这使原告的"诉权"有了具体的内涵，并且与其旨在保护的实体权利作出区分。但是被告的"诉权"含义与原告的"诉权"有所不同，被告享有的"诉权"是指"辩论原告的诉讼请求是否有依据"的权利。"诉权"虽然具有双重含义，但是这两种含义之间并不是对称关系，即原告享有的"诉权"与被告享有的"诉权"有不同的内容。对于被告来说，"诉权"主要体现为提出"诉不受理"的抗辩②和被告不具有诉讼"资格"的抗辩。

二、诉权与权利的分离

"诉权"与"权利"分离的原则是由 20 世纪初法国公法学家提出的，一直沿用至今。《法国新民事诉讼法典》第 30 条明确把"诉权"与作为诉讼标的的、实体法上的"主观权"分离。"诉权"与"权利"的独立、分离关系使以下情况在理论上成为可能："有诉权而无权利"和"有权利但无诉权。"例如检察院对其提起的民事诉讼不具有实体"权利"，不具有实体法上的"主观权"，但是检察院仍然享有诉权。检察院提起的民事"公诉"不是为了保护实体"权利"，而是为了维护法律秩序。③

法学理论应当承认"有权利但无诉权"确实客观存在，因为权利人可能被剥夺诉权。这些情况是传统诉权理论无法解释的。最典型的例子是自然之债。债权人无法起诉债务人，要求债务人归还债务。毫无疑问，即便是支持传统诉权理论的学者也承认这一典型例外。④ 同样地，当法学家们研究自然之债时，他们也无法回避其"有权利但无诉权"的特性。另一个例子是赌债。根据《法国民法典》第 1965 条和第 1967 条的规定，赌债的

---

① Code de procédure civile, Art. 30: "L'action est le droit, pour l'auteur d'une prétention, d'être entendu sur le fond de celle-ci afin que le juge la dise bien ou mal fondée. Pour l'adversaire, l'action est le droit de discuter le bien-fondé de cette prétention."

② Code de procédure civile, Art. 122.

③ 法国有的学者把这种诉讼称为"客观法之诉"，因为这种诉讼是为了维护"客观法"的秩序。参见 Jean Carbonnier, Flexible droit, 2001, p.23; Loïc Cadiet, Soraya Amrani-Mekki, Jacques Normand, Théorie générale du procès, 2009, nº57.

④ Garsonnet et Cézar-Bru, Traité de procedure civile, nº352, p.522.

债权人无权起诉债务人。赌债的债权人只是被剥夺了诉权，他并没有被剥夺权利。部分学者习惯于援引"任何人都不得依据其自身的不法行为向法院提起诉讼"（Nemo auditur suam propriam turpitudinem allegans）① 来对赌债不予保护进行解释。这种解释过于宽泛，而且也不准确。假如一个合同的约定内容被认为有损道德原则，或者该合同的约定内容可能构成不法行为，那么合同当事人是否也应当被剥夺诉权？显然，以"任何人都不得依据其自身的不法行为向法院提起诉讼"来解释"有权利但无诉权"的情况是不妥的。

传统法学理论也一直认可：无论是到期债权还是附生效条件的债权，债权人都一直拥有该项债权，即便该债权受限制性规定的制约。当债权尚未到期，债权人即使拥有权利，他也不享有向法院提起诉讼要求实现债权的诉权。这也是"有权利但无诉权"的情况。债权人只能在某些紧急情况下要求法院保全债务人的财产，以间接保护自己的债权。

"诉权具有时效性，而抗辩权则是永恒的"（quae temporalia sunt ad agendum perpetua sunt ad excipiendum）。根据这条法谚，假如某法律行为无效之诉是有时效性的，那么就该法律行为无效的抗辩则没有时效限制。这可能会导致以下结果：根据《法国民法典》，假如超过10年或者30年的诉讼时效，那么债务人就丧失了提出该法律行为无效之诉的诉权，但是当债权人起诉要求债务人偿还债务时，债务人却又可以提出该法律行为无效的抗辩。② 在这种情况下，债务人其实被剥夺了一部分诉权。换言之，他只能以被告抗辩的形式行使诉权，而不能以原告的身份行使诉权。

如果说"有权利但无诉权"的客观存在获得了较为广泛的认同，那么"有诉权但无权利"是否存在总是引发人们的质疑。是否真的存在"有诉权但无权利"的情形？我们往往会举出这样的例子来证明其存在：原告提起某项符合受理条件的诉讼，但该项诉权的行使缺乏实体权利的支持，即原告被驳回诉讼请求。于是，这个问题转化为"提出诉讼请求的权利"（le droit de demander）与"诉讼请求"（la demande）本身的区别。

一个更值得关注的问题在于，某些司法判决使"潜在的权利"（un droit latent）最终成形，这种情况下原告在诉讼前并没有实体权利。如果把诉权概括地定义为主张已经存在的实体权利的权利，那么借用法学家Hébraud的话来说，"在大多数情况下，向法院起诉更像是一种基本的特权（une prerogative principale），只要具备一定的确定性和合法性，当事人就能获得

---

① Marty et Raynaud, Droit civil, t. I , 2e éd., n°273.
② Cass. 3e civ., 16 mai 1973: Bull. Civ. III, n°351; D.1973, inf. rap. p.163.

有利于自己的结果,而这些结果就构成了实体权利本身"。这是罗马法的"诉"创设权利的现代翻版,并且在法国司法实践中真实存在。

法国最高法院通过裁定形式,确认 Poitiers 地区上诉法院的一份判决是合法有效的,该裁定允许业主和他的工人们在他邻居的土地上临时通行,以便维修急需修葺的房屋墙壁。"根据原审判决,Goguet 的房屋墙壁已经无法支撑屋面,必须得到紧急维修。为了顺利进行维修工作,业主 Goguet 不得不通过属于 Monin 的土地。与维修墙壁的重要性相比,这种通行无关痛痒,时间极为短暂,并且仅仅可能造成极为微小的损失。另外,上诉审法官已经阐明判决不会对 Monin 造成重大损失,双方当事人的权利都能获得保护。假如真的发生了偶然意外,导致 Monin 的财产遭受损害,Monin 有权向具有管辖权的法院起诉,要求法院勘察并估量损失,并要求对方予以维修或赔偿。"[1] 原告本来不享有对被告土地的通行权,但是法国司法通过赋予当事人诉权的形式,承认当事人享有这项权利。

"诉权"与"权利"的分离也有利于解释"诉不受理"(l'action irrecevable)和"诉无理由"(l'action mal fondée)的区别。"诉不受理"是指当事人无权提起诉讼,无权要求法官听取他对实体问题的意见陈述,更不可能对诉讼标的进行实体审理(un examen au fond de l'objet du litige)。"诉无理由"是指当事人有权提起诉讼,并且诉讼已经被受理,但是当事人的诉讼请求缺乏足够的理由。"诉不受理"的原因是当事人不具有诉权,包括缺乏诉的利益、诉争事实属于既判事项等情形。根据《法国新民事诉讼法典》第 32 条的规定:"不具有诉权的人或者针对不具有诉权的人提起的诉讼都构成诉不受理。"

三、诉权与权利的必要联系

毫无疑问,《法国新民事诉讼法典》第 30 条的定义表达了现代诉权理论将"诉权"与"权利"分离的立场。然而,"诉权"与"权利"的区分不应走向极端,两者之间存在着必要的联系。[2] 部分学者对诉权与权利分离的观点产生怀疑,他们认为诉权很难与实体权利主张完全分开。"诉权与诉讼请求的区分是合理且必要的,但是诉权与权利的分离则不会带来任何好处。"[3] 作为程序上的主观权的"诉权"与作为实体上的主观权的"权利"不

---

[1] Cass. 1re civ., 14 déc. 1955: D. 1956, p.283, note Blanc.

[2] G. Wiederkehr, La notion d'action en justice d'après l'article 30 du Nouveau Code de procédure civile, Mélanges Hébraud, p. 949.

[3] J. Héron, Droit judiciaire privé, 2006, n° 36, p. 38.

能绝对分离，两者之间保留着必要的关联性。

法国法按照诉讼标的对"诉"进行了分类，而诉讼标的的类型主要取决于涉及的"权利"性质。根据权利性质的不同，可以分为"对人之诉"、"对物之诉"和"混合之诉"；根据权利内容不同，可以分为"不动产之诉"和"动产之诉"，"所有权之诉"和"占有之诉"。既然诉权是为了保护当事人的某种权利或者法律地位，诉权和诉讼程序必然也带有诉争权利的特征。

民事诉讼毕竟与行政诉讼存在区别：行政诉讼允许当事人针对一项违反客观法的行为（或者违反法律秩序的行为）提起诉讼，但是民事诉讼的目的与行政诉讼不同，民事诉讼一般是以保护某项权利或者法律地位为目的。当然，也存在一些例外。检察院提起的民事"公诉"就不是以权利保护为目的；"没有权利但有诉权"的案件也很难说是为了保护所谓的、缺乏明确法律依据的"权利"。在这些情况下，检察院或当事人是否享有诉权取决于他们对本案是否有"诉的利益"。"诉的利益"作为判断"诉权"是否存在的要件，它是"诉权"与"权利"必要联系的载体，是联结实体法和程序法的桥梁。[①]

《法国新民事诉讼法典》第二编关于"诉权"的规定从两个方面确立了"诉权"与"权利"的必要联系。

其一，从逻辑上来说，如果严格区分"诉权"与"权利"，就必然要随之建立"诉不受理"与"诉无理由"两种制度。尽管逻辑上有这样的区分，但是法国民事诉讼立法和民事司法实践上从来没有建立起"诉不受理"和"诉无理由"两种制度，也不存在"裁定驳回起诉"和"判决驳回诉讼请求"的判决类型。《法国新民事诉讼法典》第123条规定了"拒绝受理"（les fins de non-recevoir）制度，即使被告已经就实体问题进行答辩，他仍然有权在诉讼的任何阶段主张原告的诉权不存在，并要求法院对本案做出"拒绝受理"的判决。"拒绝受理"的判决既不是"裁定驳回起诉"，也不是"判决驳回诉讼请求"，这种判决只意味着法官宣告本案不得进入实体审理，亦即不审理原告的诉讼请求。总而言之，法国民事诉讼立法和司法实践并不采纳"诉不受理"与"诉无理由"的逻辑划分，"诉权"与"权利"的区分也没有逻辑上那么绝对。

其二，判断诉讼是否具备"可受理性"，并不单纯是程序上的问题，它牵涉实体法。换言之，虽然"诉权"的存在不以"权利"存在为前提，但是实体权利可能通过"诉的利益"而对"诉权"产生影响。《法国新民事诉讼法

[①] Rappr. Cass. Com. 3 févr. 2009: Procédure 2009, n°159, obs. Rolland.

典》第 31 条规定了"诉权要件":"任何对某个案件的胜诉或败诉享有合法利益（l'intérêt légitime）的当事人,都享有诉权。但是以下情形例外:法律特别赋予当事人行使诉权的资格,使他能够提起诉讼或对他人提起的诉讼予以抗辩,或者法律特别赋予当事人行使诉权的资格,使他能够为保护某种特定利益而提起诉讼。"[1] 原则上,当事人享有"诉权"必须以"合法利益"的存在为前提。[2]

当事人对诉讼是否具有"合法利益",不可避免地要以实体问题的审理为前提。[3]"合法利益"成为判断诉讼的"可受理性"与对诉讼请求进行实体审理之间的跳板:在不知不觉中,"诉的利益"的合法性问题转变为实体法上"诉讼请求"的合法性问题。将"诉的利益"划定为"合法利益",这种规定又将"诉权"导向传统诉权理论,即"诉权以法律规定的权利为前提",甚至"诉权不过是法律规定的权利在司法中的表现形式"。不过,《法国新民事诉讼法典》第 31 条的但书条款还是留下了一些余地,当事人也可以因某些"特定利益"而享有诉权。

---

[1] Code de procédure civile, Art. 31: "L'action est ouverte à tous ceux qui ont un intérêt légitime au succès ou au rejet d'une prétention, sous réserve des cas dans lesquels la loi attribue le droit d'agir aux seules personnes qu'elle qualifie pour élever ou combattre une prétention, ou pour défendre un intérêt déterminé."

[2] 一般来说,"诉的利益"作为诉权的要件是被法国法学家广泛认可的。但是,《法国新民事诉讼法典》将"诉的利益"定义为"合法利益"引来了许多学者的质疑,虽然法典也在"合法利益"之后规定了但书条款,给某些不属于"合法利益"的"特定利益"留下余地。有学者认为:立法把"合法利益"作为诉权要件是"多余的、无意的和危险的"。参见 Loïc Cadiet, Emmanuel Jeuland, Droit judiciaire privé, 2009, p.216.

[3] H. Solus et R. Perrot, Droit judiciaire privé, 1991, t.Ⅲ, n°228.

第二章　诉权的要件

诉权是程序上的主观权,诉权的成立应当符合某些要件。另外,某些情况可能会影响诉权的成立,我们称之为诉权的消极要件。

如前所述,传统诉权理论把诉权要件列为四个要素:权利(le droit)、利益(l'intérêt)、资格(la qualité)和能力(la capacité)。① 四要件的诉权要件理论招致很多批评:其一,当事人是否享有实体权利并不是判断该当事人是否享有诉权的必要条件,把"权利"看作"诉权"的要件之一,是混淆了两者之间的关系。其二,对于"资格"要件,应当仔细区分"享有诉权的资格"和"行使诉权的资格"。② "享有诉权的资格"作为诉权要件之一是毫无疑问的,正如"享有权利的资格"也是所有主观权成立的要件。死亡的自然人和不具有法人资格的团体就不具有"享有诉权的资格"。传统诉权理论并不是把"享有诉权的资格"作为诉权要件,而是把"行使诉权的资格"作为诉权要件。这在逻辑上产生混淆,根据"行使诉权的资格"的含义,它应当是诉权行使的条件,而不是诉权成立的条件。享有诉权的无诉讼能力人可能就无法行使诉权,除非由第三人协助或者代理。

因此,诉权要件应当只包含两个要素,即"利益"和"资格"("享有诉权的资格")。诉权要件的两要素理论被《法国新民事诉讼法典》采纳,第31条规定:"任何对某个案件的胜诉或败诉享有合法利益的当事人,都享有诉权。但是以下情形例外:法律特别赋予当事人行使诉权的资格,使他能够提起诉讼或对他人提起的诉讼予以抗辩,或者法律特别赋予当事人行使诉权的资格,使他能够为保护某种特定利益而提起诉讼。"《法国新民事诉讼法典》第31条包含两层意思:其一,任何提起诉讼的原告、提起抗辩的被告和参加诉讼的第三人都必须享有诉权,否则不能进入诉讼程序。参加诉讼的第三人应当享有诉权,是由司法判例确立的规则。③ 其二,"利益"是所有"诉权"都必须具备的要件,而"资格"只在特别情况下才是"诉权"成立的必要条件。④

---

① Garsonnet et Cézar-Bru, Traité théorique et pratique de procédure civile, t. I , n°356. p.529.
② Ingrid Maria, De l'intérêt de distinguer jouissance et exercice des droits, dans La Semaine juridique Edition générale(JCP G) 2009, I , 149.
③ Cass. 1re civ., 19 janc. 1983: Bull. I , n°27.
④ J.Héron, Droit judiciaire privé, 2006, n°53 et 54.

一、诉的利益

诉的利益是指诉讼可能给当事人带来的收益（le profit）、好处（l'avantage）或者效益（l'utilité）。① 如果当事人享有"诉的利益"，这就意味着他可以通过诉讼来改变或者提升自己的法律地位。准确来说，当事人遭受某种侵害或者不利益（un mal）时，当事人享有"诉的利益"表现为获得"救济"（un remède）。"没有利益可能意味着当事人没有遭受不利益，也就不能获得救济。"②

传统诉权要件理论就已经把"诉的利益"作为诉权存在的必要条件。法国法学家经常提到这样的法谚："利益是衡量诉讼的标尺"（l'intérêt est la mesure des actions），"没有利益就没有诉权"（pas d'intérêt, pas d'action）。现代民事诉讼立法也明确认可了"利益"作为诉权的要件，即《法国新民事诉讼法典》第31条。如果当事人向法院提起诉讼不是为了保护某项利益或者好处，那么当事人的诉讼将被驳回，法官不必对案件进行实体审理，更不必对原告的诉讼请求是否成立作出裁判。当事人享有的"诉的利益"可能是财产性的利益，也可能是非财产性的利益；可能是物质利益，也可能是纯粹的精神利益。但这并不是说任何利益都能成为诉权要件，并被法院接受。"诉的利益"应当在行使诉权时存在，并且应当符合某些特征。

1. "诉的利益"之存在

"诉的利益"应当是已经存在的（né）和现实的（actuel）。原告只有在起诉时能够证明对案件具有"已经存在的"和"现实的"利益，他才享有诉诸法院的"诉权"。当事人应当证明该利益是"已经存在的"和"现实的"。③ 如果"诉的利益"尚未产生，则原告无法提起诉讼，例如附生效期限的买卖合同，当事人在期限届满前提起的诉讼就不具有"可受理性"。

"诉的利益"要求是"已经存在的"和"现实的"利益，这种要求具有两方面的作用：其一，当事人不得依据已经"过去的利益"（un intérêt passé）提起诉讼，例如当事人因逾期丧失权利（une forclusion），纠纷已经经过判决等。其二，当事人要求保护其"或然性利益"（un intérêt éventuel）的诉讼也不具有"可受理性"。"法官不关心纯粹的期待利益。"④ 这一要求将当事人为保护"纯粹的期待利益"而提起的"预防之诉"（les actions préventives）

---

① H. Capitant, Vocabulaire juridique, V°intérêt; H. Solus et R. Perrot, Droit judiciaire privé, 1991, t.Ⅲ, n°266.
② G. Cornu et J. Foyer, Procédure civile, 1958, p.344.
③ Cass. 3e civ., 8 févr. 2006: JCP 2006, Ⅳ, 1475.
④ Cass. 3e civ., 29 sept. 2004: RTD civ. 2004, 774, obs. Perrot.

排除在法院受理的案件之外,同时,又没有给当事人提起"宣告之诉"(les actions déclaratoires)造成障碍。

第一,"预防之诉"的不可受理性。

"预防之诉"的定义一直不是很清晰,理论上有不同的看法。但是从严格意义来说,"预防之诉"就是指"质询之诉"(l'action interrogatoire)和"质疑之诉"(l'action provocatoire)。提起"预防之诉"的当事人是为了请求法官对某项法律权利的存在、合法性和权利内容予以判决,而这项权利与原告完全无关。在"预防之诉"中,当事人并不具有任何"已经存在的"和"现实的"利益,因此,"预防之诉"是不可受理的。

"质询之诉"是这样的诉讼:原告要求拥有选择权的被告明确声明接受或者放弃某项权利,或者选定他人行使这项权利。[①] 例如,要求继承人在尚未到达法定期限届满之日前,做出接受继承或者拒绝继承的决定,若当事人向法院起诉继承人并提出这种"质询之诉",这种案件就是"不可受理的"。"质疑之诉"是指被告公开宣称某项权利归他所有,原告虽然不是权利的真正所有人,但是他质疑被告作为权利所有者的法律地位而提起诉讼,要求被告证明他拥有这项权利的合法性。[②] 这种诉讼就被称为"质疑之诉",原告对该项诉讼不具有任何"利益",因此"质疑之诉"也是"不可受理的"。

原则上,"质询之诉"和"质疑之诉"都是"不可受理的",因为原告不具有"诉的利益",而且这两种诉讼都强迫把他人引入诉讼中,这侵害了当事人行使诉权的自由。换言之,虽然有些热爱吹牛的狂妄之人经常吹嘘自己享有某些权利,但任何人都无法对他们提起"质疑之诉",除非是权利的真正所有者。至于"质询之诉",法国民事诉讼法典破例地允许一种"质询之诉"存在,即法典第 300 条规定的"伪造文书之诉"。"伪造文书之诉"是指原告发现某个文书或字据有伪造的嫌疑,他可以向被告提起诉讼,要求被告声明是否会使用这些文书和字据。如果被告声明他不使用这些文书和字据,则法官径行判决原告胜诉。这些文书和字据并不是由被告制作,虽然被告使用这些文书和字据可能对原告产生影响,但是这种影响并不必然发生。因此,"伪造文书之诉"的原告对诉讼并没有"诉的利益"。实际上,"伪造文书之诉"有利于避免日后发生纠纷。如果坚持"诉的利益"应当是"已经发生的"和"现实的"这一原则,拒绝当事人提起"伪造文书之诉",那么也许会造成更大的麻烦和损失。法国民事诉讼法在权衡两者利弊后,没

---

① G. Cornu, Vocabulaire juridique, Vº Action interrogatoire.
② G. Cornu, Vocabulaire juridique, Vº Action provocatoire.

有采取保守的做法,而是站在更务实、更符合社会生活的立场,允许当事人提起这个"质询之诉"。

除了上述"质询之诉"和"质疑之诉"外,法国诉讼法学家还认可一种对"预防之诉"的广义理解,即"预防之诉"也可以指当事人为了"未来利益"而提起的诉讼种类。法国民事诉讼法将这种广义的"预防之诉"称为"保全之诉"(les actions conservatoires)。①

如果当事人具有的利益是一种纯粹的"未来利益",那么他就不享有诉权,为保护纯粹的"未来利益"而提起的"保全之诉"就不具有"可受理性"。但是,假如当事人能够证明这种"未来利益"在可预见的将来必然实现,那么"保全之诉"就具有"可受理性"。法国民事诉讼法之所以承认这些"保全之诉"的可受理性,是出于保护当事人利益的考虑。这些"保全之诉"可以有效地预防某些损害的发生,尤其是当发生损害的情势已经十分明显。当事人在提起"保全之诉"时,应当以事实证据证明损害即将发生的急迫性。

综合上述分析,法国民事诉讼法并没有将"诉的利益"判断标准绝对化,在坚持"诉的利益"应当是"已经发生的"和"现实的"同时,也给"伪造文书之诉"这种特殊的"质询之诉"和部分"保全之诉"留下了余地。这也体现了法国民事诉讼理论和诉讼程序所具有的多元的、灵活的特征。

第二,"宣告之诉"的可受理性。

法国法的"宣告之诉"与德国法的"确认之诉"不是同一概念。"宣告之诉"是请求法官对某种法律情势(une situation juridique)的存在和效力进行查证并予以确认。《法国新民事诉讼法典》专门规定了某些"宣告之诉"是可受理的,这些"宣告之诉"集中在对文书真实性进行确认的案件。② 在某些"宣告之诉"中,很难说当事人对诉讼具有"已经发生的""现实的"利益,例如《法国新民事诉讼法典》第296条规定的"核对字迹之诉",原告可以起诉文书的落款人,要求确认签名是否属实。这一诉讼的提起不需要原告对被告享有某种权利,也不需要双方之间存在纠纷。立法的目的是维护社会交往秩序,尤其是交易的安全性。

毋庸置疑,原告不能对与其没有任何关系的人提起"宣告之诉"。然而,这里存在法律制度上的悖论。实体法赋予当事人许多权利,例如财产所有权、健康权、生命权等,这些权利都属于"对世权",即对任何人都发生法律效力。从这个角度来说,权利拥有者随时都具备"已经发生的""现实的""诉的利益",例如某个当事人对任何不确定的儿童都有权宣告"不是"

---

① H. Solus et R. Perrot, Droit judiciaire privé, 1991, t.Ⅲ, n°230.

② Code de procédure civile, Art. 285, 296 et 298.

这个儿童的父母；任何人都有权随时宣告他"是"某个国家的公民，具有某个国家的国籍。但是问题在于，"诉权"不是这样的"对世权"，当事人也无权判断自己是否享有"诉的利益"，因为"当事人不是自己案件的法官"。①因此，"宣告之诉"的适用范围仍然比较狭窄，通常是以立法许可为前提。

然而，法国现代民事司法实践已经逐渐拓宽"宣告之诉"的范围，并不绝对固守"诉的利益"应当是"已经发生的"和"现实的"原则；或者换个角度来说，现代民事司法对"诉的利益"原则有了新的理解。这一变化趋势尤其体现在合同案件中，例如合同双方对某个合同条款的解释无法达成一致，当事人就能向法院提起"宣告之诉"，要求法院仅对合同条款的含义作出宣告判决。这与现代民事诉讼的"合同化"（contractualisation）趋势非常契合，即当事人达成合意即可提起诉讼。

2. "诉的利益"之特征

法国民事诉权理论要求"诉的利益"具有两个特征：其一，《法国新民事诉讼法典》要求"诉的利益"具有"合法性"（légitime）特征；其二，普遍认可的理论传统要求"诉的利益"具有"私有性"（personnel）特征。

第一，"诉的利益"之"合法性"。

《法国新民事诉讼法典》第31条规定："任何对某个案件的胜诉或败诉享有合法利益（l'intérêt légitime）的当事人，都享有诉权。"根据这条规定，当事人在提起诉讼时享有的"诉的利益"应当具备"合法性"特征。正如前文已经提到过，立法以"合法性"作为"诉的利益"的特征，是受法国传统诉权理论的影响，在某种程度上仍然把"诉权"与法律规定的"权利"混同。这也许是受耶林的影响，他曾把"权利"定义为"受司法保护的合法利益"。如果当事人对案件的胜诉或败诉不具有这种"合法利益"，那么他提起的诉讼就不具有"可受理性"。很长一段时间里，法国民事司法拒绝受理姘居一方因另一方事故身亡而对责任人提起的损害赔偿之诉，因为姘居者对另一方并没有法律上的"合法利益"。②

如果以传统诉权理论的立场来解释"合法利益"，那么"合法利益"就是一种应该受到批评和质疑的不恰当要求。许多理应受到司法保护的当事人（例如姘居者）将无法提起诉讼，因为他们找不到明确的法律依据来证明对案件审理结果具有"合法利益"。实际上，这以"合法利益"为幌子要求当事人的诉讼请求具有"合法性"，例如姘居者提起的损害赔偿请求没

---

① J. Heron et T. Le Bars, Droit Judiciaire privé, Précis Domat, 2002, n°66.

② Ph. Le Tourneau et alii, Droit de la responsabilité et des contrats, 7e édit., 2008, n°1393-1395.

有法律依据,这项诉讼请求不具有"合法性"。① 审查诉讼请求是否具有"合法性"是案件的实体问题,既然现代诉权理论和诉权立法已经承认"诉权"独立于诉争实体"权利",当事人是否享有"诉权"就不应当再依据实体"权利"来判断。当事人能够证明实体"权利"存在,这是案件胜诉的条件,而不是案件"可受理性"的条件。②

近些年,法国民事司法与诉权的"合法利益"要件保持一定的距离,往往在当事人不具有"合法利益"的情况下也赋予当事人诉权,例如上述由姘居者提起的损害赔偿之诉。③ 随着姘居关系在社会生活中越来越普遍,民事司法抛弃了固守传统理论的保守做法,转而采取更为宽容的方式来认定"合法利益"。甚至在同性姘居关系(un concubinage homosexuel)里,同性姘居者在这样的诉讼中也具有"合法利益",尽管法国民法从来没有规定任何形式的同性姘居关系。④ 这体现了现代法国民事司法和诉讼理论趋于多元、开放的新趋势。

"诉的利益"之"合法性"应当被赋予新的含义,应当以新的立场对"合法利益"进行解释。将"合法性"理解为"有实体权利作为依据",这种传统学说已经不适合现代民事司法的要求,应当予以放弃。于是,"诉的利益"之"合法性"的理解出现了两种不同的新思路:其一,"合法利益"是指当事人对案件胜诉或败诉具有"重大利益"(l'intérêt sérieux)。但是,这种利益应当"重大"到何种程度并不明确,而且若当事人"诉的利益"并不重大,他就不享有诉权。⑤ 这似乎也并不合理。其二,将"诉的利益"之"合法性"理解为"法定性"(légal),即"诉的利益"应当符合"已经存在的""现实的""私有的"。如果当事人对诉讼具有的"利益"不符合这些要求,那么他提出的诉讼就不具有"可受理性"。⑥ "诉的利益"之"已经存在"和"现实性"是判断"诉的利益"是否存在的标准,按照这种思路,"诉的利益"只剩下"私有性"作为其特征,而这种"私有性"又是其"法定性"所要求的。

综合上述分析,无论采用哪种新的学说或新的思路,"诉的利益"的"合

---

① J. Vidal, L'arrêt de la chambre mixte du 27 février 1970: le droit à réparation de la concubine et le concept de domage réparable: JCP 1971, Ⅰ, 2390, n°16-18.

② Cass. 2e civ., 24 janv. 2002: JCP 2002, Ⅱ, 10118, note Boillot; Cass. 2e civ., 22 février 2007: JCP 2007, Ⅰ, 185, n°1, obs. Stoffel-Munck.

③ Cass. 2e civ., 19 février 1992: JCP 1993, Ⅱ, 22170, note Casile-Hugues.

④ Tribunal de grande Instance(TGI) de Belfort, 25 juill. 1995: JCP 1996, Ⅱ, 22724, note Paulin.

⑤ V. J. Carbonnier, De minimis non curat praetor: in Mél. J. Vincent, 1981, p.29; G. Couchez, Procédure civile, 15e édit., 2008, n°152.

⑥ P. Catala et F. Terre, Procédure civile et voies d'exécution, 1976, p.212.

法性"是一项必要的特征。这一"合法性"特征不仅体现在民事诉讼中，还体现在包括大部分行政诉讼在内的诉讼程序中。[①] "合法性"不能单纯地理解为存在某项法定"权利"，因为某些诉讼是针对他人权利滥用而提起的，原告提起这些诉讼的目的只是保护某种法律地位或法律状态。[②] 最近出现的以"诉的利益"之"私有性"特征来替代"合法性"的新思路，使"合法性"蜕变为只要不是"违反道德的"（immoral）和"不恰当的"（inopportun），当事人对案件胜诉或败诉享有的"利益"就具备了"合法性"特征。社会道德观念在不断变化，"诉的利益"之"合法性"评价标准也随之更新。尽管如此，"诉的利益"之"合法性"仍然可能成为法院受理新型诉讼的障碍。[③]

第二，"诉的利益"之"私有性"。

A. 属于自然人之"私有性"

当事人对案件胜诉或者败诉具有的"诉的利益"应当具备"私有性"，即只有当自己的权利或利益遭受侵害时，他向法院提起的诉讼才具有"可受理性"。换言之，诉讼的结果将对案件当事人产生直接影响。诉讼法不允许当事人为了保护非属个人的"一般利益"（l'intérêt général）向法院提起诉讼，检察院也不可能出面作为被告为这种"一般利益"辩护。当事人也不得为了保护他人利益而提起诉讼，除非他获得授权。[④]

显然，英美法上的"集团诉讼"在法国是行不通的，因为这种诉讼不符合"诉的利益"之"私有性"特征。"集团诉讼"允许少数当事人代表所有处于同一法律地位或陷入相同法律处境的人提起诉讼，保护这些尚不明确的、无组织性群体中的、属于个体的利益。以法国诉权理论看来，这种"集团诉讼"明显不符合"诉的利益"之"私有性"特征。尽管法国民事诉讼法学家最近也反复讨论是否应当接受英美法的"集团诉讼"制度，并且这种诉讼模式在某些情况下确实有利于"公众利益"（l'intérêt communautaire）的保护，但是在现有的诉权理论框架下，"集团诉讼"很难被法国司法实践认同。

B. 属于法人之"私有性"

[①] Emmanuel Jeuland, Droit processuel, 2003, p.70.

[②] R. Chapus, Droit du contentieux administratif, 2001, n°575.

[③] 例如，由祖父母或外祖父母提起的"确认非婚生孙子女之诉"。由于祖父母和外祖父母与孙子女之间不存在直接的权利义务关系，是否可以由祖父母或外祖父母提起"确认非婚生孙子女之诉"，这在学术界和司法实务界引起了较大争议，产生了一系列不太一致的判决。参见：Paris, 17 avr. 1992: D. 1993, somm. 164, obs. Garnet; Dijon, 21 oct. 1998: D. 1999 somm. 199 obs. Garnet; Cass. 1re civ., 19 juin 2008: RTD com. 2008, p.551, obs. Pollaud Dulian.

[④] Ph. Didier, De la représentation en droit privé, thèse Paris II, 1997.

"诉的利益"之"私有性"特征给某些为"共同利益"而提起的诉讼埋下了理论上的障碍，例如工会、行会组织、公益团体能否作为原告为保护"共同利益"而提起诉讼。① 一个有组织的团体存在层次多元的利益：团体的专属利益（l'intérêt propre）、成员的个人利益（l'intérêt personnel des membres）和部分成员的共同利益。② 判断一个团体、一个法人对某个诉讼是否享有诉权，原则上应当以存在"团体的专属利益"为标准。这种"团体的专属利益"不局限于物质利益，它也可能是精神利益。

但是，自然人或者法人也有可能在不具有"诉的利益"时有权提起诉讼，或者有权为他人利益而提起诉讼。根据《法国新民事诉讼法典》第31条的但书条款："法律特别赋予当事人行使诉权的资格，使他能够提起诉讼或对他人提起的诉讼予以抗辩，或者法律特别赋予当事人行使诉权的资格，使他能够为保护某种特定利益而提起诉讼。"该但书条款后半段就允许当事人在"诉的利益"不存在或不符合法定特征（"已经存在的""现实的"；"合法性""私有性"）时，仍然享有诉权。至于但书条款的前半段，就是关于诉权的另一个要件："诉的资格。"

二、诉的资格

"诉的资格"（la qualité pour agir）是指当事人行使诉权的法律资格（le titre juridique），亦即当事人有权请求法官对诉讼请求的合法性进行审查的资格。"诉的资格"与"诉的利益"之间的区别和界限并不十分清晰，它们是一对相邻概念。在对"诉的资格"进行定义时，虽然可以在文字上避免使用"诉的利益"，但是很难从实质上把"诉的利益"排除出去。甚至有的学者把"诉的资格"定义为："诉的资格是诉的利益的特殊形式。"③

"诉的资格"应当是一个独立的概念，它有其独立的实质内容。根据不同的诉讼类型，即"为自己利益的诉讼"和"为他人利益的诉讼"。"诉的资格"有不同的内容。

1. 为自己利益的诉讼

原则上来说，如果当事人提起诉讼是为了维护属于自己的利益，那么该当事人具有"诉的利益"就可以视为他享有了"诉权"，而无须去判断他

---

① L. Coupet, L'action en justice des personnes morales de droit privé, thèse Aix, 1974.

② "团体的专属利益"是指归属于团体的利益，这种利益只是与成员有关。"成员的个人利益"是指与团体无关的、属于个体的利益。在某些情况下，全体"成员的个人利益"会上升为"团体的专属利益"。"部分成员的共同利益"也是一种共同利益，但是这种共同利益不及于团体本身。

③ J. Vincent et S. Guinchard, Procédure civile, 25e édit., 1999, n°107.

是否具有"诉的资格"。这项诉权要件之原则体现为《法国新民事诉讼法典》第31条的规定："任何对某个案件的胜诉或败诉享有合法利益的当事人，都享有诉权。"大多数情况都属于"为自己利益的诉讼"，因此，当事人对案件具有诉的利益就视为享有了诉权。在这些情况下，"诉的利益"和"诉的资格"发生了混同，"诉的利益"吸收了"诉的资格"成为判断诉权是否成立的唯一要件。这种"诉权"被称为"普通诉权"（action banale），诉讼是否具有"可受理性"，取决于当事人能否证明具有某种利益。

但是，并非所有的"为自己利益的诉讼"都不需要"诉的资格"作为判断当事人是否享有诉权的要件。在某些案件中，当事人除了必须对案件具有"诉的利益"外，还应当具备"诉的资格"，即《法国新民事诉讼法典》第31条但书条款的前半部分："法律特别赋予当事人行使诉权的资格，使他能够提起诉讼或对他人提起的诉讼予以抗辩。"在这里，法条使用的是"赋予"（attribuer）一词，意指当事人对案件具备了诉权要件后，法律才授予当事人提起诉讼的权利。在这个法条中，"诉的利益"成为诉权要件的重要内容。这种"诉权"被称为"要求具备特定资格的诉权"（action attitrée），即诉讼是否具有"可受理性"，需要以"诉的利益"和"诉的资格"来判断。当事人除了必须具备第31条一般条款规定的"诉的利益"外，在某些案件里，还必须具备第31条但书条款规定的"诉的资格"。这类案件在家庭法领域和合同法领域比较常见，尤其是在家庭法与合同法交叉的案件中。例如，丈夫与第三方签订合同损害家庭利益，妻子虽然不是该合同的当事人，但是婚姻家庭法赋予妻子"诉的资格"，法律赋予她提起"合同撤销之诉"的诉权。[①]

虽然《法国新民事诉讼法典》规定"诉的资格"是由"法律特别赋予的"，但是这并不意味着"诉的资格"是固守法条而一成不变的。"诉的资格"作为诉权要件之一，与"诉的利益"一样，同样具有较大的弹性。法国民事司法判例对于"诉的资格"理论的发展是非常重要，成文法无法快速回应社会发展的需要，而司法往往能良好地填补立法上的空白。

2. 为特定利益的诉讼

如果当事人对诉讼不具有属于自己的利益，原则上该当事人不享有提起该诉讼的诉权。但是法国民事诉讼法给某些不属于当事人个人的"特定利益"留下了余地，即《法国新民事诉讼法典》第31条但书条款的后半段：

[①] Cass 1re civ., 8 mars 2005: Bull., Ⅰ, n°117. 在这个案件中，丈夫与第三人订立了赠与合同，该赠与行为严重损及家庭财产，甚至损及家庭法上的基本道德原则。法官认为：婚姻法赋予妻子提起"合同撤销之诉"的"诉的资格"，并根据《法国新民事诉讼法典》第31条的规定，妻子有权提起诉讼要求撤销赠与。

"法律特别赋予当事人行使诉权的资格，使他能够为保护某种特定利益而提起诉讼。"为保护特定利益而被赋予诉权的当事人是由法律严格限定的，并且必须能够证明诉讼是为了保护"特定利益"。根据利益主体分类，法国民事诉讼理论一般把"特定利益"分为三类：公共利益（l'intérêt général）、集体利益（l'intérêt collectif）和他人利益（l'intérêt d'autrui）。

（1）为公共利益的诉讼

法国民事诉讼法赋予检察院为保护"公共利益"而提起民事诉讼的权利。问题在于，检察院在民事诉讼中享有的各种程序权利是否与普通当事人相同。我们很容易理解检察院提起刑事公诉的权力，因为国家垄断刑事制裁措施，而检察院正是国家的代表。然而在民事诉讼中，赋予检察院民事"诉权"就变得不容易理解，因为这与私法中的"主观权"基本理念存在冲突。不过，如果是基于公共利益的考虑，检察院介入民事诉讼也无可厚非。《法国新民事诉讼法典》第422条规定："检察院有权依据法律的规定，行使提起诉讼的职权。"检察院介入私法上的纠纷有时是必要的。法院有时也会基于公共利益的考虑，宣告当事人之间的合同无效。

重要的问题是，如何给检察院为公共利益而提起诉讼划定一个合理的范围。如果无节制地赋予检察院"诉权"，那可能会导致诉权的滥用。在这个问题上，法国民事诉讼法同样以原则与例外并存的立法模式，使法国诉权理论体现出多元的、开放的特征。根据《法国新民事诉讼法典》第422条的规定，检察院行使诉权应当依据"法律的规定"，即有成文法依据的情况下，检察院才能提起诉讼。检察院依据法律的规定和授权，向法院提起民事诉讼的情况比较常见，主要集中在人身法和家庭法领域，例如要求宣告婚姻无效、要求宣告收养行为无效等。①

同时，《法国新民事诉讼法典》第423条又规定"在法律特别规定的情形以外，检察院也可以对妨害公共秩序的事实提起诉讼"。赋予检察院的这项诉权与罗马法上营造司赋予当事人针对他人破坏市场秩序，破坏公共环境的行为提起诉讼的诉权较为相似，只不过现代法上以检察院取代了罗马市民的原告地位。营造司赋予当事人诉权是罗马裁判官法的表现形式之一，其核心功能在于突破成文法的局限性，赋予当事人更自由、更多元化的、更开放的"诉权"类型。法国民事诉讼法赋予检察院为保护公共利益而提起诉讼的诉权，也具有同样的特征和优势。

（2）为集体利益的诉讼

---

① 参见《法国民法典》第99条、第122条、第184条、第191条。最近一个由检察院提起的婚姻无效之诉，参见Cass. 1re civ., 6 mai 2009, D.2009, act. Jurispr. 1416, obs. Egéa.

当工会、协会或集体中的个人为了保护集体利益而提起诉讼时，是否仍然要求他对诉讼具有"直接的""私有性的"利益。这个问题曾经引起诉讼法学界激烈的争论，在"工会、协会提起的诉讼是否具有可受理性"的问题上，法国民事司法也经历一些反复。目前，法国司法的立场已经非常稳定，它们赋予工会、协会为保护集体利益的诉权。陆陆续续地，这些通过司法赋予当事人的诉权逐渐被立法所吸收，成文法明确规定工会、协会享有这些诉权。"赋予诉权"和"享有诉权"是两个截然不同的概念，它们反映完全不同的诉权理论，这一点在前文已经阐述过。法国诉权的发展与罗马法的诉权发展过程有些相似之处，尤其是法国法处处给法国法官留下赋予当事人诉权的空间和可能性，这与罗马裁判官法的原理如出一辙。

例如，根据《法国劳动法》第 2132 条第 3 款的规定："行业工会享有诉权。在任何法院，行业工会都有权针对直接或间接损害行业集体利益的事实，以民事诉讼当事人的身份向法院提起诉讼。"行业工会"享有"的这项诉权最初来源于司法"赋予"的诉权，立法采纳并总结了司法的做法。工会想要行使这项诉权，也必须满足几个要件：其一，这项诉权的行使以行业集体利益受损的事实为前提。如果该行业内有若干工会组织，那么每一个工会都享有这项诉权；① 如果该行业尚未设立工会组织，那么就由最邻近的、最有关联性的其他行业工会来行使这项诉权。② 其二，工会行使诉权所要保护的是该行业的集体利益。换言之，只要不法行为侵害了行业集体利益，无论受害人是否为工会成员，该行业工会都有权提起诉讼。"集体利益"不能与"成员个人利益之集合"或者"公共利益"混淆。如果某种不法行为侵害的是工会成员的个人利益，或者侵害了一般的公共利益，那么行业工会对这类案件就不享有诉权。③

与行业工会不同，协会原则上并不享有诉权，它无法为保护独立于成员个体的集体利益而提起诉讼，除非是协会自身的利益受损。一般来说，协会行使诉权需要得到法律的特别授权。至于哪些协会享有法律赋予的诉权，我们很难罗列出一张详细的名单。其中，最为大家所熟悉的是消费者协会。在全国范围内具有代表性的消费者协会有权就自然人消费者遭受的损失提起诉讼，但前提是需要得到至少两名有利害关系的消费者的书面委托。原则上来说，协会诉权（l'action association）必须具备以下条件：其一，协会提起诉讼应当获得受害人的同意和授权；其二，协会提起诉讼

---

① Cass. soc., 9 juill. 1996: Bull., n°269; JCP 1998, Ⅰ, 173, n°12, obs. Cadiet.
② Cass. crim., 27 mai 1999: D. 2000, 120, note Saint-Jours.
③ Cass. crim., 26 oct. 1967: JCP 1968, Ⅱ, 15475, note Verdier.

是为了保护包括受害人在内的集体利益,这一集体利益往往比较重要,但是又缺乏刑法保护方式。

在协会诉权的问题上,法国最高法院传统上一直坚持贯彻上述原则。但是最近在民事司法上出现松动的迹象,在利益集团压力的影响下,绝大多数法院的民事法庭都放宽了衡量协会诉权的标准。例如法国最高法院民事审判庭允许环境保护协会提起环境保护之诉,而在这种诉讼中,协会不需要直接受害人的同意与授权。① 民事司法承认某些协会具有独立的社会功能,它们有权以"社会利益"受损为由行使诉权。在这些情况下,"社会利益"与"公共利益"的界限开始模糊,"协会"实际上也开始承担起"检察院"的部分职能。因此,"协会诉权"已经突破了传统要件学说要求获得"受害人授权"的限制。

与此同时,保护"包括受害人在内的集体利益"要件也出现了松动。协会可以直接为保护某些成员的个人利益而提起诉讼,只要这些成员受到损害的利益是"确定的个人利益"并且未来可以提起诉讼或共同提起诉讼。2008年,在法国反肌肉萎缩症协会(AFM)诉某医疗机构一案中,该医疗机构的医疗行为严重违反了肌肉萎缩症治疗要求,侵害了入院患者的健康权。原审巴黎地方法院认为AFM协会章程中没有载明"为保护成员利益而提起诉讼"的权利,因此原审判决本案不可受理。但是最高法院民事审判庭则认为:"尽管AFM协会章程没有标明这项诉权,但是保护肌肉萎缩症患者的利益是协会的社会功能,因此协会有权依据《民事诉讼法》第31条之规定,被赋予为保护患者利益而提起诉讼的诉权……本案具有可受理性。"②

综合上述分析,协会提起诉讼的权利虽然原则上要求具有"获得受害人授权"和"保护集体利益"两个要件,但是法国民事司法已经突破了这两个限制性条件。在现代社会里,借助各种协会的力量来保护公民个人的权利成为一种趋势。民事司法适时地扩大"协会诉权",赋予协会更广泛的诉权。这是通过民事司法来发展和完善法国诉权理论的一种表现。

(3) 为他人利益的诉讼

为他人利益的诉讼不是指诉讼代理,也不是诉讼代表,而是一种代

---

① Cass. 3e civ., 28 sept. 2007: Bull. Ⅲ, n°155; JCP 2008. Ⅱ. 10020, note Parance.
② Cass. 1re civ., 18 sept. 2008: Bull. Ⅰ, n°201; JCP 2008, Ⅱ. 10200, note Dupont.

位诉讼（action de substitution）①，这是一种真正的保护他人利益的诉讼（action en défense de l'intérêt d'autrui）。只有极少数情况，并且只有在明确法律依据的情况下，当事人才能为他人利益而提起诉讼。

"股东代位之诉"就是一种典型的为他人利益的诉讼。如果公司的利益受损，而公司又无法行使或者怠于行使诉权时，公司的一位股东或者多位股东可以代替公司行使诉权。公司股东是为公司的利益而提起诉讼，诉讼标的是公司遭受的利益损害而非股东个人遭受的利益损害，诉讼得到的赔偿也全部归于公司。

为他人利益的诉讼有着严格的法定性要求，即当事人是否享有这种"代位诉权"，必须以法律是否有明文规定来判断。例如，《法国商法典》第223条规定的"股东代位之诉"；《法国民法典》第1166条规定的"债权人代位之诉"等。②

---

① "代位诉讼"的概念在法学界引起许多争议，因为"代位诉讼"与"检察院提起的民事诉讼"之间的关系并不十分清晰，两者在原理上可能还存在某些一致性。但是，法国民事司法一般都认可并在使用这个概念。Cass. com., 8 juill. 2008: JCP 2008, Ⅰ, 206, n°14, obs. Serinet.

② 当债务人怠于行使向他人的债权，导致债权人利益受损，则该债权人有权代替债务人向他人主张债权。行使"代位诉权"的债权人是债务人的"替代人"（substituant）而非"代理人"（représentant）。参见MALAURIE Philippe, AYNÈS Laurent, GAUTIER Pierre-Yves, Les obligations, 2003, n°1149.; J. Carbonnier, Droit civil, t.Ⅳ: Les obligations, 1998, n°366.

第三章　诉权的消极要件

前文已经分析了法国诉权要件的两个要素，即"诉的利益"和"诉的资格"。原则上来说，如果当事人提起诉讼是为了维护属于自己的利益，那么该当事人具有"诉的利益"就可以视为他享有了"诉权"，而无须去判断他是否具有"诉的资格"。如果当事人对诉讼不具有属于自己的利益，只对诉讼具有法律规定的"特定利益"，则需要判断当事人是否享有"诉的资格"。"诉的利益"和"诉的资格"作为诉权的两个要件，是判断当事人能否提起诉讼，以及他们提起的诉讼是否具有"可受理性"的基本依据。但是除此之外，还存在某些可能影响"诉权"的因素，我们称之为诉权的消极要件。

自从"诉权"的概念被定义为一种主观权以来，诉权就是附属于当事人个体的权利。当事人有权像对待实体法上的主观权一样，按照自己的意志对主观权进行处分。根据处分的方式不同，我们把诉权的消极要件分成三类：诉权的安排（L'aménagement de l'action）、诉权的转移（La transmission de l'action）和诉权的消灭（L'extinction de l'action）。

一、诉权的安排

当事人在签订合同时，往往会为合同履行过程中可能发生的争议预先安排、设计纠纷解决的方式和途径。只要内容不违反法律的强制性规定，当事人就与诉讼有关的程序性事项进行的预先安排就是合法有效的。[①] 当事人对诉权的安排有两种：其一是以非诉讼的方式解决纠纷，双方约定自愿放弃诉权；其二是双方约定以诉讼方式解决纠纷，并就诉权的行使方式进行约定。相对于后一种情况来说，第一种放弃诉权的情况需要倍加审慎，因为放弃诉权的约定更容易出现违反法律强制性规定的情况。

1. 合同中的诉权放弃

耗时长久、对外公开和不可预见是民事诉讼的基本特点，而且有些纠纷并不适合采取诉讼方式来解决，特别是商事案件。诉讼带来的这些不利因素可能会使当事人尽量避免行使诉权。这里存在两种可能：其一是当事

---

① Loïc Cadiet, Les clauses contractuelles relatives à l'action en justice, dans Les principales clauses des contrats conclus entre professionnels, Presses universitaires d'Aix-Marseille, 1990, p.193 à 223.

人自愿达成和解；其二是当事人签订仲裁协议，将纠纷交由仲裁员仲裁。

法国法认可当事人之间订立的以解决纠纷为内容的协议，称之为"和解协议"。《法国民法典》第2044条把"和解协议"定义为："当事人之间订立用以解决现有纠纷，或者预防将来发生纠纷的合同。""和解协议"可以作为订立合同时就加以约定，也可以在诉讼过程中订立。以"和解协议"的方式解决纠纷更有效率，也无须第三方介入。它并不强迫当事人达成妥协，而是鼓励双方当事人以诚实信用原则，寻求妥善解决纠纷的途径，而不行使诉权，将纠纷诉诸司法。另外，当事人签订仲裁协议也将导致诉权的放弃。如果一方当事人不顾仲裁协议的约定，直接向法院提起诉讼，那么该诉讼是"不可受理的"。

2. 合同中的诉权安排

当事人采用非诉讼的方式解决纠纷当然存在某些效率上的优势，但是并非所有纠纷当事人都愿意采用非诉方式解决纠纷。某些案件的当事人坚持只通过司法途径解决纠纷，借助司法的力量使自己的诉讼请求获得满足。在这种情况下，当事人可以在合同中对诉权进行适当的安排，但是这种诉权安排的自由度稍低于放弃诉权的情形，因为如何对待诉权是法官的职责，并不纯粹是当事人的个人权利。当事人对诉权进行安排时，应当顾及国家司法制度和诉讼秩序。一方面，诉权安排条款是对合同自由原则的限制，因为诉权并非纯粹的私权；另一方面，诉权安排条款的自由度取决于司法审判权的强度，即审判权越强势，则诉权安排的自由度就越小。①

当纠纷尚未发生时，当事人享有的诉权只是一种期待权（le droit expectatif）。此时，当事人行使诉权的方式只能表现为在合同中约定将来行使诉权的地点和时间。约定将来行使诉权的地点是指选择对本案具有管辖权的法院；约定将来行使诉权的时间是指关于诉讼时效的约定。诉讼时效属于法律强制性规范，当事人不得变更或预先放弃。但是，这并不妨碍当事人于诉讼时效届满后抛弃时效利益。《法国民法典》第2220条规定："时效不得预先抛弃，但在时效完成后，得抛弃之。"这一诉讼时效的规定产生了以下两个效果：

第一，放弃诉讼时效的约定是无效的。放弃诉讼时效的约定对债务人非常不利，因为债权人可以永无止境地向债务人追索尚未清偿的债权，即便债权未获清偿纯属债权人的疏失。这一原则被法国民事司法进一步发

---

① Loïc Cadiet, Les clauses contractuelles relatives à l'action en justice, dans Les principales clauses des contrats conclus entre professionnels, Presses universitaires d'Aix-Marseille, 1990, p.193 à 223.

展为："当事人约定延长诉讼时效的条款也是无效的，因为这是一种部分放弃诉讼时效的行为。"① 放弃诉讼时效的约定不但于债务人极不公平，而且会侵害公共利益和民事司法秩序，因此被立法和司法严格禁止。

第二，缩短诉讼时效的约定是有效的。缩短诉讼时效的约定对债务人较为有利，它要求债权人承担更多的勤勉义务。② 但是这种约定必须给债权人留下合理的行使诉权的时间，如果诉讼时效的缩短对债权人行使诉权构成实质上的严重障碍，则这种约定是无效的。③

关于诉讼时效的合同安排，《法国民法典》最近又进行了重大修改。根据 2008 年 6 月 17 日通过的第 561 项法令，《法国民法典》新增加了第 2254 条关于"诉讼时效的合同安排"的条文，其内容为："双方当事人可以自行缩短或者延长诉讼时效的期限，但是不得缩短至一年以下，也不得延长至 10 年以上。除了法律规定的诉讼时效中止或中断之情形，当事人也可自由约定诉讼时效中止或中断之情形。"这项关于诉讼时效的新规则赋予当事人处理诉讼时效问题的更多自由，同时也保障了合同的安定性与当事人意思自治原则。④

二、诉权的转移

原则上，诉权不得单独转移。诉权的转移是伴随着实体权利的转移，例如债权和债务的转让、物权的转让导致相关诉权的转移。脱离实体权利而单独转移诉权的情况是不存在的，也正是因为这个原因，诉权的转移常常被归为实体法上的问题。⑤ 对于程序法来说，诉权的转移主要是研究诉权发生转移的时间（Moment de la transmission）和诉权转移的限制（Limites de la transmission）。

---

① Loïc Cadiet, Les clauses contractuelles relatives à l'action en justice, dans Les principales clauses des contrats conclus entre professionnels, Presses universitaires d'Aix-Marseille, 1990, p.193 à 223.
② Cass. com. 12 juill. 2004: Bull. IV, n°162.
③ V. T. civ. Périgueux, 6 juill. 1954: RTD civ. 1955, 330, obs. Mazeaud.
④ 《法国民法典》第 2254 条也规定了但书条款，即"诉讼时效的合同安排"之规定不得适用于以下案件："要求支付工资、拖欠租金、支付抚养费、支付地租、偿还贷款利益，以及其他应当定期履行债务的案件。"这些案件的当事人不得以合同形式调整诉讼时效，换言之，"诉讼时效的合同安排"是无效的。
⑤ 《法国民法典》第 1699 条至第 1701 条对债权转移与诉权转移做出了规定，民事司法也认为诉权的转移以实体权利的转移为前提。参见 Cass. com., 13 nov. 2007: Bull. IV, n°237-238; Cass. com. 15 avr. 2008: D. 2008, p.1732, note Forti; Cass. 1re civ., 5 juin 2008: JCP 2008, IV, 222.

1. 诉权转移的时间

无论诉权是以何种方式转移，诉权转移的发生时间一般是在法院受理案件之前。在诉权转移的问题上，诉权是作为实体权利的附属，随实体权利的转移而同时转移。因此，诉权转移的时间就是实体权利发生转移的时间。实体权利的受让人接受了权利出让人的诉讼地位，成为民事诉讼的当事人。权利受让人在行使诉权时，要向法院和被告证明自己获得了诉权，论证自己对本案具有"诉的利益"，甚至在某些案件中还要证明自己享有"诉的资格"。对于权利出让人来说，他的诉权已经转移，不得再就该实体权利而向其他法院提起诉讼。[1]

诉权也有可能在诉讼过程中发生转移，比如当事人在诉讼过程中将权利转让给第三人，则诉讼将由权利受让人通过当事人变更的方式继续进行。还有一种情况是当事人在诉讼过程中死亡，根据《法国新民事诉讼法典》第370条的规定："一方当事人死亡，则诉讼中止进行。"等当事人的继承人确定之后，诉讼程序由继承人继续进行。这也是诉权转移的一种方式，不过这种诉权的转移同样是伴随着实体权利的转移。

2. 诉权转移的限制

具有专属性的人身权是不可转让的，这类权利和诉权随着自然人的死亡而消灭。当事人即便已经就人身权提起诉讼，并且该当事人在诉讼期间死亡，他享有的权利和诉权也是不可转移的。然而，与人身权有关的财产性权利却是可以转让的，例如对姓名的使用权和收益权。原则上来说，专属于自然人的权利都是不可转让的，相应的诉权也不可转让。这是关于限制权利与诉权转移的传统规则。

现代私法逐渐放宽了权利与诉权转移的限制。如果当事人在诉讼过程中死亡，即便该诉讼是离婚诉讼、解除收养关系诉讼或者其他类型的人身权之诉，当事人的继承人可以通过继承的方式获得诉权。该继承人获得的诉权表现在两个方面：其一，所有与财产性权利有关的诉权都可以继承；其二，在一定条件下，关于非财产性权利的诉权也可以由继承人继承，并由继承人行使。例如，为保护死者的名誉权而提起诉讼，或者其他关于精神利益的诉讼。[2] 民事司法对待权利与诉权继承问题采取一种趋于宽松的司法政策，表现为以下两个方面：

第一，继承人有权继续进行已经启动的诉讼，无论这种诉讼是关于亲

---

[1] Cass. 1re civ., 24 nov. 1987: JCP 1989, II, 21201, note Blondel et Cadiet.
[2] Cass. ch. Mixte, 30 avr. 1976: D. 1977, 185, note Contamine-Raynaud.

属关系①、当事人无民事行为能力②或者是关于国籍问题③的诉讼。当事人死亡并不导致诉讼的终结,当事人的继承人可以向法庭证明自己的继承人身份,从而获得诉权继续进行诉讼。一般来说,诉讼程序只会因为当事人死亡而中止,法庭需等待继承人确定后重新启动诉讼程序。

第二,继承人也有权为保护专属于死者的人身利益而提起诉讼,而该诉讼在死者生前尚未被提起。例如关于亲属关系的诉讼④、关于因受赠人谋害赠与人而引起的撤销赠与之诉⑤。当然,法律对继承人提起这种诉讼的时间有着严格的限制,这是因为立法者持有这样的假设:已故者本来要提起这项诉讼,但是没有来得及行使诉权就已经身亡。正在这样的假设前提下,继承人才通过继承而获得了诉权,并且有权在法定期限内提起诉讼。在这里,"专属于自然人的权利和诉权不可转移"的法律原则被有限度地突破了。

诉权的转移呈现出纷繁复杂的情形,无法总结出一种适用于所有案件的规则。权利与诉权转移的多种情况可能导致在某个案件中,法院认可案件某些部分是可以由继承人继续进行的,某些部分又不可由继承人继续进行;诉讼的一部分就此终结,而另一部分则继续进行。法院也有可能承认继承人对本案涉及的所有权利和诉权都享有继承权,并在判决中判决支持已故者的离婚请求,同时判决继承人获得一笔补偿金。⑥

三、诉权的消灭

诉权消灭的原因可以分为两类:其一,诉权旨在保护的实体权利消灭,比如清偿债务、放弃债权、给付赔偿金等。实体权利消灭导致诉权的消灭。⑦ 如果当事人在诉讼过程中死亡,而诉争权利又不可转移,那么实体权利和诉权均视为消灭。⑧ 在这种情况下,无论诉讼是否已经进行,当事人的诉权均告消灭。其二,实体权利并未消灭,而当事人单独放弃诉权。《法国新民事诉讼法典》第384条规定:"诉讼除因判决之效力而消灭外,

---

① 《法国民法典》第311-8条第2款。
② Cass. 1re civ., 14 févr. 1995: D. 1996, 152, note Massip.
③ Versailles, 3 avr. 1995: D. 1997, 26, note Guiho.
④ 《法国民法典》第322条。
⑤ 《法国民法典》第957条第2款。
⑥ Cass. 2e civ., 25 mai 1993: JCP 1993, IV, 1862.
⑦ A. Dubigeon, Le concours de qualités juridiques sur la tête d'une même personne dans les rapports d'obligation, thèse Nantes, 2005.
⑧ 在某些案件里,当事人死亡就视为实体权利消灭,因为这些权利不具有转移或者继承的可能性。参见Cass. 1re civ., 14 déc. 1999: Bull. I, n°345.

还可因当事人和解、认诺和放弃诉权的效力，即附随诉权而消灭……诉讼的消灭以法院中止管辖裁定确认之。"根据这条规定，当事人的诉权可以因双方达成和解、单方认诺和单方放弃诉权而消灭。换言之，诉权可以因合意而消灭，也可以因单方意志而消灭。

1. 诉权因单方意志而消灭

诉权作为一种主观权，享有或被赋予诉权的当事人通过其单方意志就能使诉权消灭。当然，诉权消灭应当在纠纷产生之后才能放弃，当事人在纠纷产生之前做出的消灭诉权的承诺是无效的。因单方意志而消灭诉权是一种弃权行为（un acte abdicatif），它可以表现为以下两种形式：放弃诉权（le désistement d'action）和认诺（l'acquiescement）。

《法国新民事诉讼法典》第384条规定的"放弃诉权"是指"本诉的原告或在本诉中提出反诉的被告声明放弃向对方当事人提起诉讼的权利"。[①] "放弃诉权"与"撤诉"（le désistement d'instance）有本质区别："撤诉"只具有消灭诉讼程序的效果，对当事人的"诉权"不产生必然影响[②]；而"放弃诉权"意味着彻底被剥夺了就该诉讼标的提起诉讼的权利，不可能再通过诉讼方式保护诉争权利。司法实践中，"放弃诉权"只需要当事人作出声明或承诺即可，而"撤诉"需要向对方当事人制作并出具文书，生效日期以签字之日为准。[③] 不过，当事人也常常采用协议的形式承诺"放弃诉权"，这只是为了便于证明"放弃诉权"行为已然发生，而不是必需的形式要求。

"放弃诉权"本质上是一种"单方法律行为"（un acte juridique unilatéral）[④]，它具有以下三个特征：第一，作出"放弃诉权"意思表示的当事人必须具有处分诉讼权利的能力（la capacité de disposer du droit litigieux）。而"撤诉"只需要当事人具有进行诉讼的能力和权力（la capacité et le pouvoir d'ester en justice）。诉讼代理人可以代替当事人作出"放弃诉权"的意思表示，但是必须在委托代理合同中明确写明这一权限，并且不得以一般条款替代。第二，"放弃诉权"原则上无须得到对方当事人的同意，它是一种单方意思表示。不过，如果被告在本诉中提出了反诉，则被告对诉讼享有了独立的诉的利益，原告单方面放弃诉权并不意味着诉讼终结。[⑤] 第三，"放弃诉权"不需要特别的形式要求。当事人可以用口头形式或者书面形式明确作出

---

① Vocabulaire G. Cornu, V°Désistement.
② 原则上"撤诉"与"放弃诉权"有本质区别，但是有时候"撤诉"也可能间接导致诉权消灭。例如，上诉人撤回上诉就意味着对原审判决的"认诺"，因"认诺"而导致诉权消灭。
③ Cass. 2e civ., 14 mars 1967: Bull. II, n°123: JCP 1967, IV, 62.
④ J. Martin de la Moutte, L'acte juridique unilatéral, thèse Toulouse, 1951, n°107.
⑤ Cass. 1re civ., 20 janv. 1981: Bull. I, n°22.

"放弃诉权"的意思表示，也可以通过明确作出放弃实体权利的意思表示来放弃诉权。① 无论采用哪种方式，当事人放弃权利或诉权的意思必须是明确的，绝对禁止以推理方式来证明当事人"放弃诉权"。②

诉权因单方意志而消灭的另一种形式是《法国新民事诉讼法典》第384条、第408条和第409条规定的"认诺"。"认诺"是指当事人通过接受对方当事人的诉讼请求，或者接受判决的方式放弃诉权。一旦以"认诺"放弃诉权，当事人对于该诉讼标的的诉权就宣告消灭，而且当事人的"认诺"也不需要对方当事人的同意。③ "认诺"可以在诉讼程序过程中作出，表现为被告认可原告的诉讼请求，被告放弃了"辩论原告诉讼请求是否有依据的权利"，即被告享有的诉权。④ "认诺"也可以在法院判决后作出，表现为败诉方认可法院的判决结果，放弃上诉权。上诉也是当事人行使诉权的一种形式。

对诉讼请求的"认诺"是由《法国新民事诉讼法典》第408条规定的，即"认诺对方当事人之诉讼请求，即告承认其诉讼请求有依据，并且放弃诉权。只有当事人可以自由处分的权利，才允许认诺"。根据这条规定，本诉的被告和反诉的被告（即本诉的原告）都可以通过"认诺"的方式放弃诉权。但是，法律对"认诺"的范围有着严格限制。其一，作为"认诺"对象的权利应当可以自由处分。例如在离婚诉讼中，被告是否可以"认诺"原告提出的离婚请求以及财产分配请求，这一问题是存在争议的，因为离婚与财产分割在法国法上必须由法官决定。严格来说，离婚和财产分割不属于当事人可以自由处分的权利。但是在确认亲属关系的诉讼中，被告就可以"认诺"原告的诉讼请求，认可与原告之间的亲属关系。其二，当事人应当具备处分权利的行为能力。按照通说，尚未被解除监护的未成年人、处于监护之下的成年人和禁治产人不得单独作出"认诺"。这些无处分权利的行为能力人可以通过监护人、代理人作出"认诺"，其前提是在委托代理协

---

① 理论上来说，"放弃诉权"无须任何特别的形式要求，但是法国民事司法有时又要求"放弃诉权"应当以某种正式的、庄重的方式作出。"放弃诉权涉及重大的利害关系，当事人应当或者以文书方式，或者在法官和法院旁听人员面前以口头形式作出。"参见 Paris, 23 oct. 1989: D. 1989, inf. rap. 291.

② Cass. soc., 5 févr. 1992: JCP 1992, Ⅳ, 1012.

③ Cass. 2e civ., 18 nov. 1999: RTD civ. 2000, 157, obs. Perrot.

④ 《法国新民事诉讼法典》第30条第2款。

议中明确、单独写明这项权限。①

对法院判决的"认诺"是否《法国新民事诉讼法典》第409条规定的,即"对判决的认诺,即告服从判决的各项理由,并且放弃上诉;但另一方当事人依照合法程序提出上诉,不在此限"。对判决的"认诺"有两个问题需要注意:其一,当事人可以"认诺"判决中的部分判项,只要各判项之间具有独立性。"认诺"部分判项的效力不及于其他判项,换言之,部分"认诺"判决并不妨碍当事人就其他判项提起上诉。②其二,当事人作出对判决的"认诺"后,又提起上诉的,该上诉就构成"诉不受理"。

无论是对诉讼请求的"认诺",还是对法院判决的"认诺",当事人都可以用明示或者默示的方式作出。这与"放弃诉权"有差别,因为"放弃诉权"要求当事人以明确的方式作出,并且不得对当事人"放弃诉权"的意思进行推定。以默示的方式做出的"认诺"常常给司法实践带来一些麻烦,不同的法官对默示会有不同的理解。法国最高法院在一系列判例中逐渐确立了如下规则:"认诺应当以声明的形式作出;或者也能根据某种行为来判断,但是这种行为必须能够以证据证明,而且不得出现任何相反证据。"③另外,原则上不得对"认诺"进行推定,但是这里又有一个例外,即《法国新民事诉讼法典》第410条第2款。该条款规定:"当事人无条件地执行尚不具有执行力的判决,视同认诺。"换言之,如果当事人在判决具有执行力之前无条件地执行了判决的内容,那么法官就可以推定当事人对法院判决已经做出了"认诺",当事人的诉权即告消灭。④

法国最高法院不断地总结司法经验,试图完善"认诺"的司法认定标准,例如:在上诉期内没有提起上诉不能视为当事人对原审判决的"认诺"⑤;当事人按照判决的要求预先向对方支付预付款的行为也不能视为

---

① 这一通说来源于《法国民法典》第464条、第495条和第510条的规定,也是传统私法理论。近期法国民事立法改革没有严格采取传统理论,监护人、代理人也可以在没有获得当事人授权的情况下作出"认诺"。参见2007年5月5日通过的2007年第308号法令,该条文现已作为《法国民法典》第475条。

② Y. Strickler, Procédure civile, 3e édit., 2010, n°104.

③ Cass. 2e civ., 16 déc. 2004, Procédures 2005, n°56, obs. Perrot; Cass. 2e civ., 23 nov. 2006: Bull. Ⅱ, n°324; Cass. 3e civ., 21 juin 2006: Bull. Ⅲ, n°153; Procédures 2006, n°199, obs. Perrot; Cass. 3e civ., 16 janv. 2008: JCP 2008, Ⅳ, 1284.

④ 如果履行判决的当事人对判决不具有执行力产生了错误的认识,那么他的执行行为不能推定为对法院判决的"认诺"。参见Cass. 2e civ., 2 févr. 1984: JCP 1984, Ⅳ, 125; RTD civ. 1984, 368, obs. Perrot.

⑤ Cass. 1re civ., 3 mars 1998: Bull. Ⅰ, n°82; D. 1998, 421, concl. Sainte-Rose; RGDP 1998, 656, obs. Wiederkehr.

"认诺"①；当事人主动支付诉讼费也不能视为"认诺"②，无论他是否被判承担诉讼费用。在司法实践中，"认诺"的认定标准引起很多争论。上述司法标准和立法标准远不能满足实践需要，很多情况下，法官的自由裁量权发挥着不可替代的作用。③法官往往会主观地对当事人的诉讼行为进行评价，来判断该当事人之行为是否可推定为对对方诉讼请求或者法院判决的"认诺"。例如，当事人的律师向对方当事人的律师寄送与判决书吻合的债务清偿明细单，这种行为就可视为当事人对法院判决的"认诺"。④

2. 诉权因合意而消灭

纠纷可以通过多种途径解决，已经启动的诉讼程序也可能因为当事人之间的合意而终结。当事人的诉权可因合意而消灭，这种合意可以是诉讼和解（la conciliation）和诉讼调解（la médiation），也可以是非诉和解和非诉调解。《法国新民事诉讼法典》第384条只笼统地规定"因和解（la transaction）而放弃诉权"，第384条使用的"和解"（la transaction）大致包括上述四种当事人通过合意解决诉讼的方式。《法国新民事诉讼法典》在规定调解的内容时，至少使用了这三个法律术语：第21条、第127条和第131条使用的"和解"（la conciliation），第131-1条和第131-15条使用的"调解"（la médiation），以及第384条使用的"和解"（la transaction）。不同的学者对民事诉讼法上的这三个"和解""调解"概念有不同的理解。部分学者认为"和解"（la conciliation）是上位概念，而"和解"（la transaction）、"诉权消灭"（le désistement d'action）、"诉讼合同"（le contrat judiciaire）、"协定判决"（le jugement convenu）等都属于"和解"（la conciliation）的下位概念。⑤另外一些学者认为"和解"（la conciliation）是"和解"（la transaction）在本质上是不同的概念，应当予以区分。他们认为"和解"（la transaction）是从《法国民法典》第2044条中借鉴而来的，而"和解"（la conciliation）则是诉讼法上的原生概念。这三个关于调解的概念互相之间无法兼容。⑥

实际上，和解（la conciliation）、调解（la médiation）与和解（la transaction）这三个概念所指向的内容极为相似，都是指当事人以合同的方式解决纠

---

① Cass. 2e civ., 10 déc. 1986: Gaz. Pal. 1987, 2, somm. 334, obs. Croze et Morel.
② Cass. 2e civ., 23 nov. 1994: Bull. Ⅱ, n°235; RTD civ. 1995, 187, obs. Perrot.
③ Cass. soc., 22 févr. 2000: Jurisdata 2000-000784.
④ Cass. 2e civ., 29 mai 1979: D. 1979, inf. rap. 473, obs. Julien; RTD civ. 1980, 171, obs. Perrot.
⑤ H. Solus et R. Perrot, Droit judiciaire privé, 1991, t.Ⅲ, n°1179.
⑥ H. Croze et C. Morel, Procédure civile, 1re édit. 1988, n°162.

纷，很多时候没有必要进行严格的区分。法院判决中也常常混用这三个概念，并不会产生误解。① 这三个概念都是指以合同（或称合意）方式解决纠纷、了结诉讼，它们与当事人单方"放弃诉权"和"认诺"有本质的区别，但是这三个概念之间并没有本质上的区别。可能存在的差别在于：和解（la conciliation）和调解（la médiation）是诉讼法上的常用概念，而和解（la transaction）则常常出现在合同法领域。诉讼法学家纠缠于这两组概念的区别，意在借此论证应当以诉讼法的立场来研究调解问题，还是应当站在合同法的立场来看待调解问题。客观来看，为和解与调解而达成的协议确实具有程序法和实体法的双重属性。最近几十年来，欧盟国家司法也逐渐重视替代性纠纷解决机制，但是这些传统大陆法系国家的调解制度远达不到成熟的地步。欧盟官方和各成员国立法机构正在向调解的常规化、规范化、制度化方向努力。②

第一，非诉调解。非诉调解是发生纠纷的双方当事人自行和解，或者中间人从中斡旋从而达成调解协议。当事人在订立合同时，可以约定采用非诉调解的方式解决可能出现的纠纷，这意味着当事人放弃诉权。如果一方当事人拒不执行"放弃诉权"条款或者对"放弃诉权"条款有异议，那么根据《法国新民事诉讼法典》第1441-4条之规定，大审法院的院长受一方当事人的委托，有权裁定并赋予"放弃诉权"条款强制执行力。非诉调解也可能在法院进行，但是纠纷并未进入司法程序。最近几年，法国出现了要求建立和推广司法调解人（le conciliateur de justice）的呼声。③ 司法调解人实际上是以法官的职业身份帮助当事人达成和解，司法调解人与当事人是合作关系，他在纠纷处理过程中又不行使任何司法权。

第二，诉讼调解。《法国新民事诉讼法典》第127条规定："在诉讼进行的整个过程中，当事人都可以自行和解，或者由法官提议调解。"当事人在诉讼过程中，可以自行达成和解协议，并可选择以下三种形式来签订该和解协议：采用公证形式、采用当事人签名形式以及由当事人律师代为签署和解协议的形式。如果当事人自行签署了和解协议，他们还应当将该协议提交给案件的主审法官，由主审法官认可后赋予该和解协议强制执行

---

① Cass. 2e civ., 16 juin 1993: JCP 1993, Ⅰ, 3723, n°3, obs. Cadiet.
② 最近几年欧盟官方发布了几份关于规范各成员国民商事调解工作的指令，试图规范化、统一化各国的纠纷调解模式。参见 Recommandation Rec.(2002) 10 du 18 sept. 2002, Comité des ministres du Conseil de l'Europe; Directive 2008/52/CE, Parlement européen.
③ L. Boyer, Un nouveau mode alternatif de règlement des litiges entre médiation et droit collaboratif: la RTOA(recherche transactionnelle obligatoire entre avocats): Gaz. Pal. 26-27 nov. 2008, 15; Ph. Tuffreau, Le temps révolu de l'avocat gladiateur: Gaz. Pal. 15-17 févr. 2009, 2.

力。为了结束已经进行的诉讼程序，当事人还应当办理撤诉手续。至于双方当事人还是单方当事人撤诉，这取决于被告是否提出了反诉。这里需要注意的是，"撤诉"（le désistement）是当事人经常使用的笼统概念。准确来说，"撤诉"应当区分为"放弃诉权"（le désistement d'action）和"撤回诉讼"（le désistement d'instance）两个概念。① 当事人达成和解协议后，准确来说，其法律效果是"放弃诉权"。

和解协议或调解协议的法律性质也是很值得探讨的问题。当事人在诉讼过程中可以通过调解协议的方式"放弃诉权"，并使诉讼终结。因此，当事人达成和解协议是一种诉讼行为，它产生了诉讼法上的效果。然而，和解协议本质上仍是合同，而且是一种有名合同。《法国民法典》第三编专门章节对和解协议进行规范，即第 2044 条至第 2058 条。《法国民法典》第 2044 条把"和解协议"定义为："当事人之间订立用以解决现有纠纷，或者预防将来发生纠纷的合同。"这一定义只是对"和解协议"的表面描述，未能揭示其本质意义，即"和解意味着当事人放弃诉权"② 。反过来说，当事人是否真正达成和解，是以当事人是否真正地放弃了诉权为标准的。如果当事人仍然享有向法院提起诉讼的诉权，那么当事人之间就没有真正达成和解。③

和解协议应当采用书面形式，这也是《法国民法典》对和解协议规定的唯一形式要求。与所有的弃权行为一样，当事人进行"和解"（la transaction）是一种权利处分行为。这就要求当事人必须对"和解协议"中涉及的具体权利内容具有处分的资格（la capacité）与权力（le pouvoir）。④ 当然，根据《法国民法典》第 1128 条的强制性规定，如果当事人放弃某项权利或者做出某些权利让步将导致公共利益或他人利益受损，则当事人不得放弃该项权利。⑤

---

① Paris, 23 oct. 1987: D. 1988, somm. 126, obs. Julien.
② Cass. 3e civ., 28 nov. 2007: Procédures 2008, n°52, obs. Junillon; Cass. 1re civ., 3 mai 2000: Bull. Ⅰ, n°130; Cass. soc., 20 juin 1995: JCP 1996, Ⅱ, 22618, note Finel; Cass. soc., 5 janv. 1994: D. 1994, 586, note Puigelier.
③ Anger, 18 mars 2008: JCP 2009, Ⅳ, 1878.
④ 根据《法国新民事诉讼法典》第 417 条的规定，当事人也可以委托代理人进行和解、调解，但是必须向法官和对方当事人出示委托内容明确的授权书。但是在某些特殊案件里，例如劳资纠纷案件，代表公司全体雇员的诉讼代理人可以不需要获得每个个体雇员的授权文件，因为公司的雇员个体是流动的。相关判例参见 Cass. soc. 31 mars 2009: JCP 2009, Ⅳ, 1789; D. 2009, act. Jurispr. 1146, obs. Inès.
⑤ 这类不可放弃的权利大多集中在人身权领域，相关判例参见 Paris, 20 janv. 1988: D. 1988, inf. rap. 72; Paris, 15 oct. 1986: D. 1986, inf. rap. 484.

综合上述分析，和解和调解兼具程序法上的诉讼法律行为和实体法上的合同法律行为，它会产生程序法和实体法上的双重效果。其一，从实体效果来看，《法国民法典》将"和解协议"的法律效果与"终审判决"等同，甚至其法律效果更甚于"终审判决"，因为"终审判决"还有可能向最高法院提起复核审（le pourvoi en cassation）申请，而"和解协议"不存在任何上诉方式。唯一可能的救济途径是，当事人向法院提起"合同无效之诉"，主张"和解协议"无效。法律对合同无效设定了非常严格的标准[1]：只有合同当事人无民事行为能力、和解协议的内容不合法[2]，或者存在欺诈或胁迫的情况下[3]，"和解协议"才可能被判定为无效。其二，从程序效果来看，当事人签订和解协议就使纠纷具有既判力的效果。[4] 换言之，不得以和解协议中已决事项作为诉讼标的向法院提起诉讼，因为当事人的诉权已经消灭。如果一方当事人仍然向法院提起诉讼，则该诉讼构成"诉不受理"；对于对方当事人来说，他可以行使"和解之抗辩"（l' exceptio litis finitae per transactionem）。[5] "和解之抗辩"属于"既判之抗辩"（l' exceptio litis finitae per rem judicatam）的一种形式，根据《法国新民事诉讼法典》第122条的规定，对"既判事由"提起的诉讼均构成诉不受理。"和解协议"与"司法判决"有着同样的宣告性特征，因为该协议并没有赋予当事人任何新的权利，其功能主要在于确认当事人享有的或者即将获得的权利。法国司法判例也基本认同这样的学说。[6] 法国诉讼法学理论的最近趋势是越来越强化"和解"的程序法意义，即当事人达成和解协议就意味着对诉讼权利的放弃。[7]

---

[1] 《法国民法典》第 2053-2057 条。

[2] Cass. soc., 24 nov. 1998: Bull. V, n°515.

[3] Cass. 1re civ., 9 juill. 2003: Bull. Ⅰ, n°174; JCP 2003, Ⅱ, 10171, note Desgorces.

[4] 《法国民法典》第 2052 条规定："当事人订立和解协议使纠纷事项具有终审既判之效果。"

[5] Cass. civ., 16 juill. 1975: JCP 1975, Ⅳ, 295.

[6] Paris, 1er mars 1988: D. 1989, somm. 48, obs. Colombet.

[7] B. Starck, H. Roland et L. Boyer, Droit des obligations, t. 3, 6e édit. 1999, n°513.

第四章　诉权的法效果

一、"诉不受理"制度

《法国新民事诉讼法典》第32条规定:"不具有诉权的人或者针对不具有诉权的人提起的诉讼,均构成诉不受理。"因此,当事人在不享有诉权的情况下向法院提起诉讼,则该诉讼构成"诉不受理"。"诉不受理"是法国民事诉讼程序上的重要概念和重要制度。

"诉不受理"(la fin de non-recevoir)是法国民事诉讼法上的重要概念,这一概念与我国民事诉讼的"立案"概念有很大区别。"诉不受理"是指案件不能进入实体审理,换言之,法官不审理当事人的诉讼请求。法国法并无"立案"的概念,而是用"诉不受理"来解决所有当事人虽不享有诉权但又提起诉讼的情况。当然,"诉不受理"还被用来处理其他使案件无须进入实体审理的情况。"诉不受理"的概念和性质在理论上并不十分清晰。

《法国新民事诉讼法典》第32条把"诉不受理"作为当事人不享有"诉权"而导致的必然程序效果来看待。如果当事人因无法满足诉权要件而被判定不享有诉权,则当事人提起的诉讼就不具有可受理性。而《法国新民事诉讼法典》第122条又把"诉不受理"看作被告行使答辩权的一种表现,即"当事人可根据下述任何情况之一请求法院宣告对方当事人提起的诉讼不可受理,即无须审理其诉讼请求:不具有诉的资格、不具有诉的利益、超过诉讼时效、逾期未履行诉讼义务、诉讼标的属于既判事由"[①]。《法国新民事诉讼法典》第122条虽然以列举的方式规定了"诉不受理"的几种情况,但是法国民事司法并没有局限于法条的规定。通过司法判例的形式,法国法院扩大了被告以"诉不受理"作为抗辩理由的范围,例如:本案涉及的纠

[①] Loïc Cadiet, La sanction et le procès civil, in Mélanges Jacques Héron, 2008, p.125-154. 严格来说,当事人提出"诉不受理"只能看作是一种特殊的程序性抗辩(l'exception),而不是《法国新民事诉讼法典》第五编规定的实体性答辩(la défense)。但是这种理论上的区分也并不绝对,互相之间的界限非常模糊。法国司法判决在使用"诉不受理"概念时,有时将它视为"抗辩",有时又将它视为"答辩"。这是法官和律师的用语习惯,并不会导致理论上的严重分歧。相关判例参见Cass. 2e civ., 29 nov. 1995: JCP 1996, Ⅳ, 147.

纷不具有可司法性①、合同订立了仲裁条款、双方已经达成和解等。如果被告提出"诉不受理"的抗辩被法官接受，则原告的诉讼请求将不被受理，换言之，原告的权利或者利益以后都无法得到司法保护。

因此，我们可以看出"诉不受理"实际上发挥了两种混合功能②：其一，"诉不受理"从程序法意义上说，意味着当事人的诉权被否定；其二，"诉不受理"从实体法意义上说，意味着当事人的权利或利益被司法以一种间接的方式否定。被告提起"诉不受理"的抗辩是一种"断然的抗辩"（l'exception péremptoire）③，即原告再也无法就同一个诉讼标的要求获得司法保护。

根据法国民事诉讼法学理论和法国民事司法的最近发展趋势，法国民事诉讼法上的"诉不受理"制度越来越体现出其"程序性抗辩"的特征，即否定当事人享有诉权。换言之，"诉不受理"制度主要是为了解决哪些案件不进入实体审理程序的问题。"诉不受理"制度的发展主要表现在以下三个方面：

第一，法官在判断"诉不受理"时，有更大的自由裁量权。例如，如果当事人故意拖延诉讼，则法官可以根据《法国新民事诉讼法典》第123条之规定，判决"诉不受理"。④至于当事人是否具有拖延诉讼的主观故意，这全凭法官的个人判断。⑤

第二，判断是否存在"诉不受理"的情形逐渐成为法官的职责。鉴于诉讼拖延、滥用诉权等情形严重损及司法秩序，并给公共利益带来损害⑥，"诉不受理"已经逐渐从《法国新民事诉讼法典》第122条赋予被告的抗辩性权利转型为法官的当然义务。⑦如果当事人不具有诉的利益、诉的资格或者诉讼标的属于既判事项，法官可以直接判决"诉不受理"。在这里，"诉不

---

① Cass. 1re civ., 27 avr. 2004: Bull. Ⅰ, n°114; Cass. 1re civ., 2 juin 2004: Bull. Ⅰ, n°158; Cass. ch. Mixte, 20 juin 2003: JCP 2004, Ⅱ, 10010, note Mahinga.

② G. Couchez, Procédure civile, 15 édit., 2008, n°164.

③ 20世纪以前的法国民事诉讼教科书中对"诉不受理"的性质常常出现争议，有的学者认为"诉不受理"只是一种不涉及实体问题的程序性抗辩，因此不能视为一种"断然的抗辩"。而且，把"诉不受理"与实体问题挂钩，将有损于"诉权"与"权利"的独立关系。参见R. J. Pothier, Traité de la procédure civile, 1772, 1 vol., p.14.

④ J. Beauchard, La relativité du dilatoire, Mélanges Jacques Héron, 2008, p.101; Y. Desdevises, L'abus du droit d'agir en justice avec succès: D. 1979, 21.

⑤ Cass. 2e civ., 1re juill. 1981: Gaz. Pal. 1981, 751, note Viatte.

⑥ Cass. 1re civ., 6 mai 2009, D. 2009, act. Juridpr. 1416, obs. Egéa.

⑦ 《法国新民事诉讼法典》的"诉不受理"制度更类似于证据制度，即是否提出"诉不受理"的抗辩完全交由当事人决定。通过司法判例的形式，"诉不受理"制度也发生了转型。相关判例参见Cass. 1re civ., 19 sept. 2007: Bull. Ⅰ, n°289; JCP 2009, Ⅰ, 138, n°9, obs. Amrani-Mekki; Cass. 1re civ., 18 sept. 2008: JCP 2008, Ⅳ, 2613; Cass. 1re civ., 13 nov. 2008: JCP 2009, Ⅰ, 142, n°8, obs. Serinet.

受理"制度似乎赋予了法官主动审查诉讼是否具有"可受理性"的权力。这项权力已经在《法国新民事诉讼法典》第 125 条第 2 款中有所体现,但是法官行使该权力的情况仅限于当事人不具有"诉的利益"。法国民事司法判例突破了法律的限制,使法官在处理"诉不受理"问题上具有更大的权力。① 换言之,即便被告没有提出"诉不受理"的抗辩理由,法官也有权主动审查诉讼是否具有"可受理性"。②

第三,《法国新民事诉讼法典》第 126 条规定:"在引起诉不受理的情形存在纠正可能的情况下,如果诉不受理的原因在法官作出判决前已经消除,那么诉不受理就可以被排除。"这一条文客观上给被告提起"诉不受理"的抗辩设置了障碍,从理论上说,任何引起诉不受理的情形都存在纠正的可能。③ 对于法官来说,这一条文也赋予他更多的自由裁量权。具体案件中出现的诉不受理之情形是否存在纠正的可能,以及是否有必要等待原告对这些因素进行纠正,这些问题都交由法官的主观判断。④

二、诉权滥用之禁止

《法国新民事诉讼法典》第 32-1 条规定:"当事人行使诉权时存在故意拖延或者滥用诉权之情形,法院可对其判处不超过 3000 欧元的民事罚款,并且该罚金不影响对方当事人可能对其提出的利益损害赔偿请求。"因此,当事人在享有诉权的情况下,如果故意不以合理的方式行使诉权,则可能被判处罚金,同时可能要赔偿对方当事人因此而造成的损失。

(一)诉权滥用的含义

诉权不得任意行使,它不是完全意义上的"自由决定权"(un droit discrétionnaire)。正如所有其他的"主观权"一样,"诉权"存在滥用之可能,并且法律可以对权利滥用施以惩罚。法国民事诉讼法早就建立了诉权滥用理论,并规定了相应的惩罚措施。诉权滥用之禁止也体现了私权保护与公共利益之平衡。根据《法国新民事诉讼法典》第 32-1 条的规定,诉权滥

---

① Cass. 2e civ., 15 sept. 2004: Procédures 2005, n°248, obs. Perrot; Cass. 2e civ., 15 sept. 2005: JCP 2006, Ⅰ, 133, n°5, obs. Amrani-Mekki; Cass. 2e civ., 24 janv. 2008: JCP 2008, Ⅳ, 1344.

② Cass. com., 5 nov. 2002: RTD civ. 2003, 140 et Procédures 2003, n°3, obs. Perrot.

③ 从理论上来说,诉的利益、诉的资格等诉权要件都是可以纠正的。当事人在起诉时不具有诉的利益,但是他可能在法官判决时又具有诉的利益。诉讼法学家们对"法官判决前"具体是哪个时间点存在争议。有的学者主张将其划定为"庭审结束前",也有的学者认为应当是"庭审辩论结束前"。Cass. 2e civ., 13 juill. 2005: Bull. Ⅱ, n°207; Rev. huissiers 2006, 54, obs. Leborgne.

④ Cass. com., 5 juill. 1988: Bull. V, n°233; Cass. com. 24 sept. 2003: Procédures 2003, n°251, obs. Perrot; Cass. 3e civ., 18 févr. 2009, pourvoi n°08-10.918(C. rur., art. L. 411-54).

用表现在故意拖延诉讼和滥用诉权两个方面，当事人将被处以 3000 欧元以下的罚金，并且要赔偿对方当事人可能因此而造成的利益损失。

（二）诉权滥用的法律效果

1. 赔偿对方当事人的利益损失

在 1978 年诉权滥用制度被引入《法国新民事诉讼法典》以前，当事人应当赔偿对方当事人因滥用诉权而遭受的损失，这一原则就已经成为学术界的共识。然而，"诉权"作为一种主观权应当保有相当的自由度，如何在保障当事人行使诉权的自由与惩罚诉权滥用行为之间取得平衡，这成为诉权滥用理论的最大难点。

法国民事司法采取了一种较为严格的"滥用"概念，即当事人应当在主观上存有恶意（une malice）、不诚信（une mauvaise foi）甚至故意欺诈（un dol）。[①] 由于缺乏明确的判断标准，司法判决中认定的"诉权滥用"并不完全一致，但是大体上还是处于比较稳定的状态。一般来说，只有当事人行使诉权具有过错，同时使对方当事人遭受损失，则该当事人应当赔偿利益损失。但是，法官不得仅因为被告利益受损就要求行使诉权的原告给予赔偿。[②] 某些诉权的行使被司法明确认定为"滥用"，例如以诉讼的方式公然诽谤他人。[③] 不过，也有少数判例只认为这种情况构成"诉不受理"，没有判定为诉权滥用行为。[④]

诉权滥用之禁止并未损及当事人获得公平的司法保护的权利，而是诉权滥用的当事人破坏了诉讼程序的公平性，他的轻率行为也危及诉讼制度的平衡性。[⑤] 可能出现诉权滥用的情况非常之多，法律也没有对此加以范围上的限制。只要与诉权有关情形，都可能出现诉权滥用，例如诉权滥用并

[①] Cass. 1re civ., 5 juill. 1965: JCP 1965, Ⅱ, 14402, note R. L. 有的判例使用"毫无根据的、轻率的、恶意的行为"，例如 Cass. 2e civ., 4 mai 2000: JCP 2000, Ⅱ, 10356, note Garé. 有的判例使用"接近欺诈的不诚信行为"，例如 Aix-en-Provence 29 sept. 2004: JCP 2005, Ⅳ, 2028. 有的判例使用"恶意欺诈的、荒谬的行为"，例如 Cass. 3e civ., 1er avr. 2009: JCP 2009, Ⅳ, 1780. 然而，另外一些判例直接使用"缺乏合理理由的、缺乏严肃性的行为"，例如 Cass. ch. Mixte 6 sept. 2002: Bull. Ch. Mixte, n°5; Cass. 1re civ., 9 janv. 2007: Bull. Ⅰ, n°10.

[②] Paris, 1re ch. A, 30 sept. 2003: Gaz. Pal. 12-13 déc. 2003, 13; Rennes 9 nov. 2006: JCP 2007, act. 1805; Cass. 2e civ., 11 sept. 2008: JCP 2009, Ⅰ, 123, n°5, obs. Stoffel-Munck.

[③] Cass. 2e civ., 13 nov. 2003: JCP, 2003, Ⅳ, 1010; Cass. 3e civ., 31 mars 2005: JCP 2005, Ⅳ, 2122.

[④] Cass. com., 11 mai 1999: Bull. Ⅳ, n°101; Cass. 2r civ., 21 déc. 2006: Bull. Ⅱ, n°358.

[⑤] CJCE(Cour de justice des Communautés européennes), ord., 16 déc. 1999 et 20 janv. 2000, Claudi SA: Europe 2000, n°69, obs. Berrod. 但是，当事人频繁向法院提起诉讼并不能当然地认定为诉权滥用行为。参见 Orléans, 8 juill. 1999: JurisData n°108941.

不限于原告,被告也可能被判定诉权滥用①;诉权滥用也不限于一审,当事人提起上诉也可能被判定诉权滥用②。诉权滥用制度之所以获得重视,很大程度上也是因为立法者在《法国新民事诉讼法典》中规定了相应的处罚措施。

2. 对当事人判处民事罚款

《法国新民事诉讼法典》第32-1条规定:"当事人行使诉权时存在故意拖延或者滥用诉权之情形,法院可对其判处不超过3000欧元的民事罚款,并且该罚金不影响对方当事人可能对其提出的利益损害赔偿请求。"

诉权滥用的罚金是当事人向国家履行的赔偿责任,因此该笔罚金交给国库③;利益损害赔偿是当事人向利益受损人履行的民事赔偿责任,因此赔偿金交给对方当事人。罚金与损害赔偿金建立于两种不同的理论基础,实际操作上也不可能出现任何形式的竞合。因诉权滥用而判处罚金,可适用于包括一审、二审、复核审和特别程序在内的所有诉讼程序。④

另外,法国法上还有一些关于诉权滥用的特别规定。例如,1965年通过的《不动产共有法》第42条第4款的规定:"当事人不同意不动产共有人会议的决议,并就该决议向法院提起诉讼,如果当事人滥用诉权或者以故意拖延的方式进行诉讼,则可判处150欧元至3000欧元的罚金。"⑤另根据《不动产共有法》第42条第2款的要求,除非有紧急情况,当事人应当在接获决议后的两个月内向法院提起诉讼。如果当事人超过两个月的期限再行使诉权,就可能构成诉权滥用行为。之所以在《不动产共有法》特别规定滥用诉权的具体情形,是为了保护其他共有权人的利益,避免因为某个共有权人提起诉讼而遭受严重利益损失。⑥

---

① Y. Desdevises, L'abus du droit d'agir en justice avec succès: D. 1979, 21.

② 因当事人提起上诉而被判定诉权滥用的情况并不多见,这需要满足严格的限制性条件,例如上诉理由毫无理智。只要上诉人的上诉理由与案件本身有关,则不得认为存在诉权滥用的行为。相关判例参见Cass. com., 5 janv. 1999: Bull. Ⅳ, n°5; Cass. 2e civ., 13 mars 2003: Bull. Ⅱ, n°66; Cass. 2e civ., 10 mai 2007: Procédures 2007, n°156, obs. Perrot; Paris, 6e C, 5 avr. 2007: JCP 2007, Ⅰ, 139, n°12 et Dr. et patrimoine 2008, 103, obs. Amrani Mekki.

③ L. n°72-650, 11 juill. 1972, art. 7.

④ 《法国新民事诉讼法典》第581条规定:"当事人提起上诉时存在故意拖延或者滥用诉权之情形,法院可对其判处不超过3000欧元的民事罚款,并且该罚金不影响对方当事人可能对其提出的利益损害赔偿请求。"第628条规定:"向最高法院提起复核审的当事人,如果复核审败诉并且被认定为具有诉权滥用的行为,该当事人将被处以不超过3000欧元的罚金,并且需向对方当事人支付同等金额的赔偿金。"

⑤ Loi n°65-557 du 10 juillet 1965 fixant le statut de la copropriété des immeubles bâtis, Modifié par Loi n°2007-1787 du 20 décembre 2007-art. 26 (V).

⑥ 不动产共有决议通常是关于不动产维护、翻修的决定,如果某个共有人以不合理的方式提起诉讼,则不动产将因为恶意诉讼而无法得到修缮。

结　论

　　用概念史的方法来做民事诉讼法学理论研究，这对笔者而言是一种智识上的挑战。从罗马法以来的全球法律文明发达史长河来看，"诉权"概念显然很"嫩"，它不过是近代法学家提炼而来的产物，与民法上的"请求权"概念发展历程极其相似。两者其实是同步提出，互相参照，并且各自成为民事诉讼理论体系和民法理论体系的基石。更何况，"诉权"和"请求权"概念共同源自罗马法"诉"之概念的拆解。这种理论渊源上的亲缘关系，导致现代民事诉讼法和民法关系的"暧昧不清"。在德国、日本等部分大陆法系国家，民法学者和民诉法学者彼此之间划定了学术界限，试图严格界分这两大法学部门。而在法国、意大利、西班牙等另一些大陆法系国家，无论是民法学者还是民事诉讼法学者，大多坦然接受实体法与程序法"自主但不独立"的立场，二者之间有必要保持理论上的互相关照。从本质上来说，对民法与民事诉讼法的关系的不同理解，就是不同"诉权"观念和概念的思想基础。

　　回到罗马法、回到罗马法的"诉"，这是解答"诉权"概念从哪儿来，又该往哪儿去的必经之路。本书对解答以下问题应有所助益：

　　第一，罗马法民事诉讼程序的"诉"与现代"诉权"概念是什么关系；

　　第二，罗马法"诉"的理论发展经历了哪些阶段，特别是各阶段的诉权观念有何异同；

　　第三，罗马帝国晚期的法律制度，特别是优士丁尼的国法大全，是否能够代表罗马法的真正精神；

　　第四，近代德国和法国法学家创制"诉权"概念有何观念上的差异；

　　第五，现代德日民诉法和法国民诉法的"诉权"体系为何出现明显差异；

　　第六，"诉权"概念是否还具备指导我国民事司法实践的理论功能。

　　部分学者认为民事诉讼法学中的诸多概念和理论，例如"诉权""诉讼标的"，已经丧失了实务功能，理论上也越来越难以自恰，进而认为这些概念已经成为神话传说中的"屠龙术"，完全可以弃之不顾。从某种意义上来说，这种观点确实反映了一段时期以来我国民事诉讼法学研究出现的自我封闭现象，不能说全然无道理。越来越多的法律人，尤其是司法实务人士，在内心是认同这一观点的。这些被认为在理论上非常重要的概念,但在司法实务中却罕见使用。即便是司法实务在处理与"诉权"直接相关的法律适用问题时,法官们都不愿意触碰这些混沌不清的概念,这直接导致"诉权"作为一种程序权利经常无法恰当地得到司法认可。

长期以来,我国民事诉权理论研究受困于简单翻译而来的诸种学说,并没有取得明显的实质性进展。学术研究对诉权概念的起源、早期学说史、现代诉权理论体系都缺乏严谨的研究。再加上苏联民诉法学的影响,明显割断了诉权理论的大陆法系渊源,导致我们对诉权概念的认识呈现片面化、碎片化、无意义的复杂化现象。这种理论研究状态给我国民事司法实践造成了相当的困扰,部分学者不加甄别地极力倡导"宪法诉权说""诉权人权论""诉权绝对论",完全背离了我国民事司法实践经验,产生了负面影响。"宪法诉权说""诉权人权论""诉权绝对论"等学说的提出有其具体语境,其含义指向的是诉权的公法属性(客观权),而非诉权的私法属性(主观权)。依据诉权的公法属性来制定私法的适用规则,这明显是"张冠李戴",导致我国民事司法实务的混乱,是一种误导。

这种理论研究上的混沌不清,其实是对理论发展脉络的不熟悉,尤其是对"从哪儿来""往哪儿去"缺乏思想观念上的认知。"回到罗马法"不是对异域风情的走马观花,更不是对"坟墓里的法律"的现代移植,而是对法律思想的探寻,是一种必要的研究方法。它有助于探寻某个现代法律概念、某项现代法律制度的思想基础,并且为理论发展的未来走向提供参考。历史研究的意义不仅在于了解过去发生了什么,更在于探寻事物发生的原因。历史学本质上是一种解释方法,它对某些法律问题的研究具有独特的理论魅力。

附录一

主观权与诉权

亨利·莫图尔斯基(Henri Motulsky)[*]

　　研究主观权与诉权的关系,这是一个难度非常大的问题。学界对"主观权理论"的研究存在较多争议和不清晰之处,对"诉权理论"的研究现状也大致相同。在这样的情况下,研究两者之间的关系,也许会把问题搞得越来越复杂。但是否也有可能将两个"难解之谜"关联起来研究,反而会有助于问题解决呢? 无论如何,这值得尝试。

　　这两个概念之间,可以说存在与生俱来的关联性。例如,M. Batiffol 在研究国际民事诉讼程序时,认为"诉权是主观权行使的最后阶段"。虽然这肯定不代表本书看待这一问题的立场,但是这一观点仍具有代表性,因为它将诉权看作是(实体)权利实现的当然结果。我们坚信诉讼只揭示了权利的某个面向,因为权利的日常发生和运作都是在法院之外进行的。但是,权利的法律效力、权利的本质属性等问题只能在诉讼过程中得以验证。可以说,如果没有诉讼,那么权利概念中的"主观"含义是不会存在的。

　　从法律史来看,诉权是先于实体权利而存在的。在这一方面,罗马法是极具说服力的例证:只有通过"诉"才能窥见"权利";只有通过"诉"的种类才能推知"权利"的不同类型。罗马人从不说"物权"(ius in rem)和"人身权"(ius in personam),而只说"对物之诉"(actio in rem)和"对人之诉"(actio in personam)。然而,诉权和权利这两个概念(在罗马法晚期)被强力地融合在一起。优士丁尼(编纂《法学总论》)采用了 Celse 对"诉"(actio)的定义,即"诉,无非是指有权在审判员面前追诉取得人们所应得的东西"。在这一定义中,即提出了诉权的含义,而且还指出了诉权与实体权利的关联。我们可以总结为通过诉权才能实现相应权利。但反过来说,

---

[*] 亨利·莫图尔斯基(Henri Motulsky,1905—1971),法国著名诉讼法学家,专注于民事诉讼基本原理研究。莫图尔斯基对诉权、诉讼标的、既判力等理论的研究在法国学界极具影响力。1962 年,莫图尔斯基被法国戴高乐政府时期的司法部长、著名法学家 Jean Foyer 任命为"法国民事诉讼法改革委员会"主席,负责现行《法国新民事诉讼法典》的立法准备工作。现行《法国新民事诉讼法典》关于诉权的立法被认为是莫图尔斯基理论观点的复述。本文最初是作者在巴黎大学法学院法哲学研讨会的演讲,而后作者将演讲内容整理成论文,发表于 1964 年的《法哲学杂志》(*Archives de la Philosophie du droit*,1964,p.215 et s.),后又完整收录于 1973 年莫图尔斯基《民事诉讼研究与评注论文集》(*Ecrits. Etudes et notes de procédure civile*, Dalloz, 1973)。本译文根据《民事诉讼研究与评注论文集》版本译出。

诉权的行使又必须以相应权利存在为前提。

主观权的概念如此模糊；诉权的概念也是混沌不清。"诉权"概念可同时指代太多的事物。自罗马法的程式诉讼时期以来，罗马法"诉"（actio）的概念意指：获得胜诉判决的权利；据以赢得诉讼的"程式"（formule）；因诉权之行使而进行的"审理程序"（judicium）。至罗马法的非常审判时期，"诉"的概念被含含糊糊地指代：为了获得正义而向法官提起诉讼的权利（起诉权），或者此种权利的行使（起诉行为）。作为罗马法术语的"诉"之概念的不确定性延续至今。

法国古代法对上述概念没有作出具体规定，诉权概念的发展史依然不太清晰。1667年民事诉讼程序敕令完全没有提及诉权；波蒂埃（Pothier）重述了诉权的双重含义，即诉权是"追诉取得人们所应得的东西（或者其所有物，意指'对物之诉'）的权利"，以及"此种权利的行使"。直至（1806年）法国旧民事诉讼法典编纂时，最高法院曾建议在法典草案中增设"诉权"一章，将诉权重新定义为"起诉权"（droit de poursuite），并且以提出"诉讼请求"作为行使诉权的前提。这一立法规定显得多余而无意义，最后没有被采纳，立法草案亦未对此作出解释。

自然而然地，在这一背景下，学术界从未停止关于诉权概念是否应当纳入《法国民事诉讼法典》的争论。显然，一些对诉权概念的研究成果相继问世，其中特别值得提及的是：德国近代法学家的研究成果（萨维尼、温莎伊德、瓦赫、霍尔韦格、哥德施密特）；意大利法学家的研究成果（居奥万达与卡内卢蒂）；法国著名公法学家的研究成果（欧里乌、狄骥、耶兹）和程序法学家的研究成果，尤其是威兹沃兹，他对诉权进行了深入细致、敏锐清晰的研究，但是他生前未能完成一部如我们所期待的集大成作品。

我们该如何着手诉权研究？有一点是肯定的，即诉权的目的通常是实现各种实体权利。但是这一论断显然意义不大，我们有必要将问题进一步细化。这是我的基本立场。依拙见，我们首先应当检讨通说观点，即诉权的目的在于实现主观权，以及诉权是实现主观权的必要手段。此外，我们还应当反思，诉权本身是否也是一种主观权。为了厘清主观权和诉权的关系，本书拟对以下两个问题进行分析：其一，诉权对主观权具有何种功能；其二，根据主观权的概念来界定诉权的性质。

一、诉权概念的功能

在研究诉权对主观权具有何种功能之前，本书拟对诉权的两大互相对立的学说和试图调和两大理论体系的新观点进行综述。然后，我再提出自己的观点。

(一)主观主义和客观主义的激烈对峙

1. 主观主义的两个方面

(1)长期以来,法国的诉讼法学家和民法学家都认为:诉权就是处于运动状态的实体法上的主观权。正如德莫隆贝(Demolombe)所言:"诉权是处于争执状态的权利。"威兹沃兹将这一定义形象地比喻为"法律语言中的最美修辞之一"。该观点与萨维尼的提法也一致,即"诉权是实体法上主观权的变形物"。事实上,法国民事诉讼法的经典著述一直沿用该观点。例如,在戈松涅(Garsonnet)和塞萨布(Cézar-Bru)的《民事诉讼法研究》、库什(Cuche)的《民事诉讼法精义》(文森特修订前的版本)中,都能看到这一观点;在与蒂歇尔合作前的格拉松(Glasson)的著述中,也隐晦地提到了这一观点。

(2)然而,学者们很快就意识到将主观权与旨在实现主观权的诉权混为一谈,这是十分牵强的,也是不合逻辑的。人们已然能够接受主观权与诉权之间存在区别,但是鉴于"无实体法上的主观权即无诉权"的观念根深蒂固,"诉权"概念在很大程度上被僵化了。例如,在格拉松和蒂歇尔合著的《民事诉讼法研究》中,诉权被定义为"赋予当事人为了保护其享有的实体权利,而获得司法裁判的权利"。由此,诞生了一条全新的、被广为传诵的法律格言:"无权利即无诉权。"

但是,人们也确实意识到某些特殊的权利并无相应的诉权。人们认为,这是上述法律格言的例外情形,而非悖谬。最典型的例子是自然之债。但最让人难以理解的是,确实可能存在"有诉权但是没有对应权利"的情况。

公法学家首先意识到了这个可能发生的情况,并称之为"越权救济之诉"。的确,某些极端的学者(例如约瑟夫·巴特勒密和博纳尔)认为:行政相对人享有"(行政行为)合法的主观权"。因此,相对人可以针对行政越权行为提起撤销之诉,这也是一种主观权。但是这种观点难以让人信服,平心而论:合法性问题属于抽象的客观法范畴,以公共利益作为其保护对象。行政相对人可能遭受不法行为的侵害,并且享有诉请救济的利益,但是假如这一利益可允许当事人提起撤销不法行为的诉讼,那么这种诉讼的"合法性"肯定不是指保护其本人的实体法上的主观权。某种程度上而言,这种诉讼源于"合法性"自身,而与个人无关。

上述观点逐渐发展为客观主义学说。

2. 由著名公法学家倡导的客观主义学说

欧里乌时常将诉权（action en justice）和诉争权利（droit en action）混为一谈。他明确认为："越权救济之诉"就是纯粹的客观法诉讼。欧里乌指出，不管怎么说，客观法争议是确实可能存在的。易言之，以抽象的"合法性"而不是主观权作为诉讼标的的诉讼也是确实存在的。在论及民事纠纷时，欧里乌在主观主义和客观主义概念之间游移不定，难以确定他的准确立场。

狄骥主张不应该混淆诉权和诉权旨在"验证"（sanctionner）的权利。同时，他也一直不赞成使用"主观权"的概念。狄骥试图用"制止违法"的概念来解释整个纠纷解决体系。狄骥关于诉权性质的论述，就体现出这一观念。

（二）现代诉权理论：学说的趋同化

1. 总体而言，近代诉讼法学家都倾向于认为：诉权和其旨在保护的实体法上的主观权是两个互相区分的概念，并且在审理主观权争议的主观权诉讼外，确实也存在以确保抽象"合法性"得以遵守为目的的客观法诉讼。这种观点在诉讼法学家的著述中随处可见，例如威兹沃兹的《程序法研究》[①]、索吕（solus）与佩罗（Perrot）合著的《民事诉讼法》[②]、库什与文森特合著的《民事诉讼法精义》[③]、库尔尼（Cornu）与法尔耶（Foyer）合著的《民事诉讼法》[④]、德黑（Terré）在《法律大全》中对《法国民事诉讼法典》第59条的评述[⑤]等。客观法诉讼最典型的例证是婚姻无效之诉、禁治产之诉、撤销监护权之诉。此外，不但刑事诉讼不存在所谓予以惩罚的"主观权"，而且由检察官提起的民事诉讼也不存在主观权。

虽然学界对前述学说已经达成一致看法，但是关于主观权诉讼和客观法诉讼的各自范围，学界远未能达成共识。

2. 最近，里昂法学院鲁比耶（Roubier）院长在其新著《主观权与法律地位》中，对两者的界限进行了研究。在我看来，这是一次超越两派学说对峙局面的理论尝试。这位卓越的学者以"法律地位"（situation juridique）概念作为理论出发点，他认为通过"法律地位"就能看出当事人的权利义务脉络。在"法律地位"中，如果"权利"要素占上风，则为"主观权"；如果

[①] Vizioz., Études de procédure, Bordeaux, Editions Bière, 1956, p.132.
[②] Solus et Perrot., Droit judiciaire privé, tome I, Paris, Sirey, 1961, n°106, p.105.
[③] Cuche et Vincet., Procédure civile., 13e éd., coll. Précis Dalloz, Paris, Dalloz, 1967 n°9, p.12.
[④] Cornu et Foyer., Procédure civile., PUF, 1958, p.272.
[⑤] Terré., J. –CL. Proc., art. 59, fasc. I, n°15 et s.

"义务"要素为主导,则为客观法意义上的"法律地位"。至于诉权问题,鲁比耶对主观权诉讼的性质作了严格限定,只有类似于"返还之诉"或者"假冒之诉"才是主观权诉讼,因为这类诉讼中确实存在"处于争执状态的"(如同德莫隆贝的说法)财产权或者专利权。相反,鲁比耶在相当大的程度上扩展了客观法诉讼的范围。他认为,以下诉讼类型都是"违反义务"为主导的诉讼:侵权责任之诉、不正当竞争之诉、无效之诉、失权之诉和撤销之诉;不当得利返还之诉;身份之诉;所有权之诉。在他看来,在上述诉讼类型中,不存在任何需要保护的主观权,而诉权则居于首要地位。鲁比耶认为,根据主观权诉讼或客观法诉讼的不同,诉权的角色功能也不同。

在介绍了以上学说后,下文将详细说明我对这个问题的看法。

(三)本书的观点

本书将围绕"主观权"的定义展开,该定义与"权利的实现"紧密契合。正如我在专著《私权实现方法的基本原则》中的看法,我坚持认为有必要将"作为哲学概念的主观权"和"作为严谨法律概念的主观权"区分开来。比如,源于自然观念、命运轮回或者人类共同体准则的"要求返还"主张,我们虽然称之为"主观权"(又如劳动权、文化权),但在我看来,这种"主观权"在没有进入法律领域并且被法律规范所承认时,它仍然局限于哲学领域。所谓"进入法律领域并且被法律规范所承认",是指社会行为准则被赋予特别的法律性质。我不认为应当指责这种法律实证主义的观念,此处并不涉及法律渊源的争论。我乐于接受这一实证主义观念,不仅因为可以借此探知法律的一般原理,而且能避免因为术语名称(相似性)而极易产生混淆。我们谈及法律的一般原理时,也会使用自然法的术语。当我提及"法律规则"时,这是指正式颁布的制定法,而不是立法理由、立法资料和处于立法过程中的东西。

从法律术语的角度,我认为,我们在使用主观权概念时,就是指代被"法律规则"所承认的权利。为了确认某项主观权是否被"法律规则"承认,我们应当将其放置于法律结构下来判断。我把"法律结构"称之为一种"定型的刻板"(stéréotype),因为一旦制定,法律规则的所有内容就固化了。借用施塔姆勒(Stammler)创造的法律术语,法律结构是"要件—效果"式的,会产生强制性(impératif)的法律效力。我一直强调只有具备了"强制性",才能称之为真正的"法律规则",并具有规范效力。例如,假设法律规则是:"买卖合同约定的生效条件一旦成就,卖方可要求买方支付货款",则该法律规则赋予卖方为保护自身利益而采取行动的"权能"(faculté),

因为法律规范具有强制性效力。正是这一"权能",提炼为"主观权"这一法律概念。也正是基于这一原因,我才主张应当从法学一般原理的层面上,对主观权的概念进行结构分析,并将主观权概念运用到法律生活的每一个角落。

至此,诉权之于主观权的功能已然浮现。正如我们只能从一个法律规则(买卖合同法律规范)中提炼出一个实体法上的主观权(要求支付价款的权利),而一个实体法上的主观权也只能获得一个司法判决,那么程序法上应当有另一种法律规则来规范如何获得这一司法判决。我们毫不迟疑地把目光转向"另一种法律规则",在我看来,正是它决定了诉权的性质。在此,我要提出一个论证和一个疑问。

关于一个论证。将诉权定义为"处于运动状态的主观权",这肯定是不正确的。其理由在于:法律关于实体法上主观权的法律条文,没有任何关于诉讼地位的规定。在我的法律观念里,主观权必须依赖于具有法律强制力的法律条文而存在。因此,诉权的存在必然要有"另一种法律规则"作为依据,不可能是"实体法上主观权的变形物"。

关于一个疑问。必不可少地作为"另一种法律规则"的诉权程序规范,是否只能作为保障实体法上主观权实现的角色而存在,或是它能够独立于实体法上主观权而独立发挥功能。这个问题又将我们转向诉权的主观主义和客观主义之争。

回答这个问题时,有必要重新对法律规范进行分析。客观主义诉权理论是完全可以理解的,但是在私法领域,这注定是例外情形。我们再次以"婚姻关系无效之诉"为例予以说明。"婚姻关系无效之诉"的法律依据是《法国民法典》第184条。根据该条的规定,如果婚姻关系的缔结不符合公共秩序利益,违反法律的相关规定,有利害关系的人均可对该婚姻提出无效之诉。此处,利害关系人有资格运用法律的强制性规定。但是,这一强制性规定与前述疑问的"理论假设"发生冲突,因为利害关系人提起该诉讼并非基于其自身的利益,他也无权强迫夫妻或任何其他人(法官除外,但法官处理此事的权力并非来源于实体法的规定,待下文详述)。该利害关系人只能以"制止违法"作为其起诉的目的,这显然是一种客观主义诉讼。正如鲁比耶先生对这种特殊情形的完美论述,我认为这是诉权理论中的特殊情形:它不指向任何实体法上的主观权;它仅靠自身便能独立运行。

但是回过来说,借用艾布朗(Hébraud)先生的话:"诉权的一般功能是保护具体的利益,而不是抽象的合法性。"这种诉权分析是对客观主义诉权适用范围的限缩。需要注意的是,我不赞成我的卓越导师鲁比耶先生关于客观主义诉讼的观点,因为根据他的观点,前文所述几乎所有案例都属于客观主义诉讼。

本书不可能讨论所有的案件类型,故重点探讨故意侵权案件。根据法律规定,如果受害人因加害人的过错遭受损失,则加害人应当予以赔偿。我不能不得出这样的观点:正是该法律的强制性规定授权受害人提出赔偿请求,同时,受害人享有这项损害赔偿的主观权。但是,鲁比耶拒绝承认所有涉及生命权、身体完整权、名誉权的案件是主观权诉讼。对此,达班(Dabin)明确提出了反对,他认为这是错误的观点。

我们可以从两个方面来进一步解释这个问题。

第一,与大多数民法学家的观点相同,我倾向于认可民法上存在所谓的"人身权"。我坚信人身权与物权具有相同的法律属性。假如人们认为在物权中,权利相对义务而言居于主导地位,那么在人身权中亦应是如此。同时,从逻辑而言,我认为权利和义务之间并不存在谁主导的问题,两者之间就是互为补充的关系。在此,我们没必要再对鲁比耶院长提出的这个新问题进行深入探讨。我们认为,这更多的是看待问题的立场差异,而不是问题本身。

第二,关于身体完整权,我们认为,这并非在实体法层面研究是否存在该主观权的问题,而是研究这种制止侵害身体完整权的诉讼是否保护了某个主观权的问题。在我看来,这一问题的答案是肯定的,但这与实体法上是否存在所谓人身权无关。这种损害赔偿机制本身就带有主观权性质,尽管当事人的初始"法律地位"带有客观主义色彩。

为了进一步解释上述观点,我再举一个不太容易分析其初始"法律地位"的案件类型,即"不当得利返还之诉"。显而易见,法律不可能赋予所有个体针对某项具体的不当得利行为提起诉讼的权利。但是,假如不当得利确实发生时,某项法律规则就会赋予遭受损失的当事人为了保护其合法权益而提出补偿的权利。该法律规则被认为是主观权的法律基础。为了避免误解,我们始终在实体法层面讨论问题:这个补偿权是一种"价款请求权"(droit au prix);它源于"违反法律规定的行为",它也不涉及诉讼问题;它的意义是作为潜在诉权的法律基础。

我认为可以得出以下结论:在几乎所有的案件中,诉权的行使都将导致主观权诉讼。即便某些案件的初始"法律地位"具有一定的客观主义色彩,但是只要这种"违反法律规定的行为"能够触发补偿或者赔偿的主观权,则上述结论仍然正确。唯一的例外是,审理纯粹的合法性问题的案件是客观法诉讼,意即该法律规定所保护的唯一法律价值是公共利益。

婚姻无效之诉是典型的客观法诉讼。该法律规定所保护的唯一价值是社会利益，防止作为社会基础的婚姻法则被破坏。的确，提起这种诉讼的个体应当具有诉的利益，但是其"利益"不是指保护该法律规定利益不受侵害，而是一种集体利益。提起诉讼的个体只是被当作保护集体利益的"工具"。

需要再次强调的是，这种客观法诉讼是非常罕见的例外情形。诉权的通常功能（保护实体法上主观权）无法解释客观法诉讼。只有在法律明确规定允许当事人可以为了保护集体利益而非其个人利益而提起诉讼时，客观法诉讼才能被允许。

我们发现，这里所说的"法律明确规定"总是指实体法，诉权理论完全无法解释这种法律规定的性质。如前文所述，诉权的行使依赖于区别于实体法律规范的"另一种法律规则"。正如我们研究主观权概念不可脱离法律规范的结构，那么"另一种法律规则"是否赋予了诉权的主观权性质呢？下文将以主观权为视角，探讨诉权的法律性质。

二、诉权的法律性质

我在前文已经论述过关于诉权的各种学说，这些学说互相之间交错杂糅，下文将继续对这些学说进行梳理。在分析诉权的法律性质前，应当先确定诉权的定义。

（一）诉权的多种定义

诉权的定义极多。我们先简要回顾各种诉权的定义，然后再提出本书的观点。

1. 诉权的"经典"定义将诉权与其旨在保护的对象捆绑在一起：诉权是"追诉取得人们所应得的东西或者归属其所有之物的权利"。这一定义将诉权与其旨在保护的实体法上的主观权非常紧密地（过分紧密地）联系在一起。更为夸张的是德国的"权利保护请求权说"（Rechtsschutzanspruch），该学说将诉权定义为"获得有利判决的权利"。这一学说实际上已经被德国现代诉权理论摒弃。

在法国，鲁比耶院长似乎倾向于重拾这一定义，特别是他在论述客观法诉讼时，极大地拓展了客观法诉讼的范围。根据其著作《主观权与法律地位》的论述，诉权是指当事人以起诉为手段诉请司法保护其权利的权利。这一定义隐含着这样的意思，即行使诉权意味着胜诉。

然而，上述观点已经不再是主流。事实上，诉讼法学家们对多个关联概念进行了区分：

（1）目前学界已经普遍接受诉权与实体权利的区分，这也必然意味着诉权是独立于其结果（胜诉）的。

（2）学界也一致认为诉权和诉讼请求是不同的概念。我们认为，诉权是一种权能（faculté）、一种可能性（possibilité）或者一种权力（pouvoir），而诉讼请求则是这种潜在权力的具体表现。

（3）还有一对令人相当困惑的概念，也是非常重要的概念区分，即诉权与诉诸司法的权利（l'accès aux tribunaux）。几乎全部的诉讼法学家都忽视了对这两个概念的关系进行分析。事实上，学者们有时候认为诉权是法律赋予个体的"要求法院作出裁判"或者"诉诸法院要求尊重其权利和利益的"法定权利，有时候又认为诉权是"当事人要求法院支持其诉请"的权利。然而，要求法院裁判、诉诸法院支持诉请都不是诉权，而是诉诸司法的权利。诉诸司法的权利是指启动司法程序，这是任何公民都享有的基本自由。关于外国人诉诸法国司法的权利限制，最高法院已通过1948年6月21日的判决予以消除。诉诸司法的权利不是诉权；诉权要求有具体的法律机制，而不仅仅是司法的启动原理。

诉权到底有什么要求？这是下文将探讨的问题。

2. 如前文所述，诉权不是诉诸司法的自由，不是启动司法程序的行为，不是获得胜诉判决的权利；诉权也不是诉诸司法的权利，不是诉讼请求，不是对法律地位的有效确认。对于诉权的概念，我们通过这种排除法来归纳：诉权只能是"请求法官对诉请的法律基础做出判决的权利"。

这一定义体现了诉权作为程序法之基本概念的意义。随着理论的发展，当"抗辩"成为程序法基本概念必须面对的问题时，所有的程序法基本概念都"凝结"了。"抗辩"（la défense en justice）的法律依据来源于当事人诉请之实体权利的法律规范，我们称之为"诉请缺乏法律基础的抗辩"（la défense au fond）。"抗辩"是对原告诉讼请求之合法性或者对诉讼程序的合法性提出质疑，后者称之为"程序性抗辩"（exception）。还有第三种给原告诉请构成障碍的"抗辩"，当下流行的术语称之为"诉的不可受理"（fin de non-recevoir）。"诉的不可受理"抗辩是一个含义清晰的法律概念；正如我在其他文章所言，这一概念就是指"对诉权的否认"（la dénégation de l'action），别无他意。既然我们已经将诉权定义为"请求法官对诉请的法律基础做出判决的权利"，那么理所当然地应当把这种"抗辩"（即"诉的不可受理"抗辩）定义为"请求法官停止诉讼程序，并且不能对案件进行实质审查"，而并非关于诉讼程序合法性的抗辩。最高法院在最近一个亲子关系确认之诉的判例中，判定法官不得在审查并判定"诉的不可受理"抗辩之前，调查当事人之间可能具有生物学亲子关系的案件事实（例如，诱奸）。最高法院在最新的判例中认为，在审查"诉的不可受理"抗辩之前，法官不得进行血液鉴定程序。

采用本书建议的诉权概念，仍需解决由此引发的其他多项问题，特别是法律术语的使用问题。在此举几个例子加以说明。"诉权"概念具有唯一独立性：诉权行使的"目的"（l'objet）是纯粹程序概念（即获得"实体判决"），诉权的"内容"（la coloration）则仅仅是指可能实现的实体权利。对人之诉和对物之诉，动产之诉和不动产之诉等概念也需要仔细区分。另外，"诉权"概念不存在"不可受理"的问题，而只有诉权存在或不存在的问题；"不可受理"的概念应当适用于"诉讼请求"。这一结论也意味着我们应当使用"诉权的存在条件"（les conditions d'existence）之表达来替代"诉权的行使条件"概念（les conditions d'exercice）。而且，"诉权的存在条件"之表达仍然不准确，因为这些"条件"只有在当事人对其进行辩论时才有重要程序意义（极个别情况除外），换言之，即只有当法官审查"诉的可受理性"问题时才会审查本案诉权是否出现了消极的"条件"。类似矛盾问题还有很多。最后，诉权与诉讼地位没有依附关系：（被告）抗辩也是行使诉权的一种方式。居奥万达、卡内卢蒂、莫雷尔、库尔尼、法尔耶、德黑等诉讼法学家均持相同观点。

因此，以当代诉权理论而言，"享有一项诉权"即意味着"获得实体判决的可能性"，而不论这一被赋予的权利到底意图裁判的是何种争议事项。但与此相悖的是，当诉权放置于前文所述的"诉的不可受理"这一重要概念的情境下时，诉权的含义却仅仅是提起一个"与案件实体问题毫不相关的"诉争。在此情况下，当事人对"诉的不可受理"争议仅限于诉请的抽象合法性（例如诱奸案的血液鉴定问题），即当事人提起的主观权诉讼是否存在可予实现的实体权利。

行文至此不再展开，如果要进一步深入研究，也许应该回到罗马法的渊源。

关于主观权概念，我们仍然有必要探究：它是如何从理论假说变成现实话语的；它的定义表达又为何如此平淡无奇（一种权能或者一种可能性）。这也是本书最后需要论述的，关于诉权的性质问题。

（二）诉权的性质：是否为一种主观权

1. 很显然，法国诉讼法学家对此大多持否定态度。莫雷尔接受狄骥提出的"诉讼途径"(voie de droit)术语,但没有对诉权的性质问题真正地提出观点。总的来说,法学家们用"权力"(pouvoir)或者"法律权力"(pouvoir légal)的术语来描述诉权的本质。不过,鲁比耶院长是个例外,他认为诉权的本质是一种"特权"(prérogative),而且特别地将诉权与主观权理论严格区分开。威兹沃兹也赞同此观点,他对以居奥万达和卡内卢蒂为代表的相反观点发起猛烈批判,这些相反观点认为诉权是一种"个体的主观权"。威兹沃兹跟随狄骥和耶兹的学说,认为个体启动诉讼程序的依据只能是一种"权力",称之为诉权。这是纯粹的客观主义诉权观。

2. 尽管本书提到的诸多法学大咖都赞成客观主义的诉权观,但是我坚持提出自己的不同看法。

(1) 不可否认的是,当事人起诉确实会产生诉讼法律关系。诉讼法律关系不但在当事人之间衍生出了新的法律地位(起诉前是"债权人"或"债务人",起诉后各自又多了"原告"或"被告"的角色),而且在当事人与法官之间也形成了新的法律地位(莫雷尔、库什与文森特均赞同;库尔尼与法尔耶则持反对态度)。我的观点是,当事人与法官之间的法律地位也具有主观权性质。

的确,当事人与法官之间的法律地位是法定的,而非合意约定的。但是这并不能证明此种法律地位因此带有客观性。值得注意的是,若法官拒绝对案件作出裁判,则其应当承担《法国民事诉讼法典》第506条规定的"法官拒绝裁判"的法律责任;《法国刑法典》第185条还将这一行为列为"法官拒绝裁判罪";当事人还可以根据《法国民事诉讼法典》第505条的规定对法官提起控告,并追究法官个人的损害赔偿责任。这一民事赔偿诉讼只不过是《法国民法典》第1382条侵权责任一般条款的适用案件之一,没有其他特别之处。然而,假如我们承认一般侵权责任之诉是主观权诉讼的话,那么这里讨论的"法官拒绝裁判"导致的民事赔偿诉讼也是主观权性质的。毋庸置疑,法官的义务确实关系到公共利益,但是这也是法官应当对当事人个体履行的义务。如果法官拒绝履行该义务,当事人可以基于其自身利益追究该法官的个人责任。由此可见,我认为法律规则应当对"诉权"作如下规定:"如果当事人向法院起诉,只要他的诉讼请求是合法的并且满足起诉条件(即诉权存在条件),那么该当事人有权要求法官对该诉请的实体问题做出裁判。"

综合以上分析,我的结论是当事人有权为保护自身利益而运用法律规则中的强制性规定,"诉权"是一种主观权,法官则是诉权的被动对象。

(2) 不少学者对我的结论提出反对意见,我将逐一简要驳斥以作本书结尾。

第一，耶兹、威兹沃兹、库什与文森特等学者主张"诉权"是一种非个体化的、普遍的、永恒的权力，它是一种客观的法律地位。在我看来，这种诉权分析是不充分的。假如从理论角度将诉权视为一种"潜在力"（与诉讼请求相反），那么诉权的性质就应当根据其行使后的法律效果来定义。然而，诉权之行使所带来的强制力却是由个体（原告X）主导的，并且与另一主体（法官Y）发生连接。此种由诉权建立的，并且已经被大家接受的法律关系具有人身性、个体性；它不是非个体化的，也不是普遍性的。

第二，威兹沃兹等学者还针对意大利著名诉讼法学家的观点进行反驳，认为他们的诉权学说是站不住脚的。居奥万达认为诉权是存在于当事人之间的权利；卡内卢蒂则认为诉权是针对居于主导地位之法官的主观权，它要求法官确认诉讼具有可裁判的利益，从而确定诉讼的合法性，防止法官基于自身利益逃避裁判。在威兹沃兹看来，前者观点不准确，后者观点很离奇。就我个人看法而言，上述观点也的确存在不恰当之处。

但是，我认为，如果用威兹沃兹的上述批评意见来反驳我的诉权观点，则是不中肯的。已经有不少学者对我的诉权观点提出质疑，但这些质疑本身也值得怀疑。如果要证明我的诉权观点是错误的，那么必须论证"将法官置于被动对象的、作为一种主观权的诉权"违反了民事诉讼基本原则。

第三，威兹沃兹认为：如果根据我的诉权观点来解释"当事人与法官之间的法律地位"问题，那么在涉及由检察官提起民事诉讼时，就无法自圆其说了。威兹沃兹坚信，"诉权是当事人享有的针对法官的主观权"之观点必将导致在行政诉讼中，我们也得普遍性地承认"行政相对人享有的诉权也是一种主观权"。

我认为威兹沃兹的反驳推理是毫无根据的，因为他忽视了民事诉讼案件的特征。司法机关的民事裁判行为从不涵盖到行政法范畴。的确，民事诉讼程序兼具公法和私法的元素，但是其程序机制完全是从私法角度来考量。法官因未能履行职责而承担的个人责任，这与行政法毫无关系，因为行政法并无此规定；这也并非公法功能在行政法院的展现，因为法官未履行职责的过错具有民事诉讼的可诉性，它只能在普通法院适用私法来审理；这也不是公法的实体问题，因为公法上的法官责任是非个体化的，而法官因未能履行职责而承担的个人责任则是个体化的。

基于上述分析，我认为"行政相对人主观权理论"不能构成对本人观点的反驳，相反，这种推论却体现了我认为相当重要的一个因素：诉权衍生的法律地位与行政相对人起诉而形成的法律地位是根本不同的，因为规范公共行政的法律仅仅把公共利益作为保护对象，但是作为诉权基础的私法不但将"抽象的合法性"作为保护对象，而且还（或者说尤其）把当事人个体的以及针对法官个体的可裁判利益作为保护对象。不管别人怎么看，我认为完全可以得出以下结论：诉权是一种典型的主观权。

根据这一结论，将主观权和诉权紧密联系在一起是完全站得住脚的。作为"程序法上主观权"的诉权，不但是实体法上主观权的忠实仆从，而且在主观和客观的法律地位方面均保留其独立性。诉权理论向人们展示了：个体享有诉诸司法这一重要权利，这是社会赋予个人的基本保障。

附录二

诉（Actions）

艾涅斯特·梅茨格（Ernest Metzger）[*]

在《法学阶梯》的罗马私法编纂框架中，"诉"是三大组成部分的最后一部分，并且与其他两部分（即"人"和"物"）存在显著的区别。前两部分（即"人"和"物"）着眼于实体法律规则，而"诉"着眼于矫正（redress）。然而，"诉"与"程序法"并不能完全等同。"诉"经常包含着与"人"和"物"等实体法律规则相似的内容。这是因为在罗马法"诉"的发展过程中，当时的程序法与实体法尚未分离。

第一章 诉（Action）

"诉"这个词是非常难下定义的，这不是因为我们难以理解个例中"诉"的含义，而是因为它在不同的语境下可能指涉不同的含义，故而无法对"诉"的概念作出唯一的定义。在拉丁语中，"诉"是"Actio"，其动词形式是"Agere"，我们往往将"Agere"翻译成"主张、要求"（to urge）。一般而言，提起诉讼意味着权益受损的主体要求获得某种救济。例如，某人受到欺诈，他可以提起"诈欺之诉"（actio de dolo）。该"诉"赋予当事人获得司法救济的资格，他可以向法官寻求某种救济。

从这里例子可以看出，一个"诉"实际上就是一项"权利"。当我们说某人获得司法救济的资格，其实是指他有某种获得救济的权利。我们将"诉"与"权利"等同起来，这其实是用一个易懂的概念去替换另一个概念，但是对于罗马人来说，这种概念替换还不具备条件。我们可以毫无障碍地理解某人在某种情形下享有某项权利（例如被打伤），这项权利属于抽象的存在，这种抽象的权利需要借助司法制度的运转（法官、法庭、程序规则和证据规则）才能转换为现实的救济。然而，罗马法经常以程序法的条文来表述实体权利（"假如X应当给予Y十单位金钱，法官应当判决十单位金

---

[*] 艾涅斯特·梅茨格（Ernest Metzger），英国格拉斯哥大学教授，英国当代罗马法与罗马民事诉讼程序专家。本文原载于梅茨格主编：《优士丁尼法学总论译介》（*A Companion to Justinian's Institutes*），第208～228页。该书由英国Gerald Duckworth出版社和美国康奈尔大学出版社于1997年同步出版。

钱"),在程序法不被认为有必要与其他法律进行区分对待的法律制度里,程序法与实体法的分离就没有那么容易。① 在这样的法律制度下,某人在遭受损害后只会认为他有资格启动一个具体的法律程序去寻求救济,而不会认为他享有了某种抽象的法律资格。这种观点在优士丁尼《法学阶梯》对"诉"的经典定义中得到体现,即"诉,无非是指有权在审判员面前追诉取得某人所应得的东西"②。这个定义存在某些缺陷,但是也能说明一些问题。该定义清晰地表明"诉"更多的是指进行诉讼的权利,而不是诉诸保护的实体权利,即任何对"诉"的定义都应当将"进行诉讼的权利"放在首要位置。因此,"诉"经常被翻译为"请求"(claim)或者"诉权"(right of action),来描述某人向法庭陈述某项事实,并且被允许按照与上述事实严格匹配的程式进行诉讼。当事人希望可以通过这种具体化的诉讼程式得到救济。英语中的"warrant"(权利)一词与"actio"一词具有某种程度上的相似性。

对我们而言,"诉"既可以定义为"请求",也可以定义为"权利"。同时,在有些语境下,当"诉"被定义为"请求"或者"权利"均不贴切时,也可以对其做更为宽泛的、更为精确的定义。

(1)我们把一个"诉"理解为一个"请求"或一项"权利",这会让人产生这样的印象,即"诉"必须有国家的介入。"诉"完全可以被理解为纯粹的私人事务,例如《学说汇纂》D.48.1.7 论述了"不名誉之诉",即"某人因某种不名誉行为而被提起私诉"。另一个重要的例子是"自助"。"诉"并非一定是指当事人诉求某种救济,并且由国家强制力保证其实施;"诉"也可以指当事人证明存在某种针对他的不当行为。例如,在早期的罗马法诉讼程序中,存在两种独特的"诉",即"拘禁之诉"(per manus iniectionem)和"扣押之诉"(per pignoris capionem),当事人在法定情形下可自行拘禁或扣押债务人或债务人的财产,不一定需要在先诉讼(判决)。

在罗马法"诉"的发展过程里,虽然"自助"不是特别显眼的制度,但是它对于"诉"的概念解释有重要意义。在当事人内心实质的请求与当事人的外在形式请求之间,意即当事人因遭受不当行为而提起的请求与能被法官识别的请求之间,罗马法并无设置固定不变的界限。③ 因此,即便法律没有规定当事人可以提起某种"诉"(请求),该当事人也可因遭受不当行为

---

① P. Stein, Legal Institutions: The Development of Dispute Settlement (London, 1984) pp.128-9; H.F. Jolowicz, Roman Foundations of Modern Law (Oxford, 1957) pp.66-81.

② 这个定义的瑕疵在于:"某人所应得的东西"(one's due)的表述似乎将"对物之诉"排除在外。

③ H. Honsell, T. Mayer-Maly and W. Selb, Römisches Recht 4th ed. (Berlin, 1987) p.218 n.2.

而要求获得救济。

（2）在盖尤斯和优士丁尼的著作中，他们都对"诉"的制度内容进行了大量的、含义广泛的论述，而绝非将"诉"局限于"请求"的含义。例如，盖尤斯用了相当多的篇幅讨论罗马法诉讼程序，甚至包括一些在盖尤斯时代早已不再使用的诉讼程序形式。至于优士丁尼，他虽然没有直接讨论早已废弃的罗马法早期诉讼程序，但是对他诉讼程序的总则内容论述甚多，比如起诉、禁令、法官等。在我们能够找到的罗马法文献中，有多个"诉"的定义均以各种方式突破了"把纠纷提交法庭"的狭义定义，例如《学说汇纂》中乌尔比安的定义（D.44.7.37）。因此，我们有时应当把"诉"看作"程序"或者"救济"的同义语。

上文列举的两个例证（私诉和程序）意在说明"诉"在有些语境下，其含义超越了"请求"的范畴。但是在另外一些语境里，"诉"是指"某种特定的请求"，但又不能理解成泛泛意义上的"请求"。

（3）在某些语境下，"诉"与"禁令"要严格区分。"禁令"是指由法官签发的命令，往往用于许可占有或者保护占有。从本质上而言，"禁令"具有高度的程序性特征。我们无从讨论"实体法上的禁令"，因为"禁令"是一项基于当事人陈述的某些具体事实而签发的具体命令。从外观形式而言，"禁令"自身就是一项完整的"救济"，这是它与"诉"的主要区别。在"禁令"程序里，法官不需要总结归纳争议焦点，也不需要将案件移交给其他法官（指法律审法官）处理，法官可径行签发禁令。毫无疑问，"禁令"通常是诉讼的前奏，它的后续会引发法官介入处理纠纷，但是"禁令"本身是独立的带有行政色彩的程序，它与"诉"存在本质上的区别。

优士丁尼对"禁令"设置了几种不同的分类方式。其中，关于"占有"的禁令以及占有禁令的三个分支尤其值得探究。这些禁令有一个共同的特征，即均为一方当事人颁发占有许可。占有禁令的第一个分支是"取得占有"，优士丁尼以继承法为例解释了"取得占有"禁令。该禁令起源于罗马裁判官意图扩大继承权人的血缘关系范围。得到裁判官支持的当事人可以从裁判官那儿获得该项"取得占有"禁令，合法地占有遗产，尽管该当事人不具备法定的继承资格。虽然该禁令仅仅解决"占有"问题而不涉及其他，但是这往往成为纠纷的最终解决结果。任何试图从占有者手中重新夺回遗产的努力都是徒劳的。

占有禁令的第二个分支是"保有占有"，这种占有禁令的情形较为特殊。"保有占有"通常是一个所有权诉讼的前置性程序步骤，而不是最终救济。换言之，这种禁令更多的是一种审前程序中的诉讼策略，由当事人根据所有权诉讼之具体情形来决定是否申请"保有占有"。

在完美的诉讼制度里,法庭应当平等地听取双方当事人关于所有权的主张,然后判断哪方的主张更有道理,进而作出判决。但是在罗马法,如同在现代法律制度中,原告承担举证责任。问题在于,对所有权的证明不是一件容易的事,尤其是在没有财产公共登记制度的背景下。如果当事人可以选择,他一定会选择当被告,而将证明责任推给对方当事人。在某些情况下,"保有占有"就能让当事人实现这一选择:当事人可以通过该禁令获得"占有"的法律地位,在此情形下,就可以实现让对方当事人提起诉讼并承担证明责任的诉讼策略。因此,当事人之间对所有权的争夺可能就变成对"保有占有"禁令的争夺。(J.4.15.4)

在不动产所有权争议的案件中,当事人对"保有占有"的争夺往往还会出现"先占保护令"(uti possidetis),即任何人都不得对善意占有人实施暴力争夺不动产。在经过一系列诉讼程序后,法官听取了双方当事人的"请求",随后对更有理的一方当事人颁发"保有禁令"。这将使该当事人取得让人羡慕的地位,他只需要就对方的起诉进行抗辩,而不必主动证明其所有权。在优士丁尼时代,动产所有权争议也存在类似的先占保护制度。在罗马法的经典著述里,"不动产先占保护令"(uti possidetis)和"动产先占保护令"(utrubi possidetis)没有其他实质性差异。这两种禁令不仅可以用来保有占有,还可以用来夺回刚刚失去的财产,重新恢复占有。(J.4.15.4a)

占有禁令的第三个分支是"恢复占有"。《法学阶梯》举了这样的例子:某人因他人暴力而丧失对不动产的占有。(J.4.15.6)在《法学阶梯》里,"恢复占有"存在两种不同的禁令;但是在优士丁尼后期,这两种不同的"恢复占有"禁令被合二为一了。第一种是"排除暴力占有禁令"(unde vi),是指善意占有人在近一年内因他人暴力而丧失对不动产的占有,禁令排除该暴力恢复善意占有。第二种是"排除武力暴力占有禁令"(unde vi armata),是指不动产占有人因他人施加暴力或者武力而丧失对不动产的占有,该禁令可排除暴力和武力,恢复占有。在此情形下,并不要求占有人是善意占有。在优士丁尼的著述里,暴力夺取是被极其厌恶的行为,无论在何种情况下都不应容许善意占有人因他人暴力而丧失占有。

任何对"诉"与"禁令"的分类学研究都难称完美。优士丁尼《法学阶梯》(借鉴盖尤斯)首先宣称:"所有的法律内容都是关于人、物和诉讼"(J.1.2.12),随后又称:"我们接下来看禁令,或称非诉措施"(J.4.5.pr)。我们不必纠结于罗马法体系的这种非协调性,我们只需要看清"诉"与"禁令"(某种意义上的行政救济措施)的基本区别。

（4）罗马法中还存在"裁判官救济措施"，这种救济措施与"诉"存在明显差异。与"禁令"类似，"裁判官救济措施"是由裁判官签发。裁判官在签发救济措施之前，可能只进行简单的调查，也可能仅听取了单方当事人的意见。"裁判官救济措施"的表现形式多种多样。例如，裁判官可以巧妙地避开法律，径行帮助当事人恢复原有的法律地位，保障当事人能安全地占有他人的财产，或者强制要求一方当事人作出有利于对方当事人的承诺。这些"裁判官救济措施"零散地出现在优士丁尼《法学阶梯》里。①

（5）当 actio 与 petitio 和 persecutio 一并出现在同一罗马法文献片段时，它们意指某些特定的诉讼类型。在此种语境下，"诉"（actio）的含义较为狭窄，仅仅是指"对人之诉"；petitio 是指"对物之诉"；persecutio 是指"恢复之诉"。（帕比尼安，D.50.16.178.2）在《阿奎利亚条例》中，这三个词经常同时出现。（J.3.29.2）它们也常常同时出现在某些立法中，例如《尤利殖民地法》（ Lex Coloniae Genetivae Iuliae ）。

第二章　程式诉讼

从公元前2世纪到公元3世纪，绝大多数罗马法诉讼程序都被"程式诉讼"取代。在优士丁尼《法学阶梯》中，这一历史演变过程被略过了，但是盖尤斯花费了较多笔墨描述这一过程。如果我们不了解程式诉讼的基本情况，那就无法对"诉"展开任何研究。罗马法的"诉"受"程式诉讼"影响极大。当然，在程式诉讼时代之前，"请求"（"诉"）就早已存在，并且在程式诉讼被废弃后，"请求"（"诉"）仍旧存在。盖尤斯和优士丁尼对"诉"的论述绝非仅仅将其作为各种不同"请求"的简单罗列，而是进行了极为精细的类型化，并且用非常精确的语言来表达。这种类型化部分是为了服务于程式诉讼的需要，其精确的表达则完全是基于程式诉讼的需要。

罗马法程式诉讼分为两个步骤。第一步具有公共性质，由国家裁判官依据司法行政管理权对案件进行初步审查。第二步具有私人性质，由法官对案件进行继续审理，当事人无须具备法律素养。具有公共性质的第一步案件审查非常简短，裁判官仅仅需要决定案件是否可进入第二步审理，以及确定按照何种"程式"进行审理。第二步的案件审理才是真正的法庭审判。

裁判官需要一个指引规范来决定哪些"请求"可以被允许进入法庭审

---

① P.G. Stein, Equitable Remedies for the Protection of Property, in P. Birks (ed), New Perspectives in the Roman Law of Property (Oxford, 1989) pp.185-94.

判。假如裁判官审查每一个案件都要寻找法律著述和法律依据，然后再根据个案情况作出全新的裁定，那么裁判官根本无法完成工作。有鉴于此，裁判官制定并公布了他认为可以允许进行法庭审判的案件类型清单。这个清单非常长，也被称为裁判官告示（edict）。如果有诉讼当事人走到裁判官面前要求实施清单中的某个诉讼，除非出现特定情况（例如一事不再理），裁判官会直接同意当事人的要求。如果当事人的诉求不符合清单中的任何一种，当事人就得尽可能说服裁判官创设一项新的"诉"，从而允许当事人将纠纷提交法庭审判。假如裁判官认为新创设的"诉"具有代表性，他可以将这种新的"诉"的类型纳入日后的裁判官告示中。

案件从裁判官审查进入法庭审理阶段，法庭审理环节需要引起研究者足够的重视。法庭审理环节的主要问题是法官在罗马法律体系中的尴尬地位。法官并非常任的官员，他只是临时被指定或者由当事人选定，只处理单个案件。除了其个人财富外，法官没有任何专业资格。法官是一个纯粹的私主体，他必须在没有得到国家常规性指导的情形下负责法庭审理工作。这导致两个后果：第一，法官从庭审开始就要求有详细的、书面的庭审指南；第二，法官根据既有庭审指南做出的司法行为（审理、判决），从任何角度来看，均无法产生对罗马法律体系的持久影响力。

由此视之，裁判官审查案件后撰写的"程式书"就成为法官所需要的"庭审指南"。从某种角度来看，这些"庭审指南"就是当事人的主张，包括诉讼请求和证明对象。但是，由于"主张"必须符合"裁判官法"的要求，所以交给法官的"程式书"是非常格式化的，以便当事人能够得到法律保护。这导致在一个诉讼案件里，"程式书"的重要性远甚于判决。在公共性质和私人性质共存的诉讼制度下，判令胜诉或败诉的"判决"的价值远不如"程式书"来得重要。法官作出判决的核心是"哪一方当事人应当证明什么"，而这一问题早已在"程式书"中有了明确界定。

"庭审指南"严格按照"程式"内容来撰写，并且用特定的格式化语句。（G.4.30）每一个程式书均由多个组成部分构成，每一部分均有不同的功能。完整保存至今的"程式书"真迹极为罕见，其中有一个是从庞贝古城附近发现的，其年代大约是公元1世纪，全文如下：

> 本案指定C. Blossius Celadus为审理法官。假如查明C. Marcius Saturninus应当向C. Sulpicius Cinnamus支付18000赛司透司，即本案争议标的，那么C. Blossius Celadus法官应当判令C. Marcius Saturninus必须向C. Sulpicius Cinnamus支付18000赛司透司。否则

判令 C. Marcius Saturninus 不承担责任。①

这个程式书描述的"诉"是"请求给付特定债务之诉"（condictio certae pecuniae），即某人针对特定金额之债的请求。这种"诉"专门适用于当事人针对特定金钱之债的诉讼，而不能用于对物的主张。每一种"诉"对应一种"程式书"，每种"程式书"均有其特定的表达方式。"原告请求"（intentio）是程式书的组成内容之一，它是使"程式书"特定化的主要载体。在上述"程式书"中，"假如查明 C. Marcius Saturninus 应当向 C. Sulpicius Cinnamus 支付 18000 赛司透司"就是"原告请求"，指代当事人的诉求内容是"特定金额"，"应当"一词意指这是关于债的诉讼。如果"程式书"的用词发生改变，那么"诉"的性质也将随之改变。如果当事人诉求的不是特定金额之债，而是不确定金额之债，那么程式书也将改变表述为"判令必须履行所欠之债"。这个改变后的"程式书"表明，这个诉讼案件已经变成另一种"诉"，即"依要式口约的不确定债务之诉"（actio incerti ex stipulatu）。

几乎每一个"诉"都对应着一个特定的"程式"。② 也就是说，人们常常会用一一对应的"程式"来描述、分类和分析不同的"诉"。

第三章　"诉"制

"诉"如何自我构成一个系统，要回答这一问题并非易事。"诉"制（law of actions）的标题可能会让人们以为罗列"诉"的全部清单，并且解释每一个"诉"的含义，比如"假如 X 以某种方式伤害了 Y，那么 X 就应当对 Y 给予一定的赔偿"。只有在成文法明确规定了每一种"诉"的内容的情况下，这种研究方法才是可行的。在《法学阶梯》等法律体系中，"诉"作为一个整体只是法律体系的一个组成部分，罗马法不可能详细罗列每一种"诉"的内容，更不可能制定全部"诉"的清单。因此，在罗马法这样的法律体系里，我们不可能研究与寄存权、监护权、所有权一一对应的存款人之诉、监护权人之诉、惩罚之诉。至少在盖尤斯和优士丁尼的《法学阶梯》里，"诉"制绝对不是"诉"的全部清单，而是与实体法律规则平行但又相对独立的内容。

"诉"绝不是固定不变的，它随着实体法律规则的改变而相应地作出调整。因此，在罗马法的不同时期，"诉"的特征也存在较大差异。在罗马法早期，"诉"包揽了绝大部分的法律内容。在优士丁尼时期，"诉"的含义

---

① L'année épigraphique (1973) no. 155.
② Nicholas, Introduction p. 24 n.2.

远超出了"请求"的范围。在《法学阶梯》里,"诉"常常被用于以下情形:(1)对几百年前当事人如何进行诉讼进行历史描述;(2)用现代法律视角来看,类同对"权利"的表述。

亨利·梅因对古代法中的"诉"有一些经典论断。虽然梅因没有明确地提出古代法就是指《十二表法》时代的罗马法,但是这一观念似乎贯穿于梅因的著述。例如:

> 古代法的"诉"具有对法律规则类型化的功能;现代法的"诉"已经沦落为起诉和诉讼程序,居于现代法律体系的从属地位,边沁称之为"附属法"(Adjective Law)。古代与粗糙,现代与精巧,二者的鲜明反差在"诉"制中得以体现。撰写法学阶梯式著作的罗马法学家们把"诉"放在第三章,也就是法律体系的最后部分。没有人会比英国人更了解、更能感悟这种法律体系安排的用意所在。在早期的司法制度里,"诉"占据着绝对的支配地位。实体法的最初形成过程更像是从程序法的缝隙中逐渐地、缓慢地"分泌"的过程。早期的法律人只能从法律的技术形态外观中发现它的身影。①

梅因写这段话所使用的19世纪风格的英语,不禁勾起我们许多关于语言的美好回忆,但是其代价是降低了语言表达的权威性和精确性。不过,我们还是可以总结出梅因的主要观点:早期罗马法的法律规则往往附随着救济程序。在《十二表法》里,这样的例证屡见不鲜:

> 第一表14.假如某人打断了自由人的骨头,应判令赔偿300。假如被打断骨头的是奴隶,则赔偿150。
> 第二表22.任何人担任证人或中间人,如事后拒绝作证的,即为"不值得信赖者",从此丧失作证的资格。
> 第十二表2.假如奴隶盗窃或者造成损害,该奴隶应当被处罚。

诚然,并非所有的《十二表法》法律规则都以上述方式表述,甚至还有

---

① H.S. Maine, Dissertations on Early Law and Custom (London, 1883) p.389.

学者激烈质疑梅因对《十二表法》的描述和观点。①但是无论如何,《十二表法》确实是以程序和救济为主要内容,而且这种法律规则的表述方式确实是非常低效率的。最主要的批评是,这种法律规则会让人不假思索地直接追求结果"赔多少",而不是去思考"谁是责任人"或者"过错在何处"。较能启发人思维的法律规则表述方式是将类似的法律条文归类,提炼具有实际价值的相同元素,例如"当事人""某种行为"等。人们可以据此将各种不同的事实凝练、归类成同一种具有相同法律效果的法律事件。以上文第一表第14条和第十二表第2条为例,法学家和立法者就可以先撇开两种行为的不同处罚结果,而将两者纳入"侵权行为"的范畴进行讨论。正如梅因的观点:随着时间的流逝,这一观念越来越频繁地被讨论并获得赞同,并逐渐产生了对法律规则更为精巧的类型化方法。

"诉"就是这一法律演进史的产物,它是实体法规范从程序法逐渐分离的产物。我们想象当一个法律体系完全由"诉"来表达时,那么"诉"就是"法律"的同义语。自从实体法律规则不断地从"诉"中抽离出来,剩下的就是一些残余的程序内容和尚待发掘的实体法律规范。因为没有更好的名称,我们暂且仍称之为"诉"。这种对"诉"的演变模型在多大程度上符合历史真实,这是极具争议的问题。有些学者(特别是艾伦·沃森)坚持认为罗马法对实体法和程序法一直有着严格的区分,即便是罗马法早期的《十二表法》。另一些学者认为这一演变模型符合历史事实,但是这些学者极其依赖英国法作为论证依据,这些论据可以使梅因的论断获得更好的解释。例如,普朗克(Plunkett)试图追究布莱克顿(Bracton) *De Legibus et Consuetudinibus Angliae* 一书中对罗马法的"极其不负责任的扭曲"。普朗克在其著作中用了3/4的篇幅探讨"诉"的问题,他认为:"随着罗马法的发展,越来越多的实体法律规范从'诉'中剥离,直至最终,'诉'在优士丁尼《法学阶梯》里变成了相对薄弱的部分。"②

无论罗马法的真实发展过程如何,盖尤斯于公元2世纪对"诉"的论述已经表明:"诉"在当时已经变成了一个残余的法律分支,而关于人和物的法律则恰好相反。著名的罗马法学家们虽然试图保留"诉"作为法律的次级部门的地位,但是他们并没有进一步归纳、提炼"诉"的自身构成元素。

---

① A. Watson, "The Law of Actions and the Development of Substantive Law in the Early Roman Republic", LQR 89 (1973) pp.387-92. 艾伦·沃森始终坚持认为罗马法中的实体法和程序法是严格分开的。A. Watson, The Structure of Blackstone's Commentaries, Yale Law Journal 97 (1988) p.798, p.807.

② T.F.T. Plunkett, Early English Legal Literature (Cambridge, 1958) p.51.

经历了几个世纪的法律发展，除去已经重新配置给实体法律规范的内容，"诉"的内容剩下了一堆杂余。这意味着"诉"已经丧失了完好的、具备各分支内容的有机组织体系，它往往以杂乱无章的补充性法律内容的面目出现，而这些内容在整个法律体系下又找不到更合适的位置。

虽然优士丁尼略过了程式与诉的论述，但是优士丁尼《法学阶梯》对"诉"的论述与盖尤斯基本一致。然而，从盖尤斯时代到优士丁尼时代，"诉"的概念已然发生了重大变化。[①] 程式诉讼时期的"诉"制是相当清晰明确的：裁判官告示允许某种"诉"进入诉讼程序，裁判官审查通过当事人提起的这种"诉"，随后，这个"诉"就可以进行私人性质的法庭审理。然后，当程式诉讼被新帝国诉讼程序取代，当事人不再根据特定的"诉"而提起诉讼，他只需要向帝国法官直接陈述案情，并寻求获得法律救济。

在上述同一历史时期，还有一个与"诉"有关的重要变化。如上所述，在罗马法的古典时期，当事人提起一个诉讼意味着他获得了（由裁判官授权的）启动诉讼程序的资格。但是到了优士丁尼时代，提起一项诉讼似乎已经变成了附属于当事人的"债权"（credit），对于对方当事人而言则变成了"债务"（debit）。从盖尤斯时代到优士丁尼时代，这个"诉"的概念转换逐渐成为共识。假如"诉"对某人而言是一种"债权"，并且"诉"不再与某一个特定的救济捆绑，那么"诉"就已经非常接近"权利"（right）的概念。

对罗马人来说，"诉"和"权利"的概念几近相同，这导致了另一个问题，即"债"和"诉"的混同。债是指某人欠他人的法律情势。优士丁尼《学说汇纂》和《法典》都有一个相同的章节标题，即"债与诉"（On Obligations and Actions）。同样的，在《法学阶梯》的某个编纂本里，有一段希腊语注释，其意在论证"债"仅仅是"诉"的引言，即"债为诉之母"。（Theophilus, Paraphrase 3.13）在现代法里，债与诉的混同仍然存在。在18世纪之前，法律的三大组成部分通常都认为是"人"、"物"（主要是有形物）、"债与诉"，而不是"人""物""诉"。[②]

虽然"诉"的概念在优士丁尼时代已经发生了变化，但是总体来说，优士丁尼仍然把罗马法古典时代的各种"诉"的类型都纳入法律体系。这些"诉"的类型对我们了解罗马法有非常重要的作用。如同盖尤斯和优士丁尼所言，研究"诉"应当跳出具体的"诉"本身，应当超脱于"诉"所指涉的具体案件事实，应当着重研究此诉与彼诉的异同。如果以这样的研究视角和

---

① P. Stein, The Development of the Institutional System, in Stein and Lewis (eds), Studies in Memory of Thomas pp.161-3, and Birks and McLeod (eds), Institutes pp.17-18.

② H.F. Jolowicz, "Obligatio and Actio", LQR 68 (1952) pp.469-74.

研究方法对"诉"进行探究,我们会发现罗马法的法律分类体系事实上远不是"人法"与"物法"这么简单。例如,在物法里,罗马法把合同分为践行合同(by conduct)和诺成合同(by agreement);在"诉"制里,罗马法把合同分为严格法合同(strict law)和诚信合同(good faith)。"诉"的类型往往不顾及实定法的部门界限,例如,"损害赔偿之诉"既可以适用于合同案件,也可以适用于侵权案件。

下文将详细介绍罗马法中"诉"的几种主要分类。研究罗马法对"诉"的分类,这是一项棘手的工作,因为"诉"的每一种分类都源自截然不同的前提。根据诉诸保护的权利性质,有"对物之诉"和"对人之诉"之分;根据法律渊源,有"市民法之诉"和"荣誉法之诉"之分;根据诉讼标的,有"罚金之诉"、"赔偿金之诉"和"混合之诉"之分。

第四章 "对物之诉"和"对人之诉"

假如有人想用"诉"来重构《法学阶梯》的所有罗马法内容,那么对"诉"的第一层次分类应当是"对物之诉"和"对人之诉"。所有的请求都能归入这两种"诉"之一,而这两种"诉"的区别主要在于实体法律规范:"对物之诉"反映了人与财产之间的关系;"对人之诉"反映了人与人之间的关系。古典罗马法更倾向于用不同的"诉"来反映不同的实体权利规范。

"对人之诉"产生于"债";"对物之诉"产生于"所有权"。假如某人因出售货物收取货款,或者侮辱他人,或者损毁他人财物,那么在两个人之间就产生了"债"。如果上述纠纷进入诉讼程序,我们就称这个诉讼为"对人之诉"。这并不是因为诉讼是在两个人之间展开(总是如此),而是因为发生争议的法律关系是形成于两个人之间。然而,"对物之诉"虽然在外观上并无差别(一人诉另一人),但是这种诉讼的形成基础不同。如果某人丧失对其财产的占有,随后他诉诸法律要求主张对该财物的所有权,这种诉讼就是"对物之诉"。这是因为该诉讼所争议的法律关系建立于人与财物之间。

这两种"诉"的区别清晰地反映在各自的"程式书"中。"对物之诉"程式书的"原告请求"(intentio)部分不会提及被告,而只会纯粹提及发生争议的所有权问题。例如,"根据市民法的规定,原告是否对该财物享有所有权?""他是否对该水果享有所有权?"相反,在"对人之诉"的程式书中,必定会记载关于被告的表述,也必定会用"债"的法律语言来表述案情。例如,"被告是否应当给付原告1000赛司透司?""基于已发生的债务,被告是否应当为被告做什么或者给原告什么东西?"

"对物之诉"可用于保护多种所有权。除了常见的针对某项财物主张所有权（rei vindicatio）的例子，还有遗产继承之诉（hereditatis petitio）、用益权之诉（vindicatio usufructus）、取水权之诉（aquae ductus）以及很多其他情形。"对物之诉"不仅适用于保护所有权，也可用于否定所有权。当一个土地的地主希望否定他人对该宗土地的用益物权或地役权时，他应当准确地提起"否定之诉"（actio negatoria）。这是典型的对物之诉。值得注意的是，在所有这些对物之诉里，原告的诉求绝对不是取回财物。法官经常会做出金钱赔偿判决，"对物"（real）仅仅是指当事人意图建立的基本法律关系。当然，裁判官有时也会在程式书中加入一条特别条款，允许当事人在法官的指令下取回财物，但这与"对物诉讼"的性质毫无关系。

优士丁尼《法学阶梯》用较为取巧和简短的语言论述了"对人之诉"，当然，这也是借鉴盖尤斯的表述。（J.4.6.14；G.4.4）"对人之诉仅仅适用于当事人诉求理应得到什么，不适用于当事人拥有什么并要求夺回什么。当事人理应得到什么，这意味着这些财物并非该当事人所有。"对人之诉的数量是极多的，最为常见的是因合同和因侵权而产生的对人之诉。较为常见的对人之诉还有：因监管人未履行监管义务而引起的监管之诉（actio tutelae）、加工之诉（actio ad exhibendum，被告是否有义务制造产品）、嫁资返还之诉（action rei uxoriae）等。

根据法律关系对"诉"进行分类，其结果是当一个纠纷进入诉讼时，法官将对案件涉及的法律关系进行全面审查。假如一个继承人希望提起遗产继承之诉来保护遗产，那么案件的争议焦点就是根据市民法的规定，涉案遗产是否归属于原告。假如某个人有权挖掘水渠并使水流流经某些土地，但是其权利行使遭到妨碍，那么案件的争议焦点就是这个人是否有挖掘水渠的权利。经过普通法训练的法律人在面对这两个案件时，可能会倾向于认为只要调查他人是否不当觊觎他人财产或者不当妨碍他人修建水渠。但是对于罗马人来说，案件的审理焦点却是"所有权"。普通法系的法律人可能会认为审理不当行为以外的其他事项都是一种资源浪费；罗马人可能回答说是否浪费在所不问，当事人享有"所有权"不仅是针对一个被告，而是针对全世界，他不可能等每一个人都来起诉他，然后在所有人都败诉后，他才可以将某个财物视为己有。

"对人之诉"也存在类似情形，因合同争议引起的诉讼就很有代表性。① 若当事人就合同纠纷提起诉讼，那么案件的诉讼标的就是合同法律关系。

---

① W.W. Buckland, Cause of Action: English and Roman, Seminar 1 (1944) pp.3-10.

这个诉讼的程式书一定会记载关于合同的内容，另外，还会记载法官可以要求被告应当予以某种赔偿（无论金额多少，抑或履行某种行为）；假如此案件涉及"诚信合同"，那么程式书记载法官可以要求被告应当根据诚实信用原则予以某种赔偿。法庭调查的范围绝不局限于审查导致本案诉讼的某种行为（未付款或者未交货），这种案件的核心审查要点是当事人之间因合同而产生的"债"，而不是某种行为或者违约。普通法系的法律人可能无法接受这样的观念，他们处理合同案件习惯于把焦点放在审查违约行为，而不是合同本身。罗马人的这种法律观念带来的后果是严重的：当事人必须谨慎小心地通过诉讼一次保护所有权利，他日后不能再基于同一份合同提起诉讼，因为诉权已经被消耗了。这一诉权消耗逻辑对普通法系的法律人并不陌生，只不过普通法的诉权消耗只针对同一个违约行为，而不完全及于合同本身。

第五章 "市民法之诉"和"荣誉法之诉"

根据当事人提起诉讼所依据的法律渊源，"诉"可分为"市民法之诉"和"荣誉法之诉"。在罗马司法制度里，法官有独立的创设新权利、新法律的权力。当事人依据由法官创设的权利而提起的诉讼，其"诉"的构造与"市民法之诉"有明显差别。根据国家成文法提起诉讼，并且法官亦未对该诉讼进行干预，那么这种诉讼就称为"市民法之诉"。所谓国家成文法就是指《十二表法》和其他立法文本（包括法律解释），以及由司法裁判经验总结而来的法律规则。源于法官创设权利的诉讼，称之为"荣誉法之诉"，有两种情形：其一，法官在某种程度上修改了"市民法之诉"，例如"布布里奇之诉"；其二，法官创设全新的诉讼类型，完全没有成文法依据，例如"诈欺之诉"（actio de dolo）。诚如帕皮尼安所言，荣誉法扮演着"为保护公共利益而辅助、补充或者修正市民法"的功能。（D.1.1.7.1）"荣誉的"（honorary）是一个形容词，意指"依附于法官的职权"，法官包括裁判官和市政官。

法官在以下情形有责任创设权利：市民法没有对某种纠纷进行规定；市民法的规定将导致不公平、不能让人满意的结果。法官可通过多种方式创设权利。一种较为常用的方式是"拟制诉讼"（fictitious formula），即裁判官在已有程式中调整一些术语，指示审理法官可根据查明的案情作出判决，而无须顾虑诉争权利在法律要件方面或当事人身份方面的缺失。最著名的例子是"布布里奇之诉"，也称为"诚信占有之诉"，是指不属于某人所有的物品，通过合法的方式而交付另一人，该另一人本来应当通过一段时期的占有而获得该物的所有权,但是他在未取得物的所有权前丧失了占有。因此,他不享有以返还其物为目的的直接对物诉权,因为根据罗马市民法,只有所有权人才能提起"确认所有权之诉"。但是在这种情况下,如认为当事人不享有任何诉权,未免失之过严;因而裁判官设立了一种诉讼,丧失占有的一方可以主张确认对该物的所有权并恢复对该物的占有,尽管根据罗马市民法他并未真正因占有时效而取得该物的所有权。在罗马继承法律制度里,裁判官也创设了"拟制诉讼",它是对"遗产继承之诉"的拟制。罗马市民法规定了"遗产继承之诉",但只有法律规定的继承人才可以提起这种诉讼,并获得遗产继承权。"遗产诚信占有之诉"是裁判官逐渐创设的一项新制度,它允许市民法未规定的新类型继承人去继承遗产,例如被释放为自由人的儿童。该制度的最初功能是调整对遗产的占有,后来它成为裁判官依据公平原则纠正市民法的传统继承规则,允许和保障其他人对死者财产实行占有的措施。在时效取得的期限经过之前,这些新类型的继承人对遗产不享有市民法上的所有权,只享有诚信占有权(bonorum possessio)。裁判官可以通过"拟制诉讼",在不严重打破法律制度的情形下,创设新的法律规范:

> 罗马法的拟制诉讼既体现在个案,也体现在立法。两者的功能是一致的,即对法律知识的扩展,并且这种知识的扩展是稳妥和安全的。当出现X情形时,会导致某种法律后果;现在出现了Y情形,法官比照X情形做出相同处理。这种做法既经济,又谨慎、缜密。①

裁判官创设权利的第二种方式是"事实诉讼"。裁判官通过个案编制新的程式书,这是一种高度原创的法律创设方式,它与"拟制诉讼"存在显著差别。

在"市民法之诉"中,诉讼程式严格按照成文法的规定来拟制。换言之,程式书的"原告请求"部分一定是严格按照成文法的规定,详细罗列成文法要求的每一项法律要件。在这种诉讼里,程式书的表述必然会使用法言法语,例如"义务"(duty)、"属于"(belong)、"销售"(sell)等。举例而言,若买方起诉,则程式书应当这样表述:"鉴于原告从被告处购买的东西是本案的诉讼标的……"这是对罗马法中关于货物买卖规定的部分复数,即原告购买了某物。另一个例子是"非现行盗窃"(nonmanifest thief),

---

① P. Birks, Fictions Ancient and Modern, in N. MacCormick and P. Birks (eds), The Legal Mind: Essays for Tony Honoré (Oxford, 1986) p.95.

程式书应这样表述："如果证实被告实施了对某物的盗窃行为，被告就应当被认定为盗贼并付出赔偿……"该程式书的表述语言与《十二表法》关于"非现行盗窃"的规定保持一致。

然而，"事实诉讼"的程式书是以案件事实为中心来编制的。这意味着"原告请求"部分仅是对原告说辞的复述，法官只需查明原告说辞是否为事实，即可作出判决。在这样的案件中，法官无须查证原告的诉讼请求是否有成文法依据。例如，"事实诉讼"的典型代表"诈欺之诉"，在"诈欺之诉"的程式书里，充斥着假设性的事实描述。"假如原告因被告的诈欺行为而遭受了某种损失……"只要法官查明上述事实存在，那么法官就可以直接作出要求被告赔偿的判决。

"保管之诉"（actio de recepto）是另一个具有典型代表性的"事实诉讼"。① 假如船长、旅馆掌柜、马厩看守应当履行看护他人财物安全的职责，但是却未能归还财物，那么裁判官就会给当事人签发一个诉讼程式，允许当事人提起诉讼。乍一看，裁判官似乎没有必要创设"保管之诉"。因为罗马法中已经规定了其他"诉"也可完全解决上述纠纷。如果看管人未能返还财物，那么看管人负有"承揽之债"（收取保管费）或者"寄托之债"（未收取费用），当事人都可以依照市民法的规定提起诉讼。如果看管财物被偷或者被损坏，那么当事人可以提起"盗窃之诉"或者"损害赔偿之诉"，无论盗窃或损坏是否为看管人的雇员所实施。但是，"保管之诉"是对上述法律规定的必要补充。它可以让保管者承担法定保管责任之外的义务，意即要求保管者尽到成文法未明确规定的、符合职业标准的最大注意义务（unforgiving standard of conduct on professions）。

在以下两个法律领域，"事实诉讼"的重要性特别明显。第一，《阿奎利亚法》（Lex Aquilia）。《阿奎利亚法》对诉因的限制是极为严格的，而且严格限定"损失"仅指"直接损失"。引入"事实诉讼"后，遭受不公平待遇的当事人就可以对"间接损失"提起诉讼。第二，合同诉讼领域引入一类"事实诉讼"，即"依诉求前书之诉"（actio praescriptis verbis），是指为解决产生于无名契约的纠纷而进行的诉讼。由于无名契约在成文法里也找不到法律依据，裁判官通过"依诉求前书之诉"就可以让这类纠纷进入诉讼程序。从技术上而言，这些"事实诉讼"是比照成文法中的类似诉讼模型创设的，也可以模糊地称之为法律的扩大适用。但是，"事实诉讼"的程式书是围绕案件事实来编写的，并且都有请求原因（demonstratio）作为开头，表现为

---

① R. Zimmermann, The Law of Obligations: Roman Foundations of the Civilian Tradition (Oxford, 1996) pp.514-20.

简要地列举争议所涉及的事实,包括诉讼标的、诉讼当事人、具体的法律行为或其他事实行为等。①

虽然在同一个法律体系下(如《阿奎利亚法》),同时存在着"市民法之诉"和"事实诉讼",但是不宜总是把"事实诉讼"理解成在"市民法之诉"基础上进行的法律创新。从不同的程式书编写方法就能看出两者之间的差异,以"寄托之诉"(actio depositi)为例。早在《十二表法》里,就有在某些情形下可对受托人处以刑罚的规定。在罗马共和国早期,裁判官创设了一种新的诉,即"事实寄托之诉"(actio depositi in factum)。盖尤斯对"事实寄托之诉"的描述如下:

当受托人因过错未能将保管财物返还给寄托人时,寄托人可提起此诉讼,要求受托人根据寄托物的价值承担赔偿责任。

罗马裁判官可能是出于完善《十二表法》关于"寄托之诉"刑罚适用范围的考虑,才创设了"事实寄托之诉"。《十二表法》的规定过于狭窄,缺乏对寄托人的权益保护,"事实寄托之诉"可满足寄托人对财物等价赔偿的诉求。② 无论哪种"事实诉讼",都是裁判官通过编制新程式书的方式创设的。借助于法学家的法律解释,寄托法律关系的形成不仅可以通过合同为之,还可以通过行动为之,即通过法律行为产生合同义务。如果其他合同关系一样,当事人也可以在"寄托之诉"里主张"诚实信用原则",这是对"寄托之诉"的扩大适用。盖尤斯对"诚信寄托之诉"描述如下:

假如原告寄托某财物给被告,被告应当以诚实信用的方式承担责任,履行义务,若被告未能以上述方式行事,则应给予赔偿。

裁判官创设了"寄托之诉"的丰富类型,而后才在罗马市民法中出现"寄托之诉"制度。

无论是"市民法之诉"还是"荣誉法之诉",都是在相同当事人之间进行。因此,有时很难在两种诉讼之间划定清晰的界限。舒尔茨(Schulz)以"返还之诉"为例论述这样的情形:"假如查明原告享有对争议标的物的法定所有权(quiritary right),则判令被告赔偿",这个诉讼程式严格按照市民

---

① Zimmermann, above note 14, pp.532-535.
② R. Evans-Jones, The Penal Characteristics of the actio depositi in factum, Studia et Documenta Historiae et Iuris 52 (1986) pp.105-160 .

法的规定进行编写，然而，裁判官还补充一句"除非法官判令被告应当返还该物"。这句补充完全改变了"诉"的性质。① 裁判官的补充内容是对"原物返还之诉"的改造和创新，因为假如不这样改造的话，法官只能判令被告进行金钱赔偿，而这种判决结果并不能在所有案件里实现公正。由于裁判官给予案件审理法官充分的裁量权，可判决金钱赔偿，亦可判决原物返还，因此，这种诉讼就很难清晰地归入"市民法之诉"或者"荣誉法之诉"。

我们有必要对罗马裁判官的法律规范创设权和英国大法官衡平司法权进行一些比较。罗马法的"市民法"和"荣誉法"之分与英国法的"普通法"和"衡平法"之分在许多方面都有相似性。但是，两者的相似度其实并没有人们想象的那么高。罗马裁判官同时掌握着两类诉讼，正如巴克兰（Buckland）所言："普通法院无法实现救济时，英国衡平法院通过案例总结裁判经验，形成衡平法。但是我们无法从任何罗马的常设法院找到法律创设的迹象。"② 另外，罗马裁判官有时确实基于"衡平"的考虑创设法律规范，但是他随后会将这些新的法律规范通过"裁判官公告"的形式固定下来，与英国大法官相比，罗马裁判官履行的职能更接近立法者。最后，罗马法的衡平法渊源主要来源于法学家，而不是裁判官，法学家关于衡平的法律思想主要通过诉讼的庭审阶段（第二阶段）得以实现。③

第六章 "赔偿金之诉"、"罚金之诉"和"混合之诉"

这种"诉"的分类依据是诉讼标的。正如《法学阶梯》所言："我们提起诉讼有时只是为了获得赔偿金，有时只是为了获得罚金，有时则为了同时获得赔偿金和罚金。"悲观的读者可能会认为"诉"的分类太多了。我们的最终研究目的是能够从各种"诉"当中识别出完整的或者部分的"罚金之诉"，并且指出当事人提起"罚金之诉"的法律效果。

"赔偿金之诉"能够使原告获得不超过其损失的补偿。这种描述有点循环论证的意思，但是好在它简洁明了，不过对"赔偿金之诉"的概念界定需要更为细致的分析。优士丁尼《法学阶梯》引用了《阿奎利亚法》中一个因奴隶死亡而引发的诉讼。在这个诉讼里，判决认定的奴隶价值与该奴隶死亡时的市场价值之间存在一定的差异，这个价格差即被视为罚金。以我们的眼光来看，这只是一个损失估价问题和受害人获得超额赔偿的问题，

---

① F. Schulz, History of Roman Legal Science (Oxford, 1946) p.83.
② W.W. Buckland, Equity in Roman Law (London, 1911) p.1.
③ Id. pp.1-8.

而不会认为受害人实施了报复。我们的看法与《法学阶梯》恰好相反。也许识别"赔偿金之诉"的最完美办法是通过排除法，排除它是"罚金之诉"和"混合之诉"，但与其如此，还不如将时间放在直接识别"罚金"。毕竟，绝大多数诉讼是"赔偿金之诉"。一般而言，因财产和合同引发的诉讼均为"赔偿金之诉"，只有侵权诉讼可能落入另两种诉的类型。

很显然，"罚金之诉"具有以下两个特点：其一，当事人诉求超过损失的赔偿金；其二，当事人主张有多种损失。"罚金之诉"的案件事实也使该种诉讼具备其他一些特征。第一个特征是"可转移性"（transmissibility），它是指某人具备担当诉讼原告或被告的资格，但是他在诉讼之前死亡。在此情形下，继承人可以代替他提起诉讼，或者代替他作为诉讼的被告。假如这个诉讼允许继承人代替本人提起诉讼，这就是"积极的可转移性"。假如这个诉讼允许继承人代替本人充当被告，这就是"消极的可转移性"。通行的规则是，"赔偿金之诉"既具有"积极的可转移性"，也具有"消极的可转移性"；"罚金之诉"只具有"积极的可转移性"。这一规则反映了这样的观念：只有过错行为人本人才能遭受罚金惩罚。唯一的例外是"藐视法庭"，这种行为不具有任何可转移性，藐视法庭行为的受害者（法庭）在行为人死亡的情况下也只得就此作罢。

第二个特征是，如果案件有多个人应当对加害行为负责，那么每一个行为人都要负全部的责任，其中一人作出赔偿不能免除他人的责任。例如，有两个人实施了"非现行盗窃"，每个人都应判处两倍罚金。这一法律规则的理由是这样的：正如处罚无辜者毫无意义，减免有罪者也站不住脚。

第三个特征是，"罚金之诉"允许原告要求被告"交出加害者"（noxal surrender）。下文将详细说明。

优士丁尼《法学阶梯》论及"罚金之诉"和"赔偿金之诉"时，几乎将两者的区别问题当作纯粹的学术问题来对待。真正的问题来自"禁止重诉"。如果一个纠纷已经经过庭审并且作出判决，那么当事人不可以就该纠纷再次提交法庭要求审判。但是这一规则仅仅指当事人不可以就同一事件提起多个"赔偿金之诉"或者多个"罚金之诉"。当事人可以就同一事件同时提起"赔偿金之诉"和"罚金之诉"，因此诉讼中如何识别"罚金"就显得非常重要。例如，一个盗窃案件的受害者可以同时提起惩罚盗贼的"盗窃之诉"（actio furti）和归还赃物的"原物返还之诉"（rei vindicatio）。前者属于罚金之诉，后者属于赔偿金之诉。另外需要注意的是，受害者在此提起的是"盗窃之诉"和"原物返还之诉"，而不是"原物返还之诉"附带罚金诉讼请求（condictio furtiva）。

鉴于"禁止重诉"规则，判断该诉讼是否为"混合之诉"（"盗窃之诉"和"原物返还之诉"）就特别重要[①]，因为"混合之诉"审判后就不得以任何理由就同一事件重复起诉。一个特殊的"混合之诉"既能解释"混合之诉"这一"诉"的分类的意义，同时又背离了"赔偿金之诉"、"罚金之诉"和"混合之诉"分类的真正目的。优士丁尼《法学阶梯》以"抢劫之诉"为例解释"混合之诉"。这是一个"混合之诉"，因为在判处被告4倍赔偿款里，只有3倍赔偿款被看作是"罚金"。盖尤斯在几个世纪前就曾经讨论过这个问题，但是他没有把"抢劫之诉"当成"混合之诉"的例证。相反，盖尤斯认为"抢劫之诉"是纯粹的"罚金之诉"，他的原话是"根据部分人的观点……"。这一表述也反映出当时有另外一部分学者持不同观点，即"抢劫之诉"应当被认定为"赔偿金之诉"和"罚金之诉"的混合诉讼。这里没有用"混合之诉"的概念，因为在盖尤斯时代，"混合"（hybrid）一词尚不存在。

关于"抢劫之诉"的学术争论对于"诉"的分类方法没有任何影响。也许真正的争议在于"抢劫者"可否作为"盗贼"对待，从而提起"赔偿金之诉"。假如我们可以把"抢劫者"看成是"盗贼"，那么受害人就可以提起"赔偿金之诉"，除非在先行提起的"抢劫之诉"中已经被认定包含了"赔偿金之诉"。在此情况下，当事人受制于禁止重诉的规则，不能再另行提起"赔偿金之诉"。简而言之，关于"诉"的分类争议表面上看起来是学术争论，实际上是对"禁止重诉"规则的不同看法。对当事人而言，"禁止重诉"规则的法律适用才是至关重要的。

第七章 "诉"的其他类型

与前文所有"诉"的分类不同，罗马法里还有一些"诉"的类型。这些"诉"都只能适用于特定的法律领域。这些"诉"的法律规范之所以被放置于"诉"，并且在"人法"和"物法"均未出现过，这样的编排可能是为了避免重复，也可能是因为这些"诉"都有着独特的诉讼程式，更适合放在"诉"。

在所有"诉"的其他类型中，最重要的"诉"都与某些"对人之诉"有关联。这些"诉"既包括"市民法之诉"，也包括"荣誉法之诉"。从表面上看，两种"诉"的区别在于诉讼请求，但实际上两者的差异根源于实体法律规范。"市民法之诉"的特征在于它可以不关注当事人说了什么，而要关注当事人没有说什么：受制于程式书，审理案件的法官无权处理当事人没有提

[①] H. Ankum, Actions by which We Claim a Thing (res) and a Penalty (poena) in Classical Roman Law, BIDR (3rd Ser.) 24 (1982) pp.15-39.

出诉求的事项。假如被告在庭审时对合同的某个条款提出异议，认为这不是他的真实意思，他受到原告的欺诈和胁迫；或者被告主张原告曾经承诺不起诉，那么被告就上述答辩理由均应以明确的方式表达。诉讼程式书对审理法官的指令是简单清晰的，只要查明被告应当给付一笔金钱给原告，法官就应当这样判决。有鉴于此，假如当事人不提出特别的主张，法官的审查范围最多只能及于合同的完整性。然而，在"诚信诉讼"里，法官对案件审查范围的自由裁量权更大，而且这样的裁量权会完整地体现在程式书里。"诚信诉讼"的程式书会要求法官"根据诚实信用原则"判断被告应当对原告履行义务的内容。程式书中"根据诚实信用原则"的附加表述即明确表明这是一个"诚信诉讼"，其法律效果是法官审理货物买卖合同时，会以自己的个人情感来评价被告。如果他认为购买货物的被告是受害方，他会认定根据诚实信用原则，被告不会愿意支付这样的价格。

"诉"的其他类型里，有一部分是"诚信诉讼"，其中最重要的是因合同之债引发的纠纷，包括实践合同和诺成合同，但消费借贷合同除外。

优士丁尼提及的"交出加害者"（noxal surrender），其全称应当为"允许以交出加害者充作救济的诉讼"。该救济产生于侵权行为，而且似乎可看作是"侵权留置权"（delictual mechanic's lien）。有时，当事人可能因他人的侵权行为而承担法律责任，比如他的奴隶或者在他家长权控制下的家庭成员。如果侵权行为可以用"交出加害者"充作赔偿，负责法律责任的人可以选择支付赔偿金或者选择交出实施该侵权行为的加害者。在优士丁尼时代，"交出加害者"的做法可适用于奴隶，但不能适用于处于家长权下的儿童。

学理上对"交出加害者"做法的一般解释是侵权责任的承担源自古老的复仇习俗；被害人也可以选择收取赔偿金，同时需放弃抓获加害人。无论这种学理解释是否准确，它还是能够反映这种救济方式的某些特征。假如加害者是奴隶，那么这个奴隶的所有者就要承担责任；但是如果奴隶主在加害行为发生后交出了该奴隶，那么奴隶主就不承担法律责任。因此，诉讼的目的非常简单，就是为了取悦受害人。这与复仇的概念高度契合。另一个法律规则也能从反面阐释"复仇"概念：奴隶主不能对自己的奴隶主张"交出加害者"。

优士丁尼《法学阶梯》对"交出加害者"的正当性论证是十分粗糙的，优士丁尼认为要求奴隶主在超出涉案奴隶身价的范围承担法律责任是不公平的。（J4.8.2）这一论断不具备法律推理所应有的说服力，若从历史解释的说理来看，就更不具有说服力。正如霍姆斯（Holmes）所指出，"交出加害者"不是用来减轻法律责任的手段。霍姆斯以善意之心评论道:"囿于他们的法律体系和时代背景,罗马法律人把他们的智慧用于法律的解释,以便证明他们所发现的法律都是合理的。"[1]

---

[1] O.W. Holmes, Jr., The Common Law (Boston, 1881; repr. New York, 1991) pp.8-9.